LA
RENAISSANCE

SAVONAROLE
CÉSAR BORGIA — JULES II — LÉON X
MICHEL-ANGE

SCÈNES HISTORIQUES

PAR

LE COMTE DE GOBINEAU

PARIS

E. PLON et Cie, IMPRIMEURS-ÉDITEURS

RUE GARANCIÈRE, 10

M DCCC LXXVII

Tous droits réservés

LA RENAISSANCE

L'auteur et les éditeurs déclarent réserver leurs droits de traduction et de reproduction à l'étranger.

Cet ouvrage a été déposé au ministère de l'intérieur (section de la librairie) en juin 1877.

PARIS. — TYPOGRAPHIE DE E. PLON ET Cie, RUE GARANCIÈRE, 8.

LA
RENAISSANCE

SAVONAROLE
CÉSAR BORGIA — JULES II — LÉON X
MICHEL-ANGE

SCÈNES HISTORIQUES

PAR

LE COMTE DE GOBINEAU

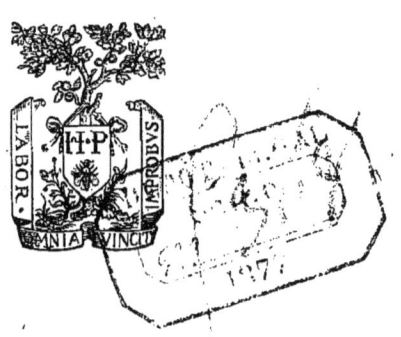

PARIS

E. PLON ET Cie, IMPRIMEURS-ÉDITEURS
RUE GARANCIÈRE, 10
—
M DCCC LXXVII
Tous droits réservés

A MADAME

LA COMTESSE DE LA TOUR

NÉE DE BRIMONT

Madame la Comtesse,

Vous avez bien voulu prendre quelque plaisir à la composition de ce livre. Décrire la Renaissance, c'était presque être assuré de faire naître l'intérêt dans un esprit pénétré comme est le vôtre de la grandeur et de la puissance de l'Art. Parler de la gloire de Florence, de Rome, de Milan et de Venise, on ne pouvait mieux choisir pour être écouté à la Légation d'Italie. Vous me permettez donc de vous offrir ces pages, et je le fais avec une reconnaissance égale à mon bien respectueux dévouement.

Comte de GOBINEAU.

Stockholm, janvier 1876.

PREMIÈRE PARTIE

SAVONAROLE

SAVONAROLE

BOLOGNE

1492

Le jardin du couvent des Pères de Saint-Dominique. Minuit. Le ciel est pur, serein, profond; les étoiles scintillent; le clair de lune pénètre jusque sous les arcades des cloîtres carrés, entourant l'espace planté de grands arbres et de plantes odoriférantes. Sur les murailles éclairées s'aperçoivent des peintures à fresque; robes rouges et manteaux bleus, visages pâles, mains jointes, têtes nimbées des saints, des saintes, des bienheureux. Au milieu du préau, sur cinq à six marches de pierre, un crucifix de marbre, sculpté dans le goût du treizième siècle, montrant sur les bras de la croix les personnages témoins du sacrifice. Autour de cette croix, une allée large où se promène le prieur du couvent; à sa droite, le Frère Jérôme Savonarole; à côté de celui-ci, Frère Sylvestre Maruffi.

FRÈRE JÉRÔME.

Oui! les temps sont révolus. L'heure sonne! Il s'agit ou jamais de relever la parole de Dieu et d'en remplir le monde. Les ténèbres reculent. La lumière renaissante tombe à plein, accusatrice, sur l'antique perversité. Que de démons s'agitent autour de nos misères! Ils les attisent! Ils avivent la flamme qui s'échappe! Repoussons-les!

Rendons l'ère actuelle moins honteuse que sa devancière! Secouons la somnolence de nos aïeux, mais non pour y substituer l'agitation du mal! Éclairons les peuples! guidons-les! menons-les! forçons-les! — Ah! frère, me direz-vous, comment un avorton tel que toi suffirait-il à pareille œuvre? — Vous avez lu David et connaissez les actes de ce misérable berger?

LE PRIEUR.

Sans doute! Mais quelle voix d'en Haut vous appelle à si haute entreprise?

FRÈRE JÉRÔME.

Dieu me parle, Dieu me pousse! La conviction qui m'étreint, les transports que j'en éprouve ne sauraient me tromper!

FRÈRE SYLVESTRE.

C'est vrai! Il a raison! Sa science, son éloquence, sa vertu, ne sont-ce pas des signes? Où comptez-vous en trouver de plus éclatants? Ne faut-il pas qu'il emploie ses dons?

LE PRIEUR.

Je ne nie rien. Mais pourquoi tant d'emportement? Ne peut-on procéder avec mesure? En somme, qu'est-ce que vous prétendez, Frère Jérôme? Si je vous comprends bien, ce n'est rien moins que réformer l'Église, et ramener les grands et les petits à l'observation des lois évangéliques. Tenez-vous cette tâche pour facile? Oubliez-vous comment les docteurs, les conciles viennent tout récemment d'y échouer, sans compter que nous vivons sous la houlette d'Alexandre VI? Quel moment allez-vous choisir, grand Dieu! pour parler au monde de continence!

FRÈRE JÉRÔME.

Dieu n'a pas de moment; il a tous les moments! Je vous le répète : l'heure a sonné! il faut agir! Tout change à l'époque actuelle, déjà si dissemblable des âges qui l'ont précédée; tout écume et tourbillonne; l'univers désormais va nous étaler ses spectacles au centre d'un horizon renouvelé. Ce sera pour le bien, si la religion relève la croix; ce sera pour le mal, si cet arbre du salut s'abat sous les méchants efforts continuellement tendus à le déraciner. Ne voyez-vous pas ce qui arrive? De prétendus sages surgissent, arrachant des murailles les tentures démodées et flétries qui plaisaient aux âges précédents. L'Italie regorge d'aventuriers sans frein, princes par accident, soldats mercenaires, tyrans des villes, despotes des châteaux, paysans insurgés, bourgeois hargneux, et tous les héritages, grands, petits, sont en proie à cette tourbe, auxquels s'ajoutent les loups qui nous arrivent par bandes d'Espagne, de France. Et néanmoins, au milieu de ces calamités, regardez donc! Les peuples s'éveillent; ils se frottent les yeux; pour leur repas du matin, ces affamés demandent la liberté et la paix; la liberté, vous dis-je, et surtout la paix et la justice dont leurs pères n'ont jamais goûté, jamais connu la saveur! Et moi, je leur crie : Demandez surtout la foi! Sans elle, le reste est insipide et tourne en poison. Mais la foi, où est-elle? où en retrouver la source? Le clergé l'ignore... Les cardinaux la déchirent... Le Pape... ah! le Pape, je ne vous dirai pas ce qu'il est, vous le savez trop! Si l'on n'y prend garde, de notre malheureuse Église pleine de ronces, de nos doctrines en putréfaction, de notre discipline en décembre, vont sortir les têtes hideuses des hérésies, sifflant du bout de leurs langues fourchues les excuses, les prétextes que tant d'abominations leur fournissent, et les tournant en venin. Les apercevez-vous, ces monstres cherchant leur curée à travers les royaumes chrétiens? Et ils n'ont que trop, pour les aider, ces autres vipères, les savants, ivres de l'orgueil de savoir lire aux volumes retrouvés de la Grèce et de Rome. N'entendez-vous pas quels conseillers ils nous présentent pour remplacer les grands génies théologiques? C'est Platon, c'est Sénèque, c'est ce misérable Martial, cet obscène Ovide, l'impur Anacréon, et les Lucain, et les Pétrone, et les Stace, et les Bion, et les Apulée, et les Catulle, et vous pouvez contempler, à chaque jour, des gens à barbe grise, aussi fous que la plus sotte jeunesse, vociférant ces cris d'un enthousiasme honteux qui leur fait proposer une page de Cicéron comme préférable aux plus saints versets de nos Évangiles! Sont-ce là assez d'efforts dangereux, assez de menaces pour l'équilibre des consciences? Non! Le pinceau vient se joindre à la plume, et au pinceau le ciseau et l'outil du graveur pour étaler le nu devant les regards d'une foule éperdue de curiosités infâmes! Je vous dis, moi, que tous les sens de l'esprit et du cœur sont mis en branle, excités, chatouillés par Satan, et que, s'il faut nous défendre, il est grand temps d'y songer. N'avez-vous jamais ouï parler de ce qu'ils appellent « l'amour de l'art », et qui n'est, en réalité, que la honteuse appétence du vice? Cette monstruosité s'est glissée dans nos églises devenues ainsi, quoi? les synagogues du diable! Une sainte Madeleine, un Sébastien ne sont que des prétextes à dévoiler la forme humaine tout aussi impudemment qu'Apollon et Vénus! Et moi, moi, moi, qui vois, qui touche, qui sens, qui comprends l'abomination de ces turpitudes, et dont l'âme en est soulevée jusqu'au dégoût furieux, oui! jusqu'à la sainte rage de l'indignation pour la croix, voulez-vous que je laisse ces immondices accumuler leurs fanges sur la triste humanité, sans faire barrière de ma vie contre un pareil envahissement? Non! mille fois non! Je ne me tiendrai pas en repos devant une telle levée de forces de l'archiméchant! Je défendrai le monde! Je défendrai l'époque où je vis, et, surtout, je forgerai les armes de l'avenir et les lui veux mettre à la main! Le siècle qui commence s'avancera, régénéré, vers les ondes sans fin de l'éternité, en engloutissant pour jamais les débris sordides du mal et de ses débauches!

LE PRIEUR.

Ainsi donc, redisons-le en paroles froides et sensées, vous dénoncez la guerre à toutes les puissances du monde? La guerre à la volonté ecclésiastique, la guerre aux habitudes des princes, la guerre aux faiblesses, aux nonchalances, aux écarts de chacun? C'est là ce que vous allez faire?

FRÈRE JÉRÔME.

Je vais le faire, je le ferai! Que j'y périsse, pourquoi non?... Mes os valent-ils l'épargne?... Mais si je réussis et que même, maudit, déshonoré, écrasé, mort, l'Italie, notre Italie me doive la foi resplendissante, la liberté puissante, la vertu joyeuse, qu'aurez-vous à plaindre?

LE PRIEUR.

Rien. Où commencent vos prêches? à Venise?

FRÈRE JÉRÔME.

Venise est garrottée par la sagesse mondaine. Elle viendra à nous la dernière.

LE PRIEUR.

A Rome?

FRÈRE JÉRÔME.

Rome est le pilier du salut noyé dans une mer de pestilence. Mais à Florence, on peut agir. La mort de Laurent de Médicis me laisse le champ libre; il eût tout empêché, car c'était un païen; mais l'autorité de Pierre, son fils, est sapée par la base. Le peuple et les grands ont souffert; ils savent au moins parler d'équité et de bonnes mœurs, ils ont quelques notions de l'indépendance... ils réfléchissent, et bien qu'ils vaillent peu, c'est avec eux pourtant qu'il est possible de tenter une réforme. D'ailleurs, à Florence, le peuple m'aime, il m'écoute, et je suis attendu.

LE PRIEUR.

Partez donc, frère; je vous bénis... Embrassez-moi tous deux. Vous allez mettre en action ce que j'ai rêvé quelquefois, autrefois, dans mes jeunes années, et qui me paraît bien difficile... Peut-être avez-vous raison... Je me sens envahi par une tristesse profonde.

FRÈRE JÉRÔME.

Je suis inondé d'une espérance sans bornes. Tu me suis donc, Frère Sylvestre?

FRÈRE SYLVESTRE.

Dans la vie, dans la mort. Je ne m'écarterai jamais de vous.

FRÈRE JÉRÔME.

Alors viens! Ouvre la porte. Comme la campagne s'élargit vaste devant nos yeux! C'est l'image de l'œuvre que nous allons entreprendre. N'aperçois-tu personne sur cette route blanche où nos pas vont nous porter? Elle est tout éclairée par les rayons de la lune et s'étend bien loin dans la direction florentine.

FRÈRE SYLVESTRE.

Non, Jérôme, je ne vois personne!

FRÈRE JÉRÔME.

Eh bien! moi, je contemple clairement les traits de deux grandes figures!

FRÈRE SYLVESTRE.

Où donc, frère?

FRÈRE JÉRÔME.

Là! Regarde mieux! C'est la Foi en Dieu et c'est la Patrie! Elles nous tendent les mains! En avant, Frère Sylvestre, en avant!

> Quand les deux moines ont franchi la porte du jardin et que le prieur l'a refermée, deux hommes couverts de méchants habits, la poitrine débraillée, les cheveux crépus et en désordre, figures ignobles, apparaissent derrière un pan de mur.

LE PREMIER.

Lâche!

LE SECOND.

Étourneau! ne vois-tu pas qu'ils sont deux?

LE PREMIER.

Eh bien! Après?

LE SECOND.

Dans notre état, il faut toujours être deux contre un, au moins.

LE PREMIER.

Bah! je vous aurais asséné une bonne coutelade au plus grand; quant au petit, un coup de poing eût suffi pour le faire rouler comme une quille. Voilà deux excellentes robes de laine perdues pour nous. Impossible de prospérer avec des poltrons de ton espèce!

LE SECOND.

Allons boire un coup chez la Rousse; peut-être la nuit nous amènera-t-elle une meilleure occasion.

MILAN

1494

Une salle dans le palais. — Ludovic Sforza, régent du Milanais, est assis devant une grande table couverte d'un tapis de velours rouge à ramages d'or, d'argent et de couleur. Il est habillé d'un satin noir, rehaussé de broderies de jais, et porte à la ceinture une dague richement ciselée. Il joue avec son gant. Autour de lui sont assis Antoine Cornazano, l'auteur du poëme sur l'Art militaire; Giovanni Achillini, antiquaire, poëte, helléniste et musicien; Gaspardo Visconti, célèbre par ses sonnets, et considéré, de son temps, comme aussi parfait que Pétrarque; Bernardino Luini, peintre; Léonard de Vinci.

LUDOVIC.

Eh bien! cette fois, maître Léonard, est-ce pour de bon que vous nous revenez?

LÉONARD.

Monseigneur, je ne mérite pas tant de sévérité. Votre Altesse sait bien que je suis affectionné à son service.

LUDOVIC.

Oui, vous me faites, en ce moment, les plus belles protestations du monde, je n'en disconviens pas; et fatigué de Florence, dégoûté des prédications fanatiques du Frère Jérôme Savonarole, indigné de l'engouement qu'elles excitent, vous êtes prêt, m'écrivez-vous, à m'inventer des canons, des pièces d'artillerie, des mécaniques de toutes sortes, à me bâtir des ponts, à tracer le plan de nos forteresses, à creuser des canaux, enfin à embellir nos villes par des palais, des églises, des statues et des tableaux. Je sais très-bien que vous êtes en état de tout faire; mais pouvez-vous aussi contraindre votre humeur inconstante? Que de fois vous avez changé d'avis et d'amitiés! Ce ne sont pas des reproches, cher Léonard, mais, franchement, vous êtes mobile comme une coquette.

LÉONARD, secouant la tête.

Je ne saurais m'empêcher de sourire aux accusations affectueuses de Votre Altesse, car, quoi qu'elle en dise, ce sont bien là des accusations, et, je l'avoue, les apparences sont contre moi. Cependant, non, je ne suis pas mobile! Voyez, monseigneur, j'aurais passé peut-être ma vie entière à Florence, mais il y a tant à voir dans le monde et tant à apprendre! Si j'avais constamment habité les mêmes lieux, j'ignorerais plus des deux tiers de ce que je sais, et cependant je n'atteins pas à la centième partie de ce que je voudrais apprendre.

ANTOINE CORNAZANO.

Peut-être feriez-vous mieux, maître Léonard, de vous consacrer à une seule occupation que d'en poursuivre tant et de si diverses. Par exemple, vous êtes admirable dans la peinture, pourquoi chercher ailleurs votre gloire?

LÉONARD.

Vous parlez comme Bernardino.

BERNARDINO LUINI.

Ah! maître, si vous consentiez seulement à terminer les tableaux que vous commencez! quel bonheur pour moi, votre élève! quelles leçons!

LÉONARD.

Je ne saurais pourtant renoncer à la géométrie, ni aux mathématiques.

GASPARDO VISCONTI.

Vous auriez bien plus raison d'augmenter le nombre de vos poésies et de ces compositions musicales si ravissantes! Ne vous enamourez donc que du théorbe inventé par vous!

LÉONARD.

J'y reviendrai et le perfectionnerai. La musique est maintenant dans sa première enfance, et elle a beaucoup à grandir. Ce n'est pas de cela qu'il s'agit.

ACHILLINI.

C'est du traité sur l'optique?

LÉONARD.

Non pas même.

BERNARDINO LUINI.

Alors, c'est de l'anatomie. Au moins y a-t-il en ceci quelque butin pour la peinture.

LÉONARD.

L'anatomie est une science entraînante. Mais je suis surtout peiné qu'on n'ait pas voulu, à Florence, adopter mon projet relatif au canal de Pise; il en fût résulté les plus grands avantages, et si je suis venu ici, c'est qu'à défaut de ce dessein rejeté, vous me laisserez peut-être vous persuader de mettre fin aux inondations dont les paysans ont tant à souffrir à travers les vallées de Chiavenne et de la Valteline. J'ai apporté mes plans.

LUDOVIC.

Maître Léonard, à un homme comme vous, il faut

laisser toute liberté de créer à sa guise; il ne saurait produire que des effets admirables. Mais, je le sais d'avance : une lubie vous prendra, et vous me quitterez encore. Vous êtes admiré et appelé par tous les princes. Le magnifique Laurent ne cherchait qu'à vous retenir au milieu de ces hommes illustres dont il s'entourait; il est mort, et c'est un concurrent de moins; mais le gonfalonier Soderini ne vous a laissé partir qu'à grand'peine; Galéas Bentivoglio vous fait les offres les plus larges pour vous attirer à Bologne, et je n'ignore pas que M. de Valentinois vous a nommé son ingénieur général et son architecte. Vous finirez par vous laisser séduire.

LÉONARD.

Je ne le crois pas, monseigneur, aussi longtemps que je jouirai de vos bontés, car vous êtes le prince le plus sensible aux choses de l'art que possède l'Italie. Poëte admirable vous-même, vous comprenez le génie des poëtes; on est bien auprès de vous, on peut parler avec vous, on est compris par vous, et les largesses de votre riche intelligence me sont plus précieuses cent fois que les faveurs dorées des bourses les plus opulentes. Je resterai tant que vous me voudrez.

LUDOVIC.

O mes amis, que la vie serait douce et belle, si l'on pouvait la voir s'écouler tout entière comme un fleuve du paradis entre les rives verdoyantes et fécondes de la science et de l'art! Mais vous savez tous combien les réalités sont différentes d'une si noble fiction, et ce qu'ont à subir ces infortunés chargés par le ciel de gouverner les peuples. Je n'éprouve de joie vraiment pure que dans les instants trop courts où je me vois seul avec vous!

LÉONARD.

C'est un grand malheur qu'au lieu d'être notre duc régnant, vous ne soyez que le régent temporaire de l'État. Nous vivons à une époque où il faut des hommes pour mener les peuples, et le seigneur Galéas n'est, par sa faiblesse de santé et sa courte étendue d'esprit, qu'un enfant véritable. Je vous demande pardon si je parle avec tant de sincérité, mais je ne fais ici que répéter devant vous ce que chacun dit très-haut, hors de votre présence, et dans tout le Milanais et dans toute l'Italie.

GASPARDO VISCONTI.

C'est l'exacte vérité. Quel malheur d'être gouverné en ce moment par un si grand prince, condamné à nous abandonner avant peu à tous les hasards de l'inexpérience et de la faiblesse!

LUDOVIC.

Vos propos m'affligent, mes amis. J'aime mon neveu Galéas; j'aime sa femme, la duchesse Isabelle, et je ne cherche que les moyens de les servir; pourtant, je ne puis me le dissimuler, mon pupille n'a pas été créé d'une étoffe bien précieuse. Dieu nous garde des malheurs que le peu de capacité du pauvre jeune homme prépare à notre maison!

ANTOINE CORNAZANO

Monseigneur, j'ai servi longtemps sous le noble et valeureux seigneur Barthélemy Coleone, et j'ai vu se faire et se défaire bien des ménages politiques. Si je ne me trompe pas aux signes du temps, le duché a plus

besoin que jamais d'être protégé par un cœur viril et
tenu par une main ferme.

LUDOVIC.

Vous voyez juste, seigneur Antoine ; je reconnais à
votre langage le guerrier éprouvé, le négociateur habile,
non moins que le lettré et l'érudit. Mes amis, avec vous
je peux parler librement des grands intérêts qui nous
occupent; d'ailleurs, il n'y a plus ici de secrets.

LÉONARD.

Vous allez nous en dévoiler un très-grand, monseigneur, et qui, à lui seul, m'intéresse plus que tous les
autres : c'est de nous manifester la façon dont les âmes
généreuses et hardies aperçoivent, représentent, jugent
et comptent diriger les destinées des empires.

LUDOVIC.

Ecoute-moi donc, philosophe, puisque les mouvements
de l'âme humaine sont pour toi de telle importance, et
regarde-moi, peintre, si tu veux contempler un homme
résolu. Vous savez qu'il y a moins de deux ans, le pape
Alexandre VI a pris la tiare pontificale. Celui qu'on
nommait le cardinal Roderic Borgia est devenu le chef
de l'Église. Vous baissez tous la tête d'un air soucieux?
Je le conçois; mais je connais le Pape, je le connais à
fond, et je vous dirai ceci : C'est un homme doué de
sagesse, de prudence, d'une raison majestueuse. Son éloquence est, à l'occasion, aussi invincible que son art de
s'emparer des esprits et de les assouplir. Quant à sa persévérance imperturbable, c'est celle d'un dieu, et par
cette vertu, la plus dangereuse chez un adversaire, il est,
en presque toutes rencontres, assuré du succès. Voilà

l'homme avec qui l'univers doit compter, et nous savons tous que, armé pour la domination, il n'a ni foi, ni loi, ni religion, ni scrupule, ni merci, et ne connaît au monde qu'un seul intérêt, celui de sa maison de Borgia représentée par ses enfants. C'est un homme merveilleux. Jusqu'ici il a réussi partout, malgré qu'on le connaisse. Aussi tous les vrais politiques du sacré Collége, se sentant en grand danger, ont-ils eu recours à l'unique moyen de salut qui leur restât : ils ont pris la fuite. Julien de la Rovère se tient dans sa ville épiscopale d'Ostie, entouré de fortifications et de soldats; Jean Colonna ne se croit en sûreté qu'en Sicile; Jean de Médicis est à Florence. Pour moi, je l'avoue franchement, j'ai aussi peur devant cet homme que les cardinaux eux-mêmes. Je sais que son fils, M. de Valentinois, voudrait nous perdre et nous enlever le Milanais; je sais que ces gens-là se sont alliés aux Aragonais, mes ennemis; je sais que Pierre de Médicis dispose ses Florentins contre moi; je sais que de Venise je ne dois rien attendre, sinon d'être dévoré au cas où je deviendrais faible. Dans cette situation, il m'a paru utile de démêler d'abord où je devais chercher mes plus redoutables antagonistes. Il n'y a pas à s'y méprendre : ceux-là, ce sont les Aragonais et les Florentins; ils m'attaqueront à force ouverte dès le premier jour; c'est donc sur eux que je devais d'abord diriger et attacher mes regards; le faisant, je me suis aperçu, une fois de plus dans ma vie, que toute situation qui semble extrême ne l'est pas, et qu'en l'analysant avec soin, du pire poison on peut tirer une substance salutaire. J'ai donc trouvé qu'Alexandre VI était, à l'égard de Ferdinand de Naples et des Médicis, précisément dans la même position que moi. J'ai donc envoyé le cardinal Ascanio Sforza, mon frère, au Souverain Pontife, et nous avons conclu une alliance. En même temps, je me suis rapproché des Vénitiens, qui ne sont pas non plus favorables à la maison d'Aragon; et, de la sorte, j'ai eu moyen de neutraliser les Florentins par Venise, les Aragonais par le Pape. Ce n'est au fond qu'un échafaudage temporaire et fragile, une construction d'allumettes qui casseront ou prendront feu, et devant cette évidence et l'obligation étroite de me garder avec soin contre mes alliés, je me suis adressé au roi de France. Je lui ai persuadé de réclamer Naples, comme héritier de la maison d'Anjou. Il y a ajouté le plan de détrôner Alexandre et de le déclarer indigne de la tiare, ce qui me porte à espérer que, pour le moment du moins, il ne s'entendra pas avec lui. Charles VIII a franchi les monts, il marche sur Florence; il s'agira de songer plus tard aux moyens de le renvoyer; mais, pour cette heure, jugez et dites-moi si mon neveu, le pauvre Galéas, est homme à comprendre et à mener à bien des combinaisons si délicates et pourtant si nécessaires.

LÉONARD.

Assurément, non! Mais que l'esprit d'un homme tel que vous, monseigneur, est une puissante création de la très-sainte profondeur de l'esprit de Dieu!

GASPARDO VISCONTI.

Le seigneur Ludovic est tellement fait pour la couronne que la couronne viendra certainement d'elle-même se poser sur sa tête.

Un gentilhomme servant.

LE GENTILHOMME.

Monseigneur, j'arrive de Rome à franc étrier. Il m'était

défendu de m'attarder une minute. Voici la dépêche que mon seigneur révérendissime le cardinal Ascanio m'a ordonné de vous remettre.

LUDOVIC.

Donne. Voyons ce que m'écrit mon frère.

Il va à une fenêtre, lit la dépêche, et revient en souriant.

Puisque vous aimez tant à vous instruire, maître Léonard, écoutez ceci : Mon allié, le Saint-Père, vient de s'entendre avec les Aragonais. On accorde la main de dona Sancia d'Aragon, qui a dix-sept ans, à son fils Goffredo Borgia, qui en a treize. Alexandre est content, il doit l'être.

LÉONARD.

Vous voilà embarrassé, monseigneur.

LUDOVIC.

Nullement. J'avais joué mon pion avant que le Pape touchât le sien. Les Français marchent sur Florence, te dis-je, et nous allons monter à cheval tous tant que nous sommes pour nous rendre à Chiari au-devant du Roi. Je vous quitte et vais prier madame Béatrice, ma femme, de se dépêcher, elle et les belles dames que nous emmenons. Les Français aiment ces sortes de rencontres et les jeux qui s'ensuivent. Allons, messires, courez revêtir vos plus riches habits, vous prendrez mes chevaux, et je vous présenterai à Charles VIII.

ACHILLINI.

Ce nous sera un bien grand honneur.

FLORENCE

La cour de la petite maison de Louis de' Buonarotti. Un toit de planches dans un coin, sous lequel Michel-Ange travaille à une statue d'Hercule, haute de quatre brasses. Sur un cuvier renversé est assis Louis, son père, les bras croisés et le visage soucieux.

LOUIS.

Tu as maintenant vingt-deux ans; à mon compte, à cet âge, on devrait se comporter comme un homme. Mais tu n'es et ne seras jamais qu'un enfant inutile à toi-même et aux autres.

MICHEL-ANGE.

Je travaille tant que je puis et ne mérite aucun reproche.

LOUIS.

Depuis la mort du magnifique Laurent, ce que j'avais prévu est arrivé. Tu ne gagnes rien... Bon! voilà encore que tu pleures?

MICHEL-ANGE, s'essuyant les yeux.

Je ne saurais penser à mon bienfaiteur, à celui à qui je dois tout sans que mon âme se trouble.

LOUIS.

Si cet homme-là ne t'avait pas monté la tête, tu m'aurais obéi et t'en trouverais mieux. Au lieu de t'enrôler parmi ces fainéants d'artistes et de te déshonorer, toi et la noblesse de ta famille, par un métier de maçon, tu serais aujourd'hui dans le commerce de la soie, et je ne te verrais pas constamment couvert de plâtre et les mains dans la boue.

MICHEL-ANGE.

Lorsque mon défunt maître eut cette bonté de m'admettre à l'atelier de sculpture de ses jardins de San-Marco avec François Granacci, il m'assigna cinq ducats par mois, et ce que j'ai exécuté, il me l'a toujours généreusement payé. En outre, si vous avez reçu cet emploi dans la douane, qui vous fait vivre et toute la famille, c'est à ma considération.

LOUIS.

De plus, ton camarade Torrigiani, dans sa fureur de te voir trop adroit, t'a bellement écrasé le visage; tu oublies ce point-là. Voilà le sublime avantage que t'a valu le magnifique Laurent! Tu me fais pitié.

MICHEL-ANGE.

Bien ou mal, je suis ce que je suis. Vous n'avez pas l'intention de me mettre aujourd'hui en apprentissage chez un tisseur?

LOUIS.

Ce serait pourtant le mieux. Il est clair que les Médicis ne te commanderont plus ni tableaux, ni statues. Le seigneur Pierre n'est pas ce qu'était son prédécesseur, et que deviendras-tu?

MICHEL-ANGE.

Le seigneur Pierre ne me maltraite pas. Il m'a consulté encore hier au soir pour une cornaline antique dont on lui propose l'achat.

LOUIS.

Et même il t'a fait construire une statue de neige. Belle occupation! honorable, en vérité! Cet homme use de toi comme d'un bouffon. Il t'abandonnera, au premier jour, à la malveillance de ces barbouilleurs de toiles au milieu desquels tu as choisi de vivre. Je te dirai encore que je ne vois pas avec plaisir ta grande amitié avec ce François Granacci; c'est un vaurien. Je suis encore plus fâché de ce que tu fréquentes le jeune Nicolas Machiavel. Celui-ci, à la vérité, est de bonne naissance, je ne le nie pas; mais on le dit sans mœurs, et il a été se marier à la Marietta, à un âge où il n'aurait dû songer qu'à se faire un sort. Il ne s'occupe que des anciens Romains! Aussi est-il sans ressources, et avant peu il voudra t'emprunter de l'argent, s'il ne l'a déjà fait. L'a-t-il fait?

MICHEL-ANGE.

Vous savez que je vous donne ce que je gagne.

LOUIS.

Puis-je deviner ce que tu mets de côté? Mais laissons ce point scabreux. Machiavel me déplaît; je crois qu'il conspire contre l'autorité du seigneur Pierre... Ce n'est pas que je me soucie beaucoup des Médicis. Ils vont être chassés incessamment, et décidément nous sommes dégoûtés d'eux. Je n'ignore pas non plus que le digne Frère Jérôme est favorable au gouvernement du peuple, et à Dieu ne plaise que je m'oppose aux vues du Frère Jérôme! Mais je n'aime pas qu'on se mêle des affaires publiques quand on n'est qu'un avorton comme ce Machiavel. Qu'est-ce que tu opères avec lui? de quoi parlez-vous? Il t'entraînera à quelque sottise. Raconte-moi un peu ce que vous combinez quand je vous vois sortir ensemble.

Michel-Ange pose ses ébauchoirs sur la selle et s'asseoit sur un banc, la tête dans ses mains.

Qu'est-ce qui te prend? Es-tu malade?

MICHEL-ANGE.

J'ai grand mal à la tête.

LOUIS.

C'est l'oisiveté qui te rend malade. Si tu travaillais à quelque chose d'utile, tu te porterais bien.

Entre Nicolas Machiavel.

MACHIAVEL.

Messire Louis, je vous salue bien humblement. Bonjour, Michel-Ange.

LOUIS.

Je suis pressé, il faut que je sorte, messire, et toi, Michel-Ange, souviens-toi que tu fais là un travail qui ne souffre pas de relâche, et que tu n'as pas le temps de causer. Dieu vous garde, messire Nicolas!

Il sort.

MACHIAVEL.

Ah! mon ami, je suis venu te raconter en hâte ce qui me remplit l'âme de joie. Les Français seront ici dans quelques jours.

MICHEL-ANGE.

Amis? ennemis?

MACHIAVEL.

On n'en sait rien. On négocie; si l'amitié ne peut s'établir, nous résisterons en hommes et défendrons la patrie. Mais il y a plus! Pierre de Médicis ne fait que des sottises. Frère Jérôme en est tombé d'accord et s'unit au parti populaire, de sorte que l'arrivée des Français causera la chute de cette maison superbe dont l'orgueil étouffe nos libertés.

MICHEL-ANGE.

Je dois tout au père et ne veux pas compter parmi les ennemis des enfants.

MACHIAVEL.

Tu as du cœur, mais souviens-toi que l'intérêt de la patrie passe avant le tien. Tout est en ébullition ; l'eau est chaude, brûlante, bouillante. La population entière se met en émotion furieuse. Ah! Michel-Ange, quel beau moment! Je vais voir la liberté, l'ordre régulier, un gouvernement sage ailleurs que dans les pages mortes des vieux livres, et sous les abstractions de mes rêveries! Ce qui existe à Florence d'hommes dignes de ce nom est avec nous; Soderini, Valori, Vespuccio, Marsile Ficin, les savants, les artistes, ce qui pense grandement, ce qui veut le bien des hommes!

MICHEL-ANGE.

Je ne suis pas avec vous. Je ne veux pas de vous. Je suis le protégé des Médicis, et n'aime pas que Frère Jérôme, au lieu de continuer à nous prêcher la vertu comme naguère, se mêle de la chose publique.

MACHIAVEL.

Il s'en mêle pour le bien, et quand on peut agir, il faut agir. L'action seule est digne d'un homme.

MICHEL-ANGE.

Viens dans ma chambre. J'ai à m'habiller et à faire mon paquet.

MACHIAVEL.

Où vas-tu donc?

MICHEL-ANGE.

A Bologne, auprès du seigneur Galéas Bentivoglio; et

si je ne suis pas bien à Bologne, j'irai à Venise. Je ne resterai pas au milieu de ces tumultes; on n'y saurait travailler; d'ailleurs, j'ai d'autres raisons encore. Il m'est impossible de supporter plus longtemps... Bref, viens! tu me conduiras jusqu'à la porte de la ville.

MACHIAVEL.

Auparavant, je te démontrerai que tu as tort. Écoute.

MICHEL-ANGE.

Parle tant que tu voudras; mon parti est pris.

Il rentre dans la maison.

PLAISANCE

Un palais servant de résidence au roi Charles VIII. Une salle d'attente. Deux capitaines français.

PREMIER CAPITAINE.

Te voilà, mon compagnon? Çà, que je t'embrasse!

SECOND CAPITAINE.

Très-volontiers. Le bon visage! Tudieu! quelle santé!

PREMIER CAPITAINE.

Oui, par ma foi, nous menons bonne vie! D'où viens-tu?

SECOND CAPITAINE.

De Lyon en droiture. Je vous amène vingt-cinq lances fournies. Il m'en a coûté bon pour les lever! C'est fleur de gendarmes!

PREMIER CAPITAINE.

Tu trouveras mille occasions de te rembourser. Sais-tu que tout marche à miracle?

SECOND CAPITAINE.

Raconte-moi un peu vos fortunes.

PREMIER CAPITAINE.

Ne m'entends-tu pas? Tout va à miracle! Nous avons été reçus à bras ouverts à Turin; et là, après bien des fêtes, nous avons emprunté les diamants et pierreries de madame la duchesse Blanche. Elle a rechigné un peu; mais nous avons tout mis en gage.

SECOND CAPITAINE.

Tu m'amuses.

PREMIER CAPITAINE.

Voilà douze mille bons ducats de gagnés. A Casal, la marquise de Montferrat nous a donné le bal, la sotte, et a montré aussi ses joyaux. Même affaire qu'à Turin; nous avons fait rafle.

SECOND CAPITAINE.

C'est donc vrai paradis et terre promise que ce pays?

PREMIER CAPITAINE.

Je te le jure. D'ailleurs, nous sommes bien établis à Gênes, où les troupes milanaises nous donnent la main. Les Suisses ont, à la vérité, mis à sac la cité de Rapallo, peut-être à la légère; ils auraient pu faire le pillage moins fort et ne pas tout tuer; mais, en somme, l'effet a été bon. Le seigneur d'Aubigny nous mande de la Romagne que les Napolitains, pris de belle peur, lâchent pied devant lui. Quand nous sommes arrivés à Asti, l'oncle du duc Galéas est venu à notre rencontre avec sa femme, la belle Béatrice, et je te dirai à l'oreille qu'il a présenté au Roi quantité de dames milanaises qui, par ma foi, nous ont fait grande fête et grande chère.

SECOND CAPITAINE.

L'eau m'en vient à la bouche. Que ne suis-je arrivé plus tôt!

PREMIER CAPITAINE.

Les occasions ne te manqueront pas. Chut! voici le Roi!

Entre Charles VIII, petit, débile, mais de grande mine; il est pâle et défait, par suite de la maladie gagnée peu de jours auparavant à Asti, et dont il a failli mourir. A sa suite, nombre d'officiers, le sire Philippe de Commines, seigneur d'Argenton; le sire de Bonneval, le sire de Châtillon, tous deux grands favoris du Roi; le médecin Théodore de Pavie.

LE ROI.

Vous dites, Théodore, que Galéas vient d'expirer, et que cette fin subite n'est pas claire?

THÉODORE.

Je crains, au contraire, Sire, qu'elle ne le soit trop. Il y a poison.

LE ROI.

Ludovic le Maure va trop loin. Qu'a-t-il fait de la duchesse Isabelle et des enfants de son neveu?

THÉODORE.

Ils sont dans une chambre obscure et assez malsaine.

LE ROI.

J'en suis fâché; mais j'ai d'autres affaires. Ce Ludovic serait capable de m'empoisonner moi-même, malgré ses beaux semblants d'amitié. M. d'Urfé me l'écrit. Je ne sais pourquoi je reste en Italie. On me conseille de m'en retourner chez moi, et peut-être ferais-je bien. Il n'y a que traîtres dans ce pays-ci.

LE SIRE DE BONNEVAL.

Voilà pourtant les Médicis, et surtout le cardinal Jean, qui nous pressent fort de ne pas abandonner leur cause.

PHILIPPE DE COMMINES.

Il est naturel que ceux-là se soucient médiocrement d'embarquer le Roi dans de méchantes affaires; ils songent à rentrer dans leur ville et à se venger.

CHATILLON.

Ces gens de Florence! des imbéciles! conseillés, menés par un frocard appelé Jérôme! un drôle! Et leur prince, un lâche, un pied-plat, intimidé et comme garrotté par

Gino Capponi et tous les ennemis de sa maison devant lesquels il ne sait que trembler! Je ne peux pas seulement l'entendre nommer sans que l'envie de cracher dessus ne me prenne! (On rit.) Il est incapable de reconnaître les bienfaits dont votre royale maison l'a comblé!

LE ROI.

On m'a dit que mon aïeul Charlemagne et les douze pairs avaient bâti Florence; est-ce vrai?

PHILIPPE DE COMMINES.

Sinon précisément bâtie, au moins aidée à sortir de la ruine.

LE ROI.

Alors les Florentins sont mes sujets; ce sont des rebelles; mon vœu de chevalerie m'oblige à les punir, et je le ferai rudement.

PHILIPPE DE COMMINES.

Il vaudrait mieux amener ces gens à de meilleurs sentiments que nous les aliéner. Puisque Votre Altesse a décidé qu'elle irait à Naples par la Toscane, nous avons besoin de tenir la route libre derrière nous.

LE SIRE DE BONNEVAL.

Le seigneur d'Argenton a toujours l'air de supposer que nous pourrions être battus.

LE ROI.

C'est vrai. Vous n'avez pas le cœur généreux, messire; vous ressemblez à mon père.

PHILIPPE DE COMMINES.

C'était un grand prince, et fort avisé.

LE SIRE DE CHATILLON, très-haut.

Le Roi n'est pas descendu en Italie pour faire le

pédant, mais bien pour montrer au monde sa vaillance, et l'étonner par de grandes apertises d'armes.

LE ROI.

Je ne veux d'autres modèles que ces fameux Gauvain, Lancelot et Renaud de Montauban, qui ont exécuté de si beaux exploits! Avec l'aide de Dieu, j'espère faire aussi bien!

LE SIRE DE CHATILLON.

C'est là parler comme il faut! A quoi sert d'être un roide chevalier et un redouté vainqueur, si l'on s'arrête à réfléchir, peser, soupeser, en définitive, jouer au renard? Vertu de Dieu! nous passerons partout, partout! sur tête et ventre! à grands coups d'épée, à forts coups de lance! Sans quoi, ça n'était pas la peine de venir si loin!

LE SIRE DE BONNEVAL.

Horions, batailles, amours, fêtes et triomphes! S'il y a autre chose, je m'en retourne!

LE ROI, souriant.

Ils ont raison! Je pense comme eux! Va te coucher, messire Philippe, tu es vieux, ton cœur est éteint.

ROME

La chambre du pape Alexandre VI. — Le Pape, Giorgio Bosardi, Burchard, maître des cérémonies.

LE PAPE.

Maître Burchard, mon ami, tiens-toi un peu derrière la porte et veille à ce que personne ne vienne nous interrompre. J'ai à parler à ce garçon-là.

BURCHARD.

Oui, Très-Saint Père.

Il passe derrière la porte.

LE PAPE.

Voyons, Giorgio, âne que tu es, prête-moi toute ton attention et tâche de comprendre. Tu vas donc partir aujourd'hui même pour Constantinople, et tu feras la plus extrême diligence.

BOSARDI.

Oui, Très-Saint Père.

LE PAPE.

Écoute-moi bien. Tu ne parleras qu'au grand vizir lui-même, en secret, dans le plus absolu secret... m'entends-tu?

BOSARDI.

Oui, Très-Saint Père. Je pénètre l'intention de la sainteté de mon seigneur. C'est seulement dans le secret le plus extrême que je m'ouvrirai avec précaution au grand vizir.

LE PAPE.

Et tu ne seras tout à fait explicite qu'avec le sultan Bajazet en personne.

BOSARDI.

C'était là ma pensée, Très-Saint Père.

LE PAPE.

Ne fais pas l'entendu. Je n'ignore pas que tu n'es qu'un sot; mais dans certaines occurrences on ne sait à qui se fier, et les gens d'esprit ne sont jamais sûrs.

BOSARDI.

Oui, Très-Saint Père.

LE PAPE.

Tu diras au grand vizir, si tu ne peux d'abord parler au Sultan, que je lui adresse mes compliments les plus sincères et lui envoie ma bénédiction apostolique.

BOSARDI.

Oui, Très-Saint Père.

LE PAPE.

Tu ajouteras que je n'oublie pas un seul jour, pas une seule minute, son affection pour moi, que je la lui rends avec usure, et tu lui remettras de ma part cette jolie madone de Jean Bellini qu'il m'a fait demander par l'ambassadeur de son maître à Venise.

BOSARDI.

Très-Saint Père, je n'y manquerai pas. La madone est déjà rendue à Ostie à bord de ma galère, et je dirai au sultan Bajazet et à son ministre ce qu'il y aura de plus propre à les persuader de la grande amitié que leur porte la sainteté de mon seigneur.

LE PAPE.

Ensuite, venant à l'essentiel, tu commenceras par rappeler combien je suis surpris, avec pleine raison, de ne pas recevoir les deux quartiers échus de cette pension de quarante mille ducats, accordée au pape Innocent VIII, depuis 1489, et tu ne te feras pas faute d'insister sur ce point que je la mérite tout autant que mon prédécesseur, puisque je surveille non moins parfaitement le prince Zizimi, frère du Sultan, et ne le laisse pas sortir de mes mains.

BOSARDI.

La sainteté de mon seigneur peut être tout à fait rassurée. Je ferai reprendre le payement de la pension.

LE PAPE.

Ceci réglé, tu signaleras l'ambition effrénée du roi de France. Tu exposeras qu'en s'emparant du royaume de Naples, il a surtout la pensée d'aller attaquer Constantinople, afin de prendre la couronne des empereurs byzantins. Il n'est pas encore à Florence à l'heure qu'il est, il va venir chez moi pour combattre les Aragonnais, et déjà, pourtant, il ne cache rien de ses visées ambitieuses qui menacent la solidité du trône ottoman. Il m'a dit ses projets, il les a dits aux Vénitiens, au duc de Milan, ce n'est pas un secret; mais ce qu'il m'a confié à moi en particulier, et que je révèle à Bajazet, c'est sa volonté de m'enlever le prince Zizimi, afin de s'en servir en l'opposant en temps et lieu au Sultan. Ce dernier doit craindre une pareille idée; tu lui en montreras les graves conséquences. En ce qui me concerne, je ne céderai pas aux exigences de Charles VIII; je ne remettrai pas Zizimi au roi de France, aussi longtemps que résister me sera possible, et si enfin, n'étant pas le plus fort, il me faut laisser aller mon prisonnier, je m'arrangerai de façon à le livrer dans un tel état, que le Sultan n'aura pas d'inquiétudes à en concevoir. Tu peux le lui promettre de ma part. Mais il est bien entendu que Bajazet devra mériter un pareil service. Tu tourneras ces confidences d'une façon qui ne soit pas compromettante.

BOSARDI.

Il n'est pas malaisé de montrer l'enchaînement et la portée de ces choses sans en dire un seul mot.

LE PAPE.

Quant au bon office que j'attends de mon allié, c'est de m'aider à chasser les barbares de l'Italie, et, à cet effet, il me serait utile d'avoir à ma disposition, soit en Romagne, soit dans la Pouille, une bonne armée turque, afin de l'emporter sur les Français, ce qui serait profitable au Sultan, tout aussi bien qu'à moi. Voilà ta mission : as-tu compris ?

BOSARDI.

Très-Saint Père, la pension de quarante mille ducats et des Turcs en Italie.

LE PAPE.

Allons ! fais diligence ! donne-moi promptement de bonnes nouvelles... Burchard ! Ohé ! Burchard !

BURCHARD.

Très-Saint Père ?

LE PAPE.

Conduis ce galant homme à la Sacrée Signature, et fais-lui remettre ses lettres de créance, ainsi que la missive particulière que j'adresse au Sultan. Ah! si je pouvais arrêter ces bandits français avant qu'ils arrivent jusqu'à Rome !

Entre un camérier.

LE CAMÉRIER.

Très-Saint Père, voici là dehors un envoyé du duc de Milan.

LE PAPE.

Qu'est-ce? Ah! bien! c'est le petit!... L'intime!... Entre, mon ami. Comment se porte le seigneur Ludovic ? Son neveu Galéas lui est donc mort de maladie subite entre les mains, et le petit garçon du susdit Galéas également ?

L'ENVOYÉ.

Oui, Très-Saint Père.

LE PAPE.

Ton maître est sujet à de pareils malheurs. Que dit-il?

L'ENVOYÉ.

Il dit que Votre Sainteté ne lui tient pas parole dans l'affaire du Frère Jérôme. Vous ménagez ce fanatique, et ses prédications vont toujours. Outre que les Florentins seraient plus traitables et abandonneraient la cause française de tout cœur, si ce moine ne leur tournait l'esprit, le nord de l'Italie est bouleversé. Les princes sont fort mécontents; le clergé l'est plus encore; il va perdre ses domaines; Savonarole ne parle de rien moins que de livrer aux malingreux les biens ecclésiastiques et jusqu'aux vases sacrés.

LE PAPE.

La sollicitude du duc de Milan pour la sainte Église

m'amuse assez. Je ne m'occuperai pas de Savonarole tant que j'aurai sur les bras de plus lourds fardeaux. Pourquoi ton maître, malgré ses promesses, n'a-t-il pas encore rompu lui-même avec les Français? Se moque-t-il? Au moins, si les Vénitiens n'ont point agi, ils se préparent et nous ont donné des gages. Les Napolitains et moi sommes-nous faits pour attendre indéfiniment votre bon plaisir? Il n'y a plus que les Florentins et ton maître qui ne veuillent pas se décider. Quand cela finira-t-il?

L'ENVOYÉ.

Donnant, donnant. Agissez avec franchise contre Savonarole, et nous songerons à vos intérêts. Voilà ce que vous fait déclarer le seigneur duc.

LE PAPE.

Va causer de tout cela avec don César, et je verrai ce qui est possible.

PRÈS DE FLORENCE

Un chemin creux, non loin du camp français. Une maison de paysan qui brûle ; le maître est couché par terre et pleure ; sur une pierre sont assis Jean de Bonneau, archer de la compagnie de M. de Terride, et Jacques Lamy, autre archer, occupés à manger sur le pouce du pain et des oignons ; ils boivent de temps en temps un coup de vin dans leurs gourdes.

JACQUES LAMY, au paysan.

Quel âge avait-elle, ta femme ?

LE PAYSAN, pleurant.

Vers les vingt-deux ans.

JEAN DE BONNEAU.

Était-elle jolie ?... Allons ! ne gémis pas ! Tu ressembles à un veau. Enfin, ils l'ont tuée. Après ?

LE PAYSAN, se tordant les bras.

Ah ! mon Dieu ! mon Dieu !

JACQUES LAMY.

Nous autres Gascons, nous sommes de rudes gaillards. Mange un morceau... Tiens !

LE PAYSAN.

Non !... non !... Ah ! mon Dieu !

JEAN DE BONNEAU.

Tu comprends, mon pauvre bonhomme, ce qui est

fait est fait... C'est la guerre ! Il faut aussi que le soldat s'amuse un peu.

LE PAYSAN.

Ma femme !... Ma pauvre femme !...

JACQUES LAMY.

Tu ferais mieux d'éteindre le feu dans ta barraque... Tout va brûler !

LE PAYSAN.

Ça m'est égal.

JEAN DE BONNEAU.

C'est une brute. Allons, bonjour. Console-toi. Viens-tu, Jacques ?

JACQUES LAMY, au paysan.

Tiens, mon garçon, je te laisse le reste du pain et deux oignons... Quand le cœur t'en dira, mange ! Décidément, c'est une brute.

Le paysan sanglote ; les soldats s'éloignent en chantant à tue-tête :

Châtillon, Bourdillon, Bonneval,
Gouvernent le sang royal.

FLORENCE

Devant le palais Médicis. — La place est couverte de peuple. Cris, tumulte, vociférations, clameurs subites. Aux portes du palais sont rangées des bandes d'arbalétriers, d'arquebusiers et de piquiers français et suisses; deux compagnies d'ordonnance en bataille; des pièces d'artillerie arrivent à travers la foule et prennent position en avant. Aux fenêtres, force capitaines et officiers français, le casque en tête.

UN PORTEFAIX, montrant le poing aux Français.

Ah! les scélérats!

UN BOUCHER.

Les brigands! les maudits! Si je ne leur ouvre pas le ventre à tous avec mon couperet...!

UN BOURGEOIS, monté sur une borne.

Citoyens, amis, ne croyez pas un mot de ce qu'on vous dit de ces misérables ultramontains! Eux, nos amis! Quels amis? Ils ont pris d'assaut, ils ont brûlé Sarzane; égorgé hommes, femmes, petits enfants! On a vu des horreurs!

CRIS SUR LA PLACE.

A bas les Français!

LE BOURGEOIS, gesticulant.

Nous avons chassé Pierre de Médicis! Il est allé rejoindre ses coquins de frères le cardinal et l'autre! Et ces étrangers veulent nous le ramener? N'est-il pas un lâche ? n'est-il pas un traître ? Nous avons traîné ses écussons dans la boue, et il faudrait les rétablir ? Nous avons démoli de fond en comble son palais ; il nous faudrait le relever ? C'est une honte !

CRIS VIOLENTS.

A mort les Médicis ! à mort les Français !

UN JEUNE HOMME, sautant sur une autre borne.

Oui, à mort ! Ce sont des misérables ! ce sont des barbares ! Après qu'ils nous ont fait révolter Pise et menacé d'un siége, nous les avons reçus dans la ville ! Nous avons laissé faire l'entrée du roi Charles, sous un dais comme un saint Sacrement ! Nous leur avons laissé traverser les rues en grande ordonnance, la lance sur la cuisse comme des triomphateurs ! Nous leur avons fait des amitiés, des compliments, des caresses ! On leur a joué l'Annonciation de la très-sainte Vierge dans l'église de Saint-Félix, et même par deux fois parce qu'ils l'ont ainsi demandé, et, maintenant, ils veulent nous asservir !

LA FOULE.

Non ! non ! non ! A mort les Français ! Les bâtons ! les bâtons ! Aux épées !

Grande agitation ; le peuple commence à s'armer.

LE CAPITAINE TERRIDE, à son lieutenant.

Restez à la tête de la compagnie et faites baisser les visières des hommes... Je monte là-haut, raconter ce qui se passe.

LE LIEUTENANT.

Monseigneur, une charge à fond sur cette canaille, n'est-ce pas ?

LE CAPITAINE TERRIDE.

Oui, mais attendez l'ordre. Pas d'étourderie.

Il descend de cheval et entre dans le palais.

Une salle du palais Médicis. Le Roi, Mgr Philippe de Savoie, comte de Bresse, M. de Piennes, M. de Bourdillon, M. de Bonneval, M. d'Argenton; officiers en grand nombre; messire Gino Capponi et trois commissaires florentins.

LE ROI, frappant du pied.

Je suis le maître ! Qu'on obéisse !

MESSIRE GINO CAPPONI.

Votre Altesse daignera nous dire encore une fois ce qu'elle prétend, et nous rendrons compte à la seigneurie.

LE ROI.

Soit ! Écoutez-moi bien; je ne répéterai pas mes paroles une troisième fois, et si vous êtes mutins, il vous en cuira.

M. DE PIENNES.

Bien parlé !

LE ROI.

Je veux que vous repreniez votre prince, messire Pierre de Médicis.

Applaudissements parmi les Français.

CAPPONI.

J'écoute.

LE ROI.

Le reprendrez-vous ?

CAPPONI.

J'écoute, et quand nous saurons ce dont il s'agit, je répondrai.

LE ROI.

Vous n'avez pas l'air décidé à vous soumettre ?

CAPPONI.

C'est ce que vous verrez par l'effet. Pour le moment, nous écoutons Votre Altesse, afin de savoir ce qu'elle veut.

LE ROI.

Je dis donc que je veux d'abord que le seigneur Pierre soit rétabli; ce que je veux ensuite, c'est que toute la seigneurie soit désormais de mon choix.

CAPPONI.

C'est là ce que vous voulez ?

LE ROI.

Oui, je le veux.

CAPPONI.

Et bien, nous, nous ne voulons pas.

LE ROI.

Vous ne voulez pas ?

CAPPONI.

Non, nous ne voulons pas !

LE ROI.

Par la mort de Dieu, je vous trouve bien hardi !

CAPPONI.

En ce moment, il le faut être.

LE ROI, à un de ses officiers.

Donnez-moi çà le traité que ces hommes vont signer tout de suite. Voyez-vous, messires ? Asseyez-vous à cette table : voici de l'encre, voici des plumes ; ne me faites pas les méchants, la patience m'échappe. Signez, signez, signez !

CAPPONI, arrachant le traité des mains de celui qui le tient, le déchire en quatre.

Voilà comme les Florentins en agissent avec la tyrannie !

LE ROI, hors de lui.

Faites sonner les trompettes !

CAPPONI.

Et nous, sonnons les cloches !

Il sort avec ses collègues.

LE CAPITAINE TERRIDE se précipite dans la salle.

Sire, des ordres ! La foule est énorme sur la place ; nous allons être attaqués ! Vos suisses ont voulu s'emparer du Borgo d'Ogni Santi, ils ont été malmenés et repoussés. Que commandez-vous ?

LE ROI.

Rappelez au plus vite messire Capponi.

Le Roi se promène avec agitation dans la salle ; M. de Bourdillon vient lui parler bas ; silence ; on entend les cris et les vociférations du peuple sur la place.

Entrent les députés florentins.

LE ROI, prenant Capponi par la main.

Ah ! Chapon, mauvais Chapon, tu nous fais ici un méchant tour !

CAPPONI.

Je suis le serviteur de Votre Altesse, et prêt à la servir en ce qui est de raison.

LE ROI.

Mon serviteur !

CAPPONI.

Le plus fidèle.

LE ROI.

Eh bien ! puisque tu refuses mes offres qui étaient pour ton plus grand bien, propose à ton tour.

CAPPONI.

Vous êtes un grand roi, vous êtes une âme chevaleresque et généreuse; nous vous demandons de joindre aux titres glorieux de vos prédécesseurs, celui-ci, non moins éclatant : restaurateur et protecteur des libertés de Florence.

LE ROI.

Je le veux.

CAPPONI.

Nous vous offrons, comme témoignage de notre reconnaissance, un don gratuit de cent vingt mille florins d'or.

LE ROI.

Je l'accepte ; et après ?

CAPPONI.

Après ? votre magnanimité nous rendra nos forteresses; vous nous rendrez Pise, et il sera décidé que Pierre de Médicis n'approchera pas de nos murailles de plus près que deux cents milles.

LE ROI.

Soit! Maintenant que nous voilà bons amis, je resterai au milieu de vous.

CAPPONI.

Non, Sire. Une République ne voit pas sans inquiétude tant d'armes étrangères au milieu d'elle. Votre Altesse partira avec ses troupes et nous laissera dans notre indépendance.

LE ROI.

Mort de ma vie! messire Pierre, vous le prenez sur un ton fort étrange! Suis-je un laquais, pour me laisser chasser de la sorte? Me croyez-vous le pire des poltrons? C'est aussi trop abuser de ma mansuétude! J'ai l'épée au côté, je la vais tirer si l'on me fâche. Non, certes, je ne m'en irai pas! Je resterai, par la mort Dieu, et aussi longtemps qu'il me plaira, entendez-vous bien? dussé-je me maintenir au milieu de vos édifices mis en poussière par mes canons! Ah! vous vous êtes imaginé... Quel est ce moine?

Entre Savonarole.

CAPPONI.

Sire, c'est le Frère Jérôme.

LE ROI.

On n'a nul besoin de son froc. Je te connais, Frère, tu n'es qu'un hypocrite, un séditieux, un fou! Hors d'ici, ou je te fais...

FRÈRE JÉRÔME.

Vous ne me ferez rien aussi longtemps que Dieu, mon maître, me couvrira de sa droite. J'entends que vous ne voulez pas partir? Vous prétendez encore fouler cette malheureuse ville sous les pieds de vos chevaux? Moi, je vous déclare ceci...

LE ROI.

Qu'on le mette dehors !

CAPPONI.

Prenez garde, Sire ! La révolte et la colère mugissent dans Florence. Si vous touchez au Frère Jérôme, vous touchez à l'amour du pays. Croyez-moi, croyez-moi ! écoutez-le au lieu de l'insulter, sans quoi les pierres elles-mêmes se lèveront contre vous ! Vous ne savez pas ce que c'est qu'une nation en délire !

LE ROI.

Que veux-tu, moine ?

SAVONAROLE.

Je veux vous rappeler à vous-même. Vous n'avez que faire de Florence; c'est Naples qu'il vous faut; c'est Naples et la grande mer ; et, par delà, cette couronne impériale que vous a destinée la Providence, la ruine des Turcs, la destruction des païens et le nom sublime de chef suprême, non de la petite Florence, mais de la vaste chrétienté ! N'allez pas, n'allez pas, Sire, pour une mesquine colère, perdre le rang que Dieu vous réserve et les trésors de gloire dont il vous comble ! Marchez où vos destinées incomparables vous appellent ! N'enviez pas ses libertés à un pauvre petit pays qui vous aime; ne faites pas comme David: n'enlevez pas à un malheureux sa maigre brebis, quand des troupeaux immenses et florissants vous échoient! Prenez-y garde ! C'est vous qui d'une main omnipotente devez réformer l'Église universelle! Laissez les choses minimes; saisissez-vous des grandes et ne vous comportez pas de telle sorte que vous deveniez un jour un nouveau Saül, rejeté par Dieu !

LE ROI.

Cet homme parle comme s'il était certain de ce qu'il raconte. En es-tu sûr, je serai empereur d'Orient ?

SAVONAROLE.

Et qui donc, il y a quatre ans, a prédit que vous descendriez chez nous et seriez irrésistible? Qui donc a révélé la chute des Aragonnais et votre entrée dans Rome?

LE ROI.

Oui, j'entrerai dans Rome; tu dis vrai !

SAVONAROLE.

Allez donc, Sire, et ne perdez pas de temps !

Entre un officier.

L'OFFICIER.

Si les magistrats florentins ne s'interposent tout de suite, nous allons être bloqués dans ce palais. Les avenues sont pleines de citadins armés et fous de male rage.

CAPPONI, à ses collègues.

Avec l'ordre du Roi, venez et empêchons une horrible catastrophe.

M. DE BOURDILLON.

Sire, je crois qu'il faudrait céder; nous n'avons, en réalité, rien à faire en cette ville. Nous nous revancherons plus tard.

LE ROI.

Tu crois ?

SAVONAROLE, à l'oreille du Roi.

Prenez garde, Sire, les bandes célestes des Anges descendent de là-haut contre vous !

LE ROI, à Capponi.

Tiendrez-vous vos conditions?

CAPPONI.

Dans l'instant, l'argent va vous être compté.

LE ROI, à son entourage.

A cheval, messieurs ! notre amour pour Florence nous distrait de nos affaires ! ce soir même, nous serons sur la route de Naples. Monsieur de Piennes, vous commanderez l'avant-garde, et les coureurs doivent partir immédiatement.

LES FLORENTINS.

Vive le Roi !

Une des portes de la ville. — Rassemblement de peuple.

UN BOURGEOIS.

Enfin, on ne voit plus que la queue de leurs traînards. Ils sont loin, ces maudits Français ! Que le diable se les garde ! Si ce n'est pas Frère Jérôme qui nous en délivre, qui est-ce donc ?

UN TAILLEUR.

Il a parlé au Roi vertement et lui a dit son fait.

UN SERRURIER.

Il le lui a dit comme je vous dis bonjour, et le pauvre hère a eu belle peur.

UN MAÇON.

Frère Jérôme est le prophète de Dieu !

LA FOULE.

Si quelqu'un en doute, ce quelqu'un, il faut l'éventrer ! Assommons, assommons le chien d'iniquité ! Vive Jérôme ! vive le prophète de Dieu !

Près de la frontière vénitienne. — Un camp de six mille aventuriers italiens. — Vaste campagne, fertile, couverte d'arbres, de vignes, de moissons; à l'horizon, des villages; une rivière coule au centre du paysage, et les tentes militaires sont rangées sur les bords. Au penchant de la berge, une baraque de planches, couverte de festons verts, où l'on vend à boire. Des valets d'armée passent, menant leurs chevaux à l'abreuvoir; hommes d'armes, archers, arbalétriers, cranequiniers, piquiers, paysans, paysannes, filles de joie, mendiants; les uns se promènent, les autres se querellent; beaucoup sont assis devant le cabaret, causent, rient, jouent aux dés et aux tarots.

UN HOMME D'ARMES.

Vive l'amour ! Je quitte la compagnie d'Alexandre del Tiaro, et je m'engage avec le Scariotto. Au diable mon premier capitaine ! Le cancre ! On meurt de faim chez lui !

UN ARBALÉTRIER.

Je le connais ! je l'ai servi ! Ce butor n'a pour le soldat que de mauvaises paroles !

UN TROMPETTE.

C'est vrai. Parlez-moi de Battista di Valmontone ! voilà un brave condottiere !

UN PAYSAN, le bonnet à la main.

Très-excellents seigneurs, je suis un pauvre homme.

UN PIQUIER.

Tu ferais mieux d'être riche et de me tenir deux bons ducats sur la fortune des dés.

LE PAYSAN.

Excusez-moi, très-excellent seigneur piquier, je vous le jure par la Madone et le saint Enfant! Je suis un extrêmement pauvre homme, réduit à tout ce qu'il y a de plus lamentable en fait de misère, et je viens encore de perdre ma dernière vache que deux respectables chevau-légers m'ont emmenée.

UN TAMBOUR.

Je connais cette figure-là. Il se promène dans tous les cantonnements de troupes, ayant toujours perdu sa dernière vache; c'est sa profession.

L'HOMME D'ARMES.

Combien gagnes-tu ainsi, bon an mal an?

Le paysan s'éloigne en remettant son bonnet sur la tête.

UN ARBALÉTRIER.

On dit que le soldat vole l'habitant; moi, je vous dis qu'en fin de compte, avec leurs auberges et leurs marchandises avariées, leurs maisons de jeu et de filles, leurs plaintes et leurs réclamations sempiternelles, ce sont les habitants qui dépouillent le pauvre soldat de sa dernière chemise et le font mourir sur la paille.

UN TROMPETTE.

Tu as, ma foi, raison! Mais qui est celui-là qui nous

arrive tout velours, soie et galons, la plume au bonnet, le nez en l'air, le poing sur la hanche, cambré comme un arc? Tudieu! quel bravache! Et ça n'a que trois poils blonds sous le nez et à peine dix-huit ans!

LE NOUVEAU VENU.

Seigneurs soldats, je vous salue et brûle de faire votre connaissance.

L'HOMME D'ARMES.

Nous ferons volontiers la vôtre quand vous nous aurez dit d'où vous sortez.

LE NOUVEAU VENU.

Je ne m'en cache pas. Je suis un Ordelaffe de Forli, cousin du seigneur Antonio et, partant, gentilhomme, ce que la plupart de vous ne sont guère. Amant de la gloire et brûlé de la plus noble ambition, je viens m'enrôler dans les bandes de mon parent, et je vous demande votre amitié en échange de la mienne.

L'ARBALÉTRIER.

Si j'avais sur le dos un aussi bel habit, je me ferais marchand ou prêtre; mais, certainement, je n'irais pas, de gaieté de cœur, épouser la hallebarde, la faim, la soif, le froid, le chaud et les nuits blanches.

LE NOUVEAU VENU.

Mon bon ami, vous êtes né sans doute de quelque traîne-charrue, et la bassesse de vos inclinations est fort naturelle. Pour moi, je me reconnais de la race des faucons; j'aime le grand air, le tumulte, les cris; ni la pluie, ni l'orage ne me font peur, et si les Sforzas et tant d'autres sont devenus des princes, je ne vois pas pourquoi il ne m'en arriverait pas autant.

LE PIQUIER.

Peste! quel gaillard! As-tu en poche un doublon? un sequin?... la moindre chose? Faisons un tour de prime, et je te mène ensuite chez don Agostino de Campo-Fregoso, qui vaut mieux que ton cousin.

LE NOUVEAU VENU.

Tu plaisantes, vieux drôle! J'ai dans ma pochette cinquante florins d'Allemagne. En trois tours de bassette, veux-tu?

LE TAMBOUR.

Décidément, c'est un brave! Des cartes, des cartes!

UNE DEMOISELLE, à sa compagne.

Ils vont le plumer. C'est égal. Ne perdons pas de vue cette colombe. Nous l'aiderons demain à manger le prix de son engagement.

LA COMPAGNE.

Prends garde à lui. Il a l'œil mauvais et la main leste. Son couteau ne doit pas tenir bien fort dans la gaîne.

Sur la lisière du camp, au milieu d'un beau jardin plein de fleurs et planté de cyprès, un petit palais bâti dans le style le plus récent, avec des rinceaux, des arcades, des colonnes accouplées, des statues, le toit plat et une loggia portée sur des figures de satyres en terre cuite. — Une salle élégamment peinte et meublée, des bahuts incrustés d'ivoire et de nacre, des armoires en ébène sculptées de figurines, des glaces de Venise, de grands sophas. — Auprès d'une des fenêtres, et tourné de façon à recevoir le meilleur jour, un tableau placé sur un chevalet. — Le seigneur Déiphobe de l'Anguillara, capitaine général des aventuriers; le capitaine don Sigismondo de Brandolino, le poëte napolitain Cariteo.

ANGUILLARA.

Voyons, seigneur Cariteo, vous qui êtes un grand délicat, un grand vertueux en fait d'art, comment trouvez-vous ce tableau?

CARITEO.

Il est du Barbarelli, si je ne me trompe?

ANGUILLARA.

Bien deviné! C'est du Giorgione, et de ses meilleurs, sur mon âme!... Mais je ne veux pas vous influencer... Prononcez librement!

CARITEO.

Voilà une peinture magnifique!

ANGUILLARA.

Je suis bien aise que vous pensiez ainsi. Ce trésor m'arrive à l'instant, et l'on vient de le déballer.

CARITEO.

Merveille! merveille, vous dis-je! On ne saurait pousser plus loin le prestige de la couleur! En outre, il y a là comme un reflet délicieux de la manière du Vinci!

Puis, au fond, quelle originalité! quelle franchise! quel feu! C'est un homme que ce Giorgione, et une des gloires du siècle!

LE CAPITAINE BRANDOLINO.

Je préfère pourtant les peintres de Florence à ceux de Venise; leur dessin est infiniment plus sévère, et leur touche a quelque chose de mâle qui me ravit.

CARITEO.

Croyez-moi! le Giorgione et le Bellini sont des êtres divins!... M'est-il permis de remarquer ici que monseigneur Déiphobe n'a pas voulu que l'artiste allât contempler dans le ciel la beauté incomparable de cette Junon?... Il la lui a montrée sur la terre.

ANGUILLARA, souriant.

Vous êtes un indiscret, et les dames ne pardonnent pas ce crime-là... Sérieusement, vous l'avez reconnue?

CARITEO.

Oui, sans doute, bien que le génie du peintre soit resté au-dessous des perfections inconcevables du modèle.

ANGUILLARA.

Sans doute, le modèle n'est pas mal.

LE CAPITAINE BRANDOLINO.

Le seigneur Déiphobe est heureux en toutes choses.

LE CAPITAINE BARTOLOMMEO FALCIERA, sur le seuil de la porte.

Puis-je parler à monseigneur?

ANGUILLARA.

Que demandez-vous? Je suis occupé, capitaine. Entrez pourtant... Qu'y a-t-il?

FALCIERA.

Sur l'accusation de misérables contadins, un de mes meilleurs cavaliers a été saisi par les prévôts, et l'on dit que vous ordonnez de le pendre.

ANGUILLARA.

Je sais ce dont il s'agit. Votre cavalier sera pendu. J'en suis fâché pour vous; mais il sera pendu.

FALCIERA.

Considérez pourtant, monseigneur, le préjudice que vous me causez. Depuis quatre ans je forme cet homme, je le défraye de tout, c'est un sujet solide et exercé dans les armes; naturellement je lui ai fait des avances, et il ne me doit pas moins de quinze ducats... Je vais les perdre.

ANGUILLARA.

C'est fort désagréable, j'en conviens; mais je n'entends pas qu'on maltraite les campagnards, et qui le fait est pendu. C'est réglé ainsi, et je ne m'en départirai pas. Votre imbécile s'en va griller tranquillement la jambe droite d'un homme du village d'en face, et lui en promet autant pour la gauche, s'il ne livre son argent! (On rit.) C'est tout ce qu'il y a de plus absurde au monde! Sommes-nous en Allemagne, en France, ou même à Naples? Alors ce serait fort différent, je pourrais fermer les yeux par considération pour vous, et, d'ailleurs, ça ne vaudrait pas la peine de se fâcher. Mais que diable! nous sommes en Italie, et si les aventuriers traitent de la sorte les laboureurs, nous serons bientôt pris par famine, et l'on nous courra sus comme à des bêtes féroces. Je n'aime pas ces mauvaises pratiques; il y faut renoncer. Nous faisons notre métier; faisons-le tranquillement et sans molester les autres qui font le leur. Votre homme sera pendu.

FALCIERA.

Je joue de malheur. A la dernière rencontre avec les Vénitiens, j'ai eu un de mes gendarmes à bas, et il en est mort.

ANGUILLARA.

Est-ce que l'ennemi se serait permis de le tuer, par hasard?

FALCIERA.

Mon Dieu, non! Les camarades de l'autre parti nous ont, au contraire, aidés à relever notre cadavre : c'étaient des gens du capitaine Hercule Bentivoglio. Le pauvre diable a eu tout bonnement un coup d'apoplexie causé par la chaleur et le poids de l'armure.

ANGUILLARA.

Personne n'y peut; mais consolez-vous, capitaine Falciera. Il faut de temps en temps supporter quelques traits d'adversité, et Sénèque vous le dirait mieux que moi. Asseyez-vous cependant, et prenez un verre de ce petit vin du Frioul qui n'est vraiment pas trop mauvais.

FALCIERA, avec un soupir.

A votre santé, magnifique seigneur!

<small>Entre messire Vincenzo Quirini, sénateur vénitien, richement vêtu d'une robe de brocard rouge à grands ramages verts et jaunes, une chaîne d'or au cou, et tenant à la main sa barrette de velours noir entourée d'un cordon de grosses perles; beau visage, très-brun, cheveux noirs coupés court, longue barbe noire frisée, boucles d'oreilles en rubis.</small>

QUIRINI, à Anguillara.

Quelle joie de vous voir! Dieu vous garde, mon illustre ami! Laissez que je vous embrasse!

ANGUILLARA, *courant à lui et le serrant sur son cœur.*

Quoi! c'est vous? Ah! seigneur Vincenzo! quelle félicité!... mon noble, mon illustre compère!

QUIRINI.

Je salue de tout mon cœur le seigneur Cariteo et les excellentissimes seigneurs que j'aperçois. Sans plus de paroles, la sérénissime seigneurie me députe vers vous. Nous voudrions savoir si vous accepteriez notre solde.

ANGUILLARA.

Mon engagement avec les Aragonnais expire dans un mois. Combien m'offririez-vous?

QUIRINI.

Douze mille ducats par mois, tout payé.

ANGUILLARA.

Nous ne conclurons pas à ce prix. J'en ai quatorze mille en ce moment, et je reçois du seigneur Sforza et des Français les plus belles propositions. Don Francesco Sanseverino est venu lui-même me les apporter. Voyez ce qui vous agrée. Me voulez-vous? payez ce qu'il faut. Ne me voulez-vous pas? j'irai ailleurs. En attendant, asseyez-vous donc.

QUIRINI.

Dieu! le délicieux tableau!... Junon embrassant Jupiter!... Admirable!... Du Giorgione, c'est clair! Lui seul est capable d'un pareil chef-d'œuvre!... Ah! mais, attendez donc!... Il me semble que c'est le portrait de la... Mille compliments, seigneur Jupiter!... Ma foi, mon ami, si vous veniez à nous, pour mon compte, j'en serais grandement aise; mais, avant tout, vos intérêts, cela va sans dire. Nous trouverons toujours des condottieri, moins célèbres sans doute, mais plus accommodants.

ANGUILLARA.

Vous n'aurez, au prix que vous voulez y mettre, aucun capitaine de marque : ni le cardinal de Capoue, ni le magnifique Gattamelata, ni le Coleoni, ni le Piccinino, ni dal Verme; seulement des mesnadiers de second ordre. Mais à votre aise! Pourtant n'oubliez pas que les marchandises à bon marché sont la ruine de l'acheteur. J'avais déjà dix bombardes de fer; je viens d'en acheter six autres, et l'on me les a amenées hier. Deux sont de l'invention du petit Michel-Ange Buonarotti. Elles lancent des pierres grosses comme huit fois votre tête, et qui vont frapper à peut-être quatre cents pas ! Je n'exagère en rien.

BRANDOLINO.

C'est parfaitement exact, j'ai vu les essais et en suis resté terrifié.

ANGUILLARA.

Aucunes bandes ne possèdent des artilleries comparables aux miennes, car je ne vous parle que des bombardes, et j'ai force coulevrines, canons et serpenteaux, servis et manœuvrés par des Allemands qui me coûtent, chacun, seize florins par mois, plus le casuel; mais, laissons ces détails dont je ne prétends pas vous éblouir. J'ai deux mille hommes d'armes parfaitement exercés et en complet équipage; mille stradiots albanais admirables, et quatre mille hommes de pied, la fleur de l'infanterie. Il me semble qu'en demandant seize mille ducats, je ne fais tort à personne.

QUIRINI.

Sans doute... sans doute... et même on vous donnerait, sans des hésitations trop fortes, ce que vous souhaitez, si les mauvaises langues ne vous taxaient de ne jamais engager vos troupes, par crainte de les gâter.

ANGUILLARA, vivement.

Mon opinion, pareille à celle de tous les véritables hommes de guerre, est de gagner les batailles et de décider les campagnes en manœuvrant. Je n'ai nul besoin de massacrer du monde sans nécessité. Un tel principe est clair comme cristal! Quelle sottise, quelle brutalité sauvage d'aller faire égorger ou blesser de pauvres diables de soldats pour le plaisir de frapper à tort et à travers! Bon pour des Suisses, des Français, des Espagnols... des barbares! Nous autres, nous sommes des Italiens!

QUIRINI.

Malheureusement ces barbares y vont à tour de bras, et, à ce jeu, ils doivent finir par avoir le dessus.

ANGUILLARA.

Tant que je vivrai, je mènerai la guerre selon les règles.

QUIRINI.

Que pensez-vous de notre discussion, vous, illustrissime seigneur poëte, qui nous représentez sans cesse le dieu Mars en rage au milieu des bataillons sanglants?

CARITEO.

Chaque temps a sa mode, et les poëtes imaginent le plus souvent ce qui ne convient pas dans la réalité.

ANGUILLARA.

Bien répondu ! D'ailleurs, cher seigneur Vincenzo, interrogez votre Alviane, qui semble marié à la sérénissime république, puisqu'il ne sert aucune autre puissance; il vous dira s'il aime à sacrifier ses gens sans raison. Et pourtant, c'est un brave, celui-là !

QUERINI.

Nous ne lui refusons ni honneur, ni argent; nous lui avons donné la ville et le territoire de Pordenone...

ANGUILLARA.

Il en a fait un paradis. On n'y voit qu'artistes, littérateurs, gens de talent; son académie est célèbre au loin. Mettez-moi en état de mener une vie si élégante et si noble, je vous servirai tout aussi bien que lui.

QUERINI.

Vous engageriez-vous à tenir ferme dans les occasions nécessaires, dût-il même vous en coûter du monde ?

ANGUILLARA.

Franchise entière !... Contre d'autres condottieri, jamais ! Il serait beau, honnête, loyal, de causer des pertes à un camarade qui, le lendemain, m'abîmerait mes troupes et avec lequel je ne pourrais, désormais, me trouver sous les mêmes drapeaux dans de nouveaux enrôlements ! Jamais, vous dis-je ! mais contre des barbares qui ne ménagent rien, j'irai de bon cœur, et vous ne refuserez pas de m'indemniser, tant par homme tué, tant par homme blessé, tant par cheval, en tenant compte aussi des bagages perdus... cela vous convient-il ?

QUERINI.

Nous commençons à nous entendre.

ANGUILLARA.

Alors nous pouvons traiter ; ce sera, s'il vous plaît, demain matin ; et pour le moment, soupez avec nous.

BRANDOLINO.

Je vous avertis que la Morella est ici.

QUIRINI.

Vraiment ?

ANGUILLARA.

Bravo ! le feu lui monte aux joues !

QUIRINI.

Mais votre camp, cher ami, votre camp est, tout à la fois, une Athènes et une Amathonte !

BRANDOLINO.

Sans compter que nous avons des sonneurs d'instruments du plus rare mérite, et ce danseur incomparable Gian-Pagolo ! De plus, le seigneur Cariteo et Séraphin Aquilino vont nous lire leurs dernières poésies.

ANGUILLARA.

Allons, à table !

QUIRINI.

Encore un mot, je vous prie ! Si nous parvenons à nous entendre quant à l'engagement, et que vous preniez le service de la République, vos troupes ne houspilleront pas trop le paysan ?

ANGUILLARA.

Je maintiens une ferme discipline, vous pouvez vous

en remettre à moi. D'ailleurs, demandez au seigneur capitaine ici présent, à messire Bartholommeo Falciera, ce qu'il en pense. Il l'éprouve en ce moment.

QUIRINI.

Ceci vaut de l'or. Nous y tenons beaucoup.

ANGUILLARA.

Assez d'affaires pour aujourd'hui; ne songeons plus qu'à nous distraire; allons souper!

VENISE

Une salle dans le palais ducal. — Les trois inquisiteurs d'État en séance; table couverte de dépêches et de papiers.

PREMIER INQUISITEUR, tenant une lettre.

Voici la nouvelle! Les Français, après avoir triomphé si insolemment à Rome et à Naples, viennent de quitter cette dernière ville dans le plus extrême désordre. Quels fous! Ni raison, ni modération, ni prévoyance! Les Aragonnais courent après eux; les troupes du Pape les harcèlent. Ils vont à pleines marches sans s'arrêter et s'efforcent de gagner et de franchir les Apennins.

DEUXIÈME INQUISITEUR.

Il a été décidé hier que nous renoncions à la neutralité. Les ordres d'attaquer sont-ils partis? Notre armée est-elle en bon état pour combattre?

TROISIÈME INQUISITEUR.

Voici les derniers rapports des illustrissimes provéditeurs et de notre général, le marquis de Mantoue, puis le sénateur messire Vincenzo Quirini nous annonce qu'il a conclu avec le comte de l'Anguillara. Ainsi nous avons quarante mille hommes, et les Français sont tout au plus sept mille.

DEUXIÈME INQUISITEUR.

Si Frère Jérôme Savonarole logeait quelque peu de sagesse dans sa tête de rhéteur, il ne lui serait pas malaisé de creuser devant l'ennemi tel fossé que celui-ci ne pourrait franchir; mais au lieu de songer aux affaires, il rêve aux bonnes mœurs !

PREMIER INQUISITEUR.

Je reçois une note du chef de l'arsenal de Padoue. Les derniers convois de munitions destinés à nos troupes sont partis. Rien ne manque à l'équipement général. Les vivres sont abondants.

DEUXIÈME INQUISITEUR.

Nous pouvons tout espérer. Il importe maintenant de réfléchir au lendemain d'une victoire presque certaine. Rendrons-nous à notre allié, le duc de Milan, celles de ses forteresses que nous occupons ?

TROISIÈME INQUISITEUR.

C'est ici que le secours des Florentins nous serait précieux.

PREMIER INQUISITEUR.

N'y songeons même pas. Avec aucune populace on n'a jamais pu dresser une alliance fructueuse. Ne comptons que sur nous-mêmes, et soyons résolus à l'avance à ne rien restituer à Ludovic. Ne pensez-vous pas qu'il serait à propos de prévenir de nos résolutions les illustrissimes provéditeurs ?

TROISIÈME INQUISITEUR.

Assurément.

DEUXIÈME INQUISITEUR.

Je me range naturellement à votre avis. Nous informerons de l'opinion du conseil le sérénissime prince et les Dix. Occupons-nous des autres affaires.

FLORENCE

La maison du seigneur Vespuccio. — Vespuccio, Marsile Ficin, traducteur de Platon; le peintre Baccio della Porta, François Valori, Nicolas Machiavel.

VESPUCCIO.

Les Français ont si mal mené leurs affaires que les voilà chassés de Naples, menacés tellement dans les Romagnes que M. d'Aubigny doit évacuer ces provinces, et le duc de Milan n'a pas fait difficulté de lever des troupes contre eux, lui qui les avait appelés.

FRANÇOIS VALORI.

Rien là que de bon pour notre cause! Les Français, bien établis à Naples, auraient voulu nous montrer leur ressentiment de la manière dont messire Gino Capponi les a poussés dehors. Vaincus, ces amis douteux seront plus traitables; ils nous rendront Pise, ce qu'ils ont toujours refusé jusqu'à ce jour.

MACHIAVEL.

Qu'ils le fassent, qu'ils ne le fassent pas, je ne saurais rien présager, car le Roi est une pauvre tête, et ses inspirations lui arrivent des quatre vents; mais je ne suis pas content de notre position à l'intérieur.

FRANÇOIS VALORI.

Pourquoi, je vous en prie, messire Nicolas? Le gouvernement populaire est bien assis ; les dernières élections ont donné des résultats excellents ; nos magistrats sont des gens fermes et modérés, et, pour avoir déjà duré sept ans, le crédit du Frère Jérôme auprès de notre population n'en semble que plus jeune, il a toute la saveur et tout le crédit de la nouveauté. J'estime que les choses vont aussi bien qu'elles peuvent aller.

VESPUCCIO.

Et elles doivent bien aller, par cela seul que nous n'avons plus les Médicis. Je suis prêt à accepter tous les malheurs imaginables, sauf celui de voir cette famille rétablir sa scélérate influence.

FRANÇOIS VALORI.

Il n'en est nullement question.

MACHIAVEL.

Je souhaiterais fort de partager votre avis ; cependant je ne vois pas les choses sous un jour aussi heureux. Nous voulons une République populaire, solide, où chacun travaille et jouisse d'une liberté bien pondérée. Pour obtenir un tel résultat, je pense comme le seigneur Vespuccio ; il ne nous faut pas de ces influences de familles puissantes qui, pesant sur un des plateaux de la balance, le font incliner trop fort. A ce titre, je repousse surtout les Médicis. Mais notre politique, il me semble, fonctionne au moyen de ressorts un peu trop roides, durs et tendus, ce qui amènera des éclats fâcheux.

VESPUCCIO.

Pourquoi ? On malmène les créatures de Pierre ? Où est le mal ? C'est même une nécessité ; il est bon de punir ces gens-là, de montrer qu'il ne fait pas bon les imiter. Vous trouvez que les partisans exaltés de Frère Jérôme poussent trop loin leur zèle? C'est peut-être vrai; ils ont des manières quelquefois peu accortes de prêcher la vertu et de la faire observer; mais, diable! on ne cuit pas des omelettes sans casser des œufs. Frère Jérôme lui-même croit un peu trop fort à ce qu'il dit, et, entre nous, le sourire me vient assez souvent aux lèvres à le voir réclamer impétueusement contre telle et telle faiblesse humaine qui ne vaut pas de beaucoup le bruit qu'il en fait. Mais que voulez-vous? Nous avons besoin de lui; si la populace de Florence et les cerveaux exaltés ne s'imaginaient pas que le bon Frère ouvre le paradis et qu'il est en train de réformer le monde, vous figurez-vous que seulement l'amour d'un bon gouvernement nous les attacherait? Il en serait plus d'un qui se soucierait peu du bien que nous lui procurons, et qui même préférerait de beaucoup à la vie réglée et sage d'un honnête homme la fainéantise d'un protégé vicieux des Médicis.

FRANÇOIS VALORI.

J'ai meilleure opinion de nos concitoyens, messire Vespuccio, et je tiens pour assuré que la majorité des hommes sont bons de nature et suivent volontiers la droite voie quand on la leur indique.

MARSILE FICIN.

Pour moi, s'il m'est permis de l'avouer, je suis profondément ému et touché de l'effort général qui élève tout un peuple vers les sphères enchantées du bien et du beau. Quoi de plus admirable que de voir cette lutte généreuse de toutes les nobles passions liguées contre les mauvaises, et ces églises constamment remplies, tandis que les tavernes sont désertes!

MACHIAVEL.

Je suis comme vous, c'est-à-dire que je remarque avec un intérêt extrême les discussions des Conseils, en même temps que les bonnes mesures administratives me donnent l'idée d'une activité théoriquement bien dirigée. Toutefois, je ne sais si cette situation peut durer.

VESPUCCIO.

Et pourquoi, je vous prie, en doutez-vous?

MACHIAVEL.

Il y a trop de calme apparent et trop peu de tranquillité réelle. Les gens satisfaits le sont trop passionnément comme le seigneur Vespuccio, ou trop systématiquement comme le seigneur Valori.

VESPUCCIO.

Moi, je hais les Médicis, c'est bien connu, et du moment que leur joie est en bas, la mienne est en haut; il n'y a rien de plus naturel.

VALORI.

Je vous assure, seigneur Nicolas, qu'en tenant compte de toutes choses et en se défendant d'exagérer ses désirs, il n'y a que des sujets de satisfaction.

MACHIAVEL.

J'aimerais mieux que vous n'eussiez pas besoin de vous le démontrer. Ce qui est certain, c'est que sous le manteau les partis hostiles à notre établissement sont plus exaspérés que jamais. Les Arrabbiati laissent même percer, depuis quelques semaines, une audace qui me donne à réfléchir ; les Palleschi en sont presque à avouer leur intention de nous ramener les héritiers du magnifique Laurent; les Compagnacci lèvent la tête et, en pleine rue, profèrent leurs propos grossiers contre Frère Jérôme. Je remarque que beaucoup de gens les laissent parler et même s'amusent de leurs saillies, tout en les désapprouvant. Pour les Tepidi, nous savons positivement qu'ils font des recrues parmi ceux que fatigue un renoncement à tous les plaisirs, un peu excessif pour le tempérament commun. Enfin, les gouvernements du voisinage, les Milanais, les Siennois et les autres s'effrayent des adjurations de notre saint prédicateur. On l'accuse de vouloir dépouiller les riches au profit des pauvres et d'être un maître démagogue. Rome est circonvenue et multiplie ses monitoires. Encore hier, il en est arrivé un, et Frère Jérôme a reçu défense de continuer ses prédications.

VESPUCCIO.

Cette défense est des plus molles; Frère Jérôme n'en tiendra aucun compte. Que concluez-vous?

MACHIAVEL.

Il faudrait peut-être demander aux Florentins moins de perfections, et tendre à les gouverner non comme on voudrait, mais comme on peut.

BACCIO DELLA PORTA.

Ce n'est pas mon avis. L'important est de maintenir une bonne et forte doctrine; ceux qui ne veulent pas s'y soumettre, on les y contraindra. Cependant une nouvelle génération s'élève peu à peu qui aura les sentiments convenables, et l'avenir s'annonce excellent. Voilà à quoi il faut songer.

MARSILE FICIN.

Vous raisonnez en véritable sage. Je suis tout à fait de l'opinion du seigneur Baccio.

VESPUCCIO.

Il est d'autant plus nécessaire de garder les choses comme elles sont, qu'elles nous donnent le moyen sûr de traiter sans pitié les Médicis et leurs adhérents, pour peu que cette tourbe ose lever le nez.

VALORI.

Peut-être aussi y aurait-il des inconvénients à paraître moins zélé que les multitudes.

MACHIAVEL.

Je commence à ne plus être aussi persuadé de notre succès final. Le feu de paille est une belle chose, il flambe; mais qu'on regarde ailleurs une minute, il est éteint.

La maison d'un helléniste. — Cabinet d'étude. — Un buste de Socrate en bronze vert. Tablettes chargées de livres, la plupart reliés en parchemin; force in-folios ouverts sur une grande table; manuscrits, papiers tachés d'encre et couverts d'une écriture fine et serrée; grand encrier de plomb, plumes à barbes hérissées. — L'helléniste est dans un fauteuil à dossier de chêne sculpté. Il tient un volume ouvert devant lui, sur la table. Ses deux coudes sont posés de chaque côté; sa tête repose dans ses mains; il lit avec attention et dans une absorption complète.

LA SERVANTE, entrant.

Seigneur docteur!... l'heure du sermon! N'entendez-vous pas les cloches?... Si vous ne voulez pas aller à l'église, dites-le! Je vous ai déjà averti quatre fois! Êtes-vous sourd? Hé! seigneur docteur!

L'HELLÉNISTE.

Qu'y a-t-il, mon enfant?

LA SERVANTE.

Le sermon! le sermon! le sermon! Frère Jérôme prêche à Sainte-Marie de la Fleur! Tous les Pères de Saint-Marc y seront! et la seigneurie! et les confréries! et tout le monde! Le sermon! comprenez-vous?

L'HELLÉNISTE.

Ah! le sermon, c'est vrai!... Il y a un sermon... Je ne vois pas d'inconvénients à aller au sermon.

LA SERVANTE.

Comment, pas d'inconvénients? Que voulez-vous dire? Vous me la baillez belle! Si vous ne venez pas au sermon, vous pourrez bien désormais cuire votre soupe vous-même. Je ne resterai certainement pas chez un impie.

L'HELLÉNISTE.

Tu aurais parfaitement raison, ma fille! Voilà une bonne fille! Je me réjouis de te voir dans de pareils sentiments. Pars! je mets ma robe de drap marron, et je te suis.

LA SERVANTE.

Ne perdez pas trop de temps; n'allez pas muser comme à votre ordinaire; vous ne trouveriez plus de place... Tenez! voilà vos Heures!

L'HELLÉNISTE.

Je te dis que je serai arrivé avant toi!

La servante sort.

Hum! Interrompu dans l'étude de ce difficile passage pour aller écouter les sornettes dont on régale les oreilles de la populace! Le sens tout entier de cette phrase importantissime dépend de la syllabe sur laquelle nous placerons l'accent!... L'antépénultième?... Oui, l'antépénultième, j'entends bien, mais alors... nous verrons; il faut que j'aille m'hébéter aux sottises de ce Savonarole!... Quel esclavage! Ah! les ignares! ah! les fanatiques! Quand en serons-nous délivrés, grands dieux immortels, muses et nymphes!... Mais il faut me hâter pour ne pas encourir la persécution. C'est déjà beaucoup qu'on n'ait pas encore fait chez moi des visites de police! Quand cette tyrannie sera-t-elle à bout?

LES APENNINS

Site sauvage; des rochers couverts de mousses, de pins ébranchés et jetés au hasard; une campagne immense au pied des hauteurs; le Taro circulant à travers la plaine; le village de Fornoue dans le lointain. — Des détachements français sont rangés en bataille sur les derniers escarpements de la montagne; à chaque instant passent des compagnies d'ordonnance, des bandes de Stradiotes, de Gascons, d'Allemands, de Suisses; des charretiers conduisent les pièces d'artillerie et les voitures chargées de bagages. Sur la droite, à quelque distance, une grand'garde vénitienne, composée d'infanterie dalmate et de quelques hommes d'armes italiens, dont le soleil fait reluire les cuirasses; la plupart ont la visière baissée, et tous se tiennent, la lance sur la cuisse, prêts à l'attaque. — Sur un mamelon formant plateau élevé, le roi Charles VIII est à demi couché parmi des bottes de paille; nombre de courtisans et de capitaines l'entourent; dans le nombre, on distingue sire Philippe de Commines, seigneur d'Argenton; M. Étienne de Vesc, sénéchal de Beaucaire; M. de Bourdillon, M. de Bonneval, M. de Piennes.

LE ROI.

J'ai promis ma protection aux Pisans, je ne fausserai pas ma parole et ne livrerai pas ces gens aux Florentins. Qu'on ne m'en parle plus! D'ailleurs, je suis venu en Italie pour me montrer chevaleureux et plaire à ma dame, et non pour écrire, lire ou signer des paperasses! Qu'on ne me parle plus de négocier! J'attaquerai l'ennemi avant une heure!

COMMINES.

Il vaudrait mieux temporiser et entendre raison. Si

nous ne décidons pas Savonarole et les Florentins à nous aider, nous risquons fort de ne pas sortir d'ici.

LE ROI.

Et moi, je vous dis que j'ai accompli des exploits plus éclatants que ceux de mes pères! J'ai conquis l'Italie! J'ai triomphé à Rome et à Naples à la vue du monde entier! Partout j'ai planté mes potences et justices; j'ai fait acte de souveraineté universelle, et de cela il y a à peine quelques jours. Si, maintenant, je m'en retourne en France, c'est uniquement parce que j'ai été trahi! Que ces misérables confédérés m'affrontent, et, par la foi de mon corps! ils me feront plaisir!

COMMINES.

Je supplie Votre Altesse de considérer qu'après tout, pour bien dire les choses, nous faisons retraite du plus vite que nous pouvons. Nous serons bien heureux de ne pas nous mettre en déroute, car c'est là ce qui nous menace. Considérez que les ennemis sont quatre fois plus nombreux que nous; il suffit d'ouvrir les yeux pour le voir! Je pense donc qu'il est indispensable de prêter l'oreille aux propositions de Savonarole et de rendre Pise aux Florentins, comme, d'ailleurs, nous en avions donné parole.

LE ROI.

Je n'écouterai rien! Vos Florentins sont des lâches, des fourbes, des coquins! Je les pilerai comme poussière!

COMMINES.

Nous ne sommes pas en belle posture pour menacer!

LE ROI.

Vous avez toujours peur de tout!

COMMINES.

On pourrait être prudent à moins. Voici là, devant nous, l'armée des Vénitiens et celle de ce même duc de Milan qui nous a conviés à venir ; les troupes du Pape et les Aragonais nous poursuivent ; nous avons grand besoin de quelqu'un qui nous aide.

LE ROI.

Nos épées suffiront! Ma flotte a certainement repris Gênes à l'heure qu'il est.

COMMINES.

Je suis fâché d'annoncer à Votre Altesse que la flotte vient d'être battue à Rapallo. Beaucoup de galiotes, galéasses, galères, flûtes et frégates ont été détruites ou prises ; le reste s'est enfui on ne sait où.

LE ROI.

Nous ne serons pas battus à Fornoue, c'est moi qui vous le promets. Faites avancer nos artilleries ! Voici le seigneur de Gié.

LE MARÉCHAL DE GIÉ, à cheval, couvert de son armure, l'épée à la main. — Officiers de sa suite.

Je salue Votre Altesse et viens prendre ses ordres.

LE ROI.

Que fait l'ennemi?

LE MARÉCHAL.

Se voyant si fort et nous si faibles, il marche en belle ordonnance. On lui sait deux mille cinq cents lances fournies, deux mille Stradiotes albanais et assez d'enseignes de gens de pied pour équivaloir à seize mille hommes.

LE ROI.

Monseigneur de Gié, vous êtes un rude chevalier! Je me fie à vous. Pour me battre, je tâcherai de valoir quelque chose; pour commander, je ne vaux rien; ordonnez, prenez les dispositions à votre guise, j'obéirai tout le premier.

LE MARÉCHAL.

On fera de son mieux!

LE ROI, à haute voix.

Holà! Écuyers, mes armes!

Les écuyers attachent le heaume du Roi et s'assurent que les différentes pièces de son armure sont bien lacées; on lui amène son destrier bardé de fer. Il saute en selle. Aux chevaliers, capitaines et soldats qui l'entourent :

Allons, messieurs, à vos rangs, et que chacun fasse de son mieux!

Il part au galop avec les siens.

COMMINES.

Beaucoup d'honneur et pas de tête! Que pensez-vous de notre position, monseigneur de Gié?

LE MARÉCHAL.

Au moment de l'action, je pense à frapper fort, le reste ne signifie rien. Au galop, messieurs!

Il sort avec sa suite.

COMMINES.

Si le feu Roi peut voir de sa place dans le benoît paradis le désarroi de son successeur, il doit être bien marri. C'en est fait de nous. Cet enfant mutin sera prisonnier ce soir, et moi je le serai avec lui : que de chevance il me faudra dépenser pour payer rançon! Mais j'entends le maître fou qui parle à ses hommes d'armes. Qu'est-ce qu'il peut leur dire?... Il n'a pas été élevé aux lettres... Il est, à son ordinaire, fort incohérent dans ses propos... le vent porte de ce côté... on attrape quelques phrases...

LE ROI, dans le lointain.

Très-forts et hardis chevaliers, jamais je n'eusse entrepris ce voyage... sans ma confiance dans votre vertu et prouesse... Soyez certains qu'autant ou plus nous est facile de vaincre la bataille que de la commencer... Songez que nos ancêtres ont passé par tout le monde... emporté grandes dépouilles et triomphes... ne pensez qu'à vaillamment combattre... et si vous... aimez mieux... par fuite vous retirer, déclarez-le de bonne heure...

COMMINES.

Voilà d'assez belles vantardises et dignes de l'horrifique Fierabras. Nous allons payer ce fracas un peu trop cher avant qu'il soit longtemps. Ah! mon doux et compatissant Seigneur Jésus, prenez pitié de nous!

LA BATAILLE

Les gendarmes français viennent de charger. Le Roi, l'épée basse, relève sa visière; son front ruisselle de sueur, et ses yeux brillent comme des éclairs. Son cheval est haletant. Les lances remuent comme les épis sur les moissons, et les gonfanons flamboient et ondoient. Les bannières de toutes couleurs flottent étalant les émaux des armoiries; appels des trompettes et des clairons, roulements des tambours et tambourins; cris dans la plaine, cris d'armes, cris de colère, cris de douleur; des tourbillons de poussière s'élèvent de toutes parts; bruit sourd des décharges de canon; on voit çà et là des morts, des blessés, en tas, en lignes, tombés au hasard.

BOURDILLON, saluant le Roi de son épée.

Monsieur le Roi fait merveille !

LE ROI.

Franchement, Bourdillon, parle-moi comme à l'ami de ton cœur. Me suis-je bien tenu ?

BOURDILLON.

Par tous les saints ! mieux qu'Amadis !

LE ROI.

La belle chose que la guerre ! J'ai le cœur jusqu'au ciel !... En avant !... Regardez ! La mêlée est enragée sur la gauche ! Chevaliers, en avant, chargeons !

<small>Il baisse de nouveau sa visière, agite son épée et part avec la foule, qui crie : Vive le Roi ! Saint-Denis ! Saint-Denis ! France !</small>

UNE AUTRE PARTIE DU CHAMP DE BATAILLE

Les Suisses formés en gros bataillon.

LE CAPITAINE RUTTIMANN DE LUCERNE.

Ohé! mes enfants, regardez les Gascons! leur besogne est faite! les Albanais fuient en déroute! Si vous ne vous hâtez, adieu le pillage; les camarades auront pris le meilleur!

LES SOLDATS.

C'est vrai, c'est vrai, en avant!

LE CAPITAINE.

Baissez le bois! Poussez! ferme!

Les Suisses se précipitent à grands coups de hallebarde sur un escadron d'hommes d'armes milanais, qui, en un instant, est enfoncé et prend la fuite; carnage, cris, tambours, trompettes.

DU COTÉ DES ALLIÉS

Sur une hauteur. — Le marquis de Mantoue, général de l'armée vénitienne; capitaines d'aventuriers et de Stradiotes, les deux provéditeurs, nobles de leur suite. — Dans la plaine, les différents corps milanais et vénitiens commencent à lâcher pied.

PREMIER PROVÉDITEUR.

Mais, seigneur marquis, je ne comprends pas ce qui se passe! La sérénissime seigneurie a payé la solde des hommes jusqu'au dernier sou! Vous avez eu tout ce que vous avez demandé ! Rien ne vous manque... vivres, canons, munitions... Pourquoi les troupes ne tiennent-elles pas ?

LE MARQUIS.

Je donne des ordres; je n'ai pas le temps de vous répondre.

<small>Il parle à plusieurs officiers, qui s'éloignent rapidement dans différentes directions. — Passe de l'artillerie.</small>

DEUXIÈME PROVÉDITEUR.

C'est intolérable ! Je ferai mon rapport ! Il me semble que les arbalétriers prennent la fuite !

PREMIER PROVÉDITEUR.

Il se passe ici quelque chose de très-grave.

LE MARQUIS.

Assurément, notre centre se comporte mal.

DEUXIÈME PROVÉDITEUR.

Seigneur marquis, nous avons le droit de vous interroger, et vous avez le devoir de nous répondre !

LE MARQUIS.

Ne trouvez-vous pas que les Milanais nous soutiennent froidement ? Je ne sais à quoi songe leur général Gayazzo.

PREMIER PROVÉDITEUR.

Faites-le arrêter !

DEUXIÈME PROVÉDITEUR.

Réfléchissez, pour Dieu, réfléchissez, seigneur collègue ! Pareil cas n'est pas prévu dans nos instructions ! Votre proposition est très-osée !

LE MARQUIS.

Par saint Marc ! ce que je craignais arrive ! Les Stradiotes se débandent pour piller les bagages ! Nos gens de pied ne sont plus couverts sur leur droite ! Ils sont écrasés par la cavalerie !... Ils fuient !

LES DEUX PROVÉDITEURS.

Tout est perdu ?

LE MARQUIS.

Ma foi, presque ! Ne restons pas là, messires ! Les Gascons arrivent en courant... au galop ! Rallions nos hommes !

<small>Les trompettes françaises sonnent la charge ; la bataille de Fornoue est perdue pour les Vénitiens et les Milanais.</small>

FLORENCE

L'atelier de Sandro Boticelli. — Immense salle très-élevée. — Foule d'artistes dans des costumes pittoresques et quelques-uns assez débraillés; plusieurs, occupés à de grandes toiles, sont montés sur des échafaudages; d'autres terminent des tableaux ou en ébauchent sur des chevalets. — Sandro Boticelli, Luca Signorelli, Domenico Ghirlandajo, Fra Benedetto, miniaturiste; il porte l'habit de Saint-Dominique et est penché sur un missel placé sur une petite table et qu'il enlumine, en prenant minutieusement des couleurs dans les godets dont il est entouré. Le Cronaca, architecte.

SANDRO, d'un ton plaintif.

C'est aujourd'hui mon dernier jour profane, et cette toile sera ma dernière œuvre; désormais, je ne songerai plus qu'à pleurer mes fautes.

FRA BARTOLOMMEO DI SAN MARCO.

Bien tu feras, bien nous ferons de t'imiter. Le salut vaut mieux que le talent et la palme des élus que la couronne du génie. Amen.

LES ARTISTES.

Amen! amen!

LUCA SIGNORELLI.

Mes enfants, je crois que vous allez trop loin. Il y a du bon dans la sainte doctrine de Frère Jérôme. Mais se vêtir comme des pauvres, ainsi que plusieurs d'entre vous l'affectent, renoncer à toutes les joies de la vie, gémir du matin au soir et, surtout, surtout retourner aux formes sèches et aux dessins anguleux des anciens maîtres, ce n'est pas adorer Dieu en esprit et en vérité, et je ne vois rien là de fort utile.

LE CRONACA.

Le bien est absolu et n'admet pas la dissipation.

LUCA SIGNORELLI.

Le bien, c'est l'infini ; il n'admet pas l'étroitesse.

<small>Entre le Torrigiani, sculpteur, vêtu avec magnificence, sa barrette enfoncée sur les yeux. Il ferme la porte violemment.</small>

TORRIGIANI.

Que le diable vous confonde, pleureurs que vous êtes ! J'écraserai la figure du premier qui me vantera ce cafard de Frère Jérôme !

BOTTICELLI.

Tu seras damné, Torrigiani !

TORRIGIANI.

Pourquoi, s'il te plaît ? Je suis meilleur chrétien que toi ! Idiot ! C'est un joli prophète que le vôtre ! Flatteur de la populace ! Enfileur de phrases ! Hypocrite furibond ! La réforme ! la vertu ! les mœurs !... Par Bacchus, croyez-vous que les délices de ce monde ont été créées pour qu'on les piétine ? Croyez-vous que les belles femmes soient formées afin d'aller pourrir vivantes dans les couvents vraiment clos ? Les vins chaleureux doivent-ils arroser la boue et les chefs-d'œuvre antiques, chaque jour exhumés, retourner dans la terre où ce qu'ils nous enseignent a été enseveli et étouffé si longtemps ? Irai-je avec votre moine brûler les livres nouveaux pour mieux étouffer dans leurs cendres la flamme renaissante de l'esprit ?... Certes, non ! Je vous le crie, je vous le hurle : vous êtes des idiots, des singes de perfection malfaisante, des monstres d'absurdité, et je quitte Florence ce soir pour ne pas en entendre ni en contempler davantage.

LE CRONACA.

Moi, j'honore comme mon père et bien plus encore le vénérable, le sublime, l'incomparable, le divin Frère Jérôme ! Si on l'attaque jamais, je le défendrai jusqu'à la mort, et ceux qui l'injurient sont des misérables ! Tu n'as que faire de me regarder en roulant tes gros yeux de spadassin ! Je ne me laisserai pas aplatir le visage comme le petit Buonarotti ! Et si tu as le malheur de m'approcher, je te plante mon stylet en pleine poitrine, vil esclave des Médicis que tu es !

TORRIGIANI.

Quand vous autres, vous avez proféré ce gros mot, vous croyez avoir insulté un homme tout votre soûl ! Essuyez-vous donc la bouche ! Elle est encore barbouillée de la bouillie dont le magnifique Laurent vous empâtait !

BOTTICELLI.

Dis ce que tu voudras, Florence n'en est pas moins devenue le royaume de Dieu ! Jésus tient le sceptre ; la très-sainte Vierge nous conseille par la voix de Jérôme ; les riches nourrissent les pauvres, et il n'y a rien de plus admirable !

TORRIGIANI.

Et tu trouves admirable aussi de brûler les bons tableaux et de recommencer à peindre, comme il y a cinquante ans, des bonnes femmes en façon de fuseaux, sans poitrines et sans ventres ! Tu trouves très-beau d'être en guenilles et de pleurer du matin au soir comme une gouttière, sans que personne puisse s'imaginer pourquoi ?

FRA BARTOLOMMEO DI SAN MARCO.

Toi, par ton étalage de velours et de broderies, par tes plumes et ton poignard doré et tes bagues, tu insultes à la misère de tes frères !

TORRIGIANI.

De mes frères ?... de mes frères ? Est-ce vous tous, canailles, qui auriez l'impudence de vous intituler mes frères ? Attendez un peu de savoir dessiner un torse comme moi et, comme moi, de comprendre et de rendre un raccourci pour vous poser comme mes cousins ! D'ici là, il se passera du temps ! Mes frères sont morts ! C'étaient les artistes de l'ancienne Rome !

DOMENICO GHIRLANDAJO.

Sache nous sculpter de célestes madones, pures, chastes, sévères, et l'on pourra t'admirer !

TORRIGIANI.

Le ciel vous écrase !... Qu'est-ce que ces cris ?

Il se précipite vers la porte.

LE CRONACA.

Va te faire assommer ! Ce sont les enfants de la ville qui, réunis en bandes sacrées, proclament le roi Jésus, déchirent les habits des gens vêtus comme toi et arrêtent avec des horions les malpensants pour les conduire à la geôle ! Vas-y ! vas-y !

TORRIGIANI.

Ces meutes de roquets enragés ne me toucheront pas

sans que j'en poignarde une douzaine ! Adieu ! Je quitte cette maison de fous ! Je ne reviendrai que lorsqu'on sera libre de représenter Mars et Vénus ! L'Art, voyez-vous, pauvres gueux que vous êtes, c'est l'unique vertu, c'est l'unique grandeur, c'est l'unique vérité ! Rien ne plaît à Dieu davantage ! Votre part, c'est mensonge, ignorance, cuistrerie et bassesse ! La mienne, c'est le génie resplendissant ! Vive l'Art ! vive la lumière ! A bas les ténèbres ! Je cours m'enrôler dans les bandes espagnoles, et je vous ferai guerre à mort !

BOTTICELLI.

Tu prétendais hier chasser les barbares de l'Italie, tu as trouvé ton moyen !

TORRIGIANI.

Nous exterminerons d'abord les Français et ceux d'Aragon ensuite !... Adieu... vermine !

UN PEINTRE, se laissant rapidement glisser du haut d'un échafaudage.

Il est par trop insolent !... Tiens ! voilà pour toi !

Il lui lance son couteau, qui le manque et s'enfonce dans la muraille.

TORRIGIANI, sortant.

Maladroit ! Je te revaudrai cela, fût-ce dans vingt ans !

L'intérieur de l'église de Santa Reparata. — Foule énorme et pressée. Tous les autels des bas côtés sont chargés de fleurs; les cierges et les luminaires étincellent de clartés; les statues des saints et des saintes sont revêtues de leurs plus belles robes de soie, de velours, de brocatelle, et chargées de leurs joyaux; l'odeur de l'encens remplit l'édifice; de nouveaux auditeurs arrivent à chaque moment et font onduler la multitude; des enfants, des écoliers, des jeunes gens, sont grimpés sur les rebords des fenêtres et au sommet des retables; plusieurs s'accrochent aux frises des colonnes; la Seigneurie occupe les bancs en face de la chaire. Profond silence.

LE FRÈRE JÉROME, en chaire.

Florence ! Florence ! Dieu ne t'a pas épargné les avis ! Il ne te les refuse pas ! Il t'aime comme il aime son Église. Mais la vérité est triste; écoute-la ! Ta vie se passe au lit, dans les commérages, dans les conversations oiseuses, dans les orgies infâmes, dans une débauche sans nom ! Ta vie, Florence, est celle des pourceaux !

Tressaillements dans l'auditoire.

Tu me réponds : Frère, vous ne me ménagez guère ! — Je ne te ménagerai pas du tout ! De quel droit aurais-tu l'horreur des reproches quand tu n'as pas la peur des châtiments ? Te les ai-je prédits ? Réponds ! réponds !... T'ai-je laissé ou non ignorer ce qui te menaçait ? Ce pauvre Frère qui n'est rien, qui ne vaut rien, qui, par lui-même, ne sait rien, n'a-t-il pas été inspiré de Dieu et de votre roi Jésus pour te délivrer des Médicis et t'arracher aux griffes des Français ?... Eh bien ! qu'est-il arrivé ? L'as-tu oublié déjà ? Les Médicis mangent le pain de Venise, et les Français... les Français, trop heureux d'avoir pu, malgré toute vraisemblance, se creuser une issue à Fornoue, se sont enfuis, penauds et pantelants, jusqu'au fond de leurs provinces, et ils y sont... ne crains rien ! Ils ne reviendront plus !

Émotion profonde.

Ainsi, pour peu qu'il nous reste une lueur de raison, vous rappelant que je vous ai toujours bien avertis, que jamais mes paroles ne se sont trouvées vaines, vous me croirez cette fois quand je vous dis : Le gouvernement populaire est, pour vous, le meilleur ! Dieu vous l'a donné par ma main ! Gardez-le ! Ne permettez à personne de l'attaquer; celui qui l'attaque insulte à Dieu, c'est impiété; il insulte au roi Jésus, c'est haute trahison, c'est lèse-majesté; à un tel misérable, se ruant dans des crimes si énormes, pardonnerez-vous ?

Cris de fureur.

Seigneurs Huit, je vous dis, moi, que de tels scélérats doivent être châtiés ! Ceux qui troubleront la concorde publique et s'appelleront comme autrefois Blancs ou Gris, n'hésitez pas ! dix florins d'amende ! S'ils récidivent, quatre tours de corde ! S'ils s'obstinent, le cachot, et à perpétuité ! Et, maintenant, Florence, nourris tes pauvres; ce sont les membres du roi Jésus ! Il ne convient pas que le peuple ait faim quand les riches sont repus. Le blé, désormais, ne coûtera que vingt sous la mesure pour ceux qui ne peuvent le payer davantage.

Attendrissement général.

Quand chacun aura de quoi manger à sa faim, rien n'est commencé encore; le principal reste tout entier à produire. Vous me répondez : Frère, vous êtes insatiable ! Nous avons le gouvernement de Dieu, nous avons la charité de Dieu, nous avons... —Vous avez des légions de vices, pullulant dans vos âmes! L'enfer entier y fait sabbat, vous le savez trop et vous ne valez pas mieux les uns que les autres!... Peut-être allez-vous m'alléguer des excuses pour les soldats, gens grossiers! pour les marchands, esprits corrompus par le lucre! pour les hommes jeunes, têtes vides! pour les femmes, des folles! Très-bien!... En trouverez-vous aussi pour les prêtres, simoniaques, voluptueux, adultères, ivrognes, voleurs qui, depuis la chaire de Saint-Pierre jusqu'au plus obscur confessionnal de la plus obscure paroisse, vous traînent après eux sur la voie de perdition? Plus de ces désolations! de ces abominations! de ces monstruosités babyloniennes! Balayez! balayez! sans quoi, tu es perdue, Florence! Je t'atteste que tu es perdue! La coupe de patience est épuisée! Il n'y reste plus une goutte! Le glaive vengeur est sur toi! Ah! misérable!... Il s'abat! il frappe!

Cris de terreur.

Vous répliquez : Frère, qu'exigez-vous? — Je n'exige rien. C'est Dieu qui ne veut plus d'amusements frivoles! N'avez-vous pas assez gaspillé votre vie? Plus de promenades où les femmes coquettent! Plus de bals, c'est la perdition! Plus de cabarets, c'est l'abrutissement! Plus de jeu, c'est... ah! cela vous inquiète? Vous renonceriez plutôt à votre part de paradis qu'à cette honteuse habitude! Eh bien! j'userai de miséricorde!... Jouez, puisqu'il le faut! mais quittez les dés! Prenez des osselets! Jouez, mais plus jamais d'argent! Jouez une salade, des noix, une racine! Malheureux! vous riez, et moi, je crie aux fidèles : Quand vous verrez dans les rues ou dans les maisons des pervers s'abandonner à leur fureur pour les coups de hasard, sans hésiter, arrachez les cartes de leurs mains, et vous, seigneurs Huit, saisissez-les, enfermez-les !... La torture !

Le sermon continue.

SUR LA PLACE
DEVANT L'ÉGLISE

Groupes d'enfants.

LE JEUNE BONI, criant et pleurant.

Oh! là! là!

UN GARÇON.

Qu'est-ce que tu as?

Les autres enfants l'entourent.

LE JEUNE BONI.

Un grand brutal vient de me donner un coup de poing sur la tête. C'est celui-là qui s'en va là-bas.

DEUXIÈME GARÇON.

Pourquoi t'a-t-il battu?

LE JEUNE BONI.

Parce que je voulais lui arracher son collet de point de Venise.

LES ENFANTS.

Ah! le maudit! Courons après! Mettons-le en pièces!

TROISIÈME GARÇON.

N'en faites rien, c'est un monstre! C'est Torrigiani, le sculpteur, un compagnacco! Il n'aime ni Dieu, ni la sainte Vierge! Il est trop fort pour nous!

Passent deux jeunes dames; une douzaine d'enfants les entourent.

PREMIER GARÇON.

Mes sœurs, au nom de Jésus-Christ, roi de cette ville, et de la vierge Marie, notre reine, je vous ordonne d'ôter ces bijoux et de mettre bas tout ce velours.

PREMIÈRE DAME.

Nous vous obéirons de suite, mon aimable enfant! Laissez-nous rentrer au logis.

QUATRIÈME GARÇON.

Je les connais, elles sont incorrigibles! Nous leur avons déjà recommandé avant-hier d'être moins immodestes; elles recommencent toujours.

SECONDE DAME.

Il faut le temps de coudre d'autres robes, vous comprenez bien cela, mon petit ami?

CINQUIÈME GARÇON.

Arrachons-leur tout!

<small>La bande se jette sur les deux dames et met en pièces leurs ajustements et leurs coiffures.</small>

SIXIÈME GARÇON.

Bon! deux colliers! des boucles d'oreilles! des bracelets! des chaînes! Portons tout aux pauvres!

<small>Arrivent en courant d'autres enfants.</small>

PREMIER ENFANT.

Qu'est-ce que ces femmes qui pleurent?

UN GARÇON DE DOUZE ANS.

Des pécheresses que nous avons ramenées à la vertu. Et vous, d'où venez-vous?

L'ENFANT.

De quêter! Cinquante ducats! Puis nous avons dépouillé des joueurs! Maintenant, écoutez! Je vous avertis! Au coin de la rue du Cocomero, je sais une maison où l'on conserve des livres profanes, un échiquier, des harpes, je crois aussi un miroir, mais je n'en suis pas sûr. Venez! venez tous! Allons nettoyer cet enfer!

LES ENFANTS.

Allons! allons!

UN BOURGEOIS.

Ohé! Nicolas! Viens ici, mon fils!

NICOLAS.

Que voulez-vous, père?

LE BOURGEOIS.

Rentre à la maison; j'ai affaire de toi!

NICOLAS.

J'ai affaire de servir Jésus et refréner les pécheurs.

LE BOURGEOIS.

Maudit polisson, ne vas-tu pas m'obéir?

NICOLAS.

Il vaut mieux obéir à Dieu qu'aux hommes! Venez, camarades!

<small>Grand mouvement dans la foule, qui sort de l'église.</small>

UN ENFANT, monté sur un arbre.

Voici le Père! voici le Père!

<small>Paraît sous le porche Frère Jérôme, entouré des Pères de Saint-Marc, parmi lesquels on distingue le Frère Sylvestre Maruffi, le Père Buonvicini, le Père Sacromoro et d'autres zélés. La multitude salue avec transport; hommes et femmes se mettent à genoux et baisent le froc du Frère Jérôme en pleurant.</small>

LES ENFANTS.

L'hymne! l'hymne! Entonnez l'hymne!

Ils chantent.

Lumen ad revelationem gentium et gloriam plebis tuæ Israel!

Frère Jérôme s'éloigne, adoré par la foule.

Une salle dans la maison de Tanaï de Nerli; sa femme, son fils.

NERLI.

Bref, je suis las de pareilles scènes, et je n'en veux plus. Je vivrai comme je l'entends; j'aurai la paix chez moi!

LA FEMME.

En ce qui me concerne, je ne subirai pas le joug du démon.

NERLI.

Qu'appelez-vous démon, je vous prie? Est-ce moi?

LA FEMME.

Aucunement, mais bien l'esprit qui vous possède. Pourquoi conserver cet horrible livre que le prophète a fait brûler en place publique? N'avez-vous pas un exemplaire de ce *Décaméron,* puisqu'il faut le nommer?

NERLI.

C'est faire bien du bruit pour un ouvrage qui depuis des siècles est dans les mains de chacun.

SAVONAROLE.

LA FEMME.

Depuis longtemps chacun se damne, et il est temps de cesser.

NERLI.

Je veux la paix, et, cette fois, je vous le dis très-sérieusement.

L'ENFANT.

Vois-tu, maman, il a le livre et d'autres encore que le Frère Jérôme a défendus! Je le sais, moi! Brûlons, brûlons ces livres!

LA FEMME.

Oui, mon fils, n'aie pas peur! Je ne souffrirai pas ce que je ne dois pas souffrir.

NERLI.

C'est de la folie furieuse, et je vous engage, Monna Lisa, à vous calmer; sans quoi, je prendrai telles mesures...

LA FEMME.

Il est inutile de chercher à m'intimider; vous n'y réussiriez pas; malgré vous, je ferai mon salut!

L'ENFANT.

Oui, maman, fais ton salut, je t'en prie! Fais ton salut, maman!

LA FEMME.

Oui, mon chéri! ne crains rien!

NERLI.

C'est ici une maison d'énergumènes dans une ville de forcenés, et cette misérable Florence, qui n'était qu'une coquine, est devenue une frénétique depuis que ce maudit moine...

LA FEMME, hors d'elle-même.

Ah! ne blasphémez pas le Frère Jérôme, je vous y engage!

NERLI.

J'enverrai le Frère Jérôme à tous les diables, si cela me plaît, et vous avec! Entendez-vous?

LA FEMME.

Et moi, monstre, je cours vous dénoncer aux Huit et demander un châtiment exemplaire pour une telle scélératesse!

L'ENFANT.

Oui, maman, oui! Il faut que papa soit puni!

NERLI.

Que le ciel vous confonde tous!

ROME

juin 1500

Le Vatican. — Une salle de l'appartement pontifical. — Alexandre VI ; madame Lucrèce Borgia, duchesse de Bisaglia. Elle est en grand deuil de veuve et assise dans un fauteuil, très-accablée et le visage plein de larmes.

ALEXANDRE VI.

Eh bien! oui, c'est vrai. Votre frère César est le coupable. Il est entré dans la chambre où le malheureux Alphonse, votre mari, était couché avec ses blessures bandées ; il l'a étranglé... je vous l'avoue... on vous le dirait... vous ne feriez pas quatre pas dans la ville sans qu'on vous le racontât... J'aime mieux que vous l'appreniez de moi, afin que nous puissions réfléchir ensemble à ce qu'il convient de faire en de pareilles conjonctures, auxquelles on ne saurait rien changer.

Madame Lucrèce sanglote dans son mouchoir et se tord les mains.

Le caractère essentiel de tout chagrin, si grand qu'il soit (et le vôtre est fort grand, ma fille, et si légitime qu'il n'y en a pas de plus légitime)... le caractère de tout chagrin, dis-je, est de contenir l'oubli.

MADAME LUCRÈCE.

Ah ! Très-Saint Père !

ALEXANDRE VI.

Je vous parle raisonnablement. Les gens de notre condition doivent être constamment raisonnables, sans quoi ils deviennent plus mesquins que les autres. Les chagrins, les désespoirs les plus amers, tout ce qui nous vient secouer et nous arrache un bien quelconque, ces fâcheuses sévérités de la fortune, tout cela n'apparaît que pour s'oublier, et un jour viendra où vous serez étonnée vous-même de pouvoir à peine vous rappeler les traits et peut-être le nom de ce mari dont la perte vous inflige en ce moment une douleur qui vous semble intolérable.

MADAME LUCRÈCE.

Le perdre!... le perdre de cette façon!... assassiné par mon frère!... au moment où la naissance de son fils le comblait de joie!... Quel monstre est donc son meurtrier?

ALEXANDRE VI.

Ce n'est pas un monstre, ma fille, mais un dominateur qui ne saurait entrer dans la sphère à lui destinée qu'au prix des efforts les plus soutenus et souvent les plus impitoyables. Écoutez-moi bien, Lucrèce, et ne levez pas les bras au ciel. Je ne vous parle ni pour justifier sottement don César, ni pour vous indigner; je cherche à réveiller en vous ce que j'y connais de sentiments exacts, vrais, puissants, et pour vous aider à traverser cette crise où la jeunesse et l'inexpérience ne vous permettent pas de vous montrer héroïque comme vous pouvez l'être.

MADAME LUCRÈCE.

Je suis une misérable veuve pleurant un mari innocent, égorgé par le plus infâme des traîtres!

ALEXANDRE VI.

A quoi servent des propos si violents? Voyons, voyons,

Lucrèce... Vous savez que je vous aime, et du fond de mon cœur ?

MADAME LUCRÈCE.

Je sais également à quels soupçons, à quelles accusations odieuses l'affection de Votre Sainteté expose mon honneur! Aussi bien je suis au désespoir, je ne me soucie plus de rien au monde!

ALEXANDRE VI.

Les gens me disent à la fois votre père et votre amant ? Laissez, Lucrèce, laissez le monde, laissez cet amas de vermisseaux ridicules autant que débiles imaginer sur les âmes fortes les contes les plus absurdes. Dans l'impuissance d'en comprendre les visées, ils n'y aperçoivent que de l'étrange, ils n'en sauraient analyser les ressorts, moins encore en apercevoir la portée, et ils croient démêler au sein mystérieux de cet inconnu des turpitudes niaises dont ils parviennent du moins à trouver les noms. Que ces bouffées d'inepties tournent autour de votre tête sans y entrer. Ne parlons ici que de choses effectives. Il vous faut sortir de cet accablement. Votre situation l'exige; vous ne devez pas, je ne vous laisserai pas vous enfermer dans la solitude; je n'admets pas que vous retourniez à Nepi, où vous prétendez en ce moment ensevelir à jamais votre personne et vos chagrins. Cela ne convient pas. La nature même s'y oppose : vous êtes jeune, belle, énergique, intelligente, active; vous avez besoin de la vie, et la vie a besoin de vous. Restez avec nous, restez dans le monde pour le dominer! Vous avez, dites-vous, perdu un mari qui vous était cher? Je le regrette, je le déplore comme vous, et j'aurais voulu pour beaucoup vous épargner cette douleur. Néanmoins, vous êtes madame Lucrèce Borgia ; votre sang est des plus illustres qui se connaissent ; vous êtes duchesse de Bisaglia et de Sermoneta, princesse d'Aragon, gouvernante perpétuelle de Spolette ; on vous voit presque l'égale des têtes couronnées ; vous êtes née avec l'instinct de régir les peuples, et votre esprit, dont je connais l'étendue, ne vous permettra jamais de vous soustraire à cette tâche.

MADAME LUCRÈCE.

Il se peut qu'autrefois j'aie pris plaisir à considérer la marche des grandes affaires et à toucher aux fils qui les font mouvoir... Ce temps est passé. Je suis décidée à ne plus m'occuper de rien que de mon fils et, quand je le pourrai, de ma vengeance.

ALEXANDRE VI.

Prenez garde, Lucrèce ! Ne répétez jamais à d'autres qu'à moi une si dangereuse parole. Votre frère sait ce qu'il veut et veut ce qu'il doit. Il faut que ses plans réussissent, et si quelque jour il venait à se figurer qu'il s'est trompé sur votre compte, et que vous n'êtes pas la femme vraiment forte, vraiment compréhensive qu'il prétend que vous êtes ; si, enfin, il découvrait en vous un obstacle et non plus un aide, vous ne seriez pas mieux garantie contre lui que ne l'ont été votre frère Jean, et votre mari, et le malheureux qu'il a poignardé sous mon manteau même... et tant d'autres...

MADAME LUCRÈCE.

Don César est la dernière personne qui m'effraye, et s'il vous affronte, vous, il ne m'affrontera pas, moi !

ALEXANDRE VI.

Voilà comme je vous aime et comme je vous reconnais! La petite veuve bourgeoise a disparu! C'est la reine, c'est la souveraine qui me parle!... Ma fille, vous êtes en ce moment belle comme l'Orgueil! Vous êtes la Force! Je vous parlerai en conséquence. Don César n'a pas eu la moindre intention de vous nuire, et vous allez le comprendre si vous réfléchissez quelque peu. Lorsque, il y a deux ans, vous faisant quitter Jean Sforza, nous vous avons mariée à don Alphonse d'Aragon, nous avons obéi à une nécessité et fait une combinaison irréprochable. Bien que votre époux ne fût que le fils naturel du roi de Naples, nous acquérions avec lui une grande alliance, et, à ce moment, il était impossible d'atteindre à rien de mieux pour nos projets ultérieurs. Depuis lors, les choses ont beaucoup changé. L'indomptable activité de don César, son adresse, son esprit de ressources, les circonstances très-favorables qu'il a saisies, dont il a exprimé tout le jus, nous donnent en ce moment la faveur, l'amitié étroite, la tendresse même du successeur de Charles VIII. Nous avons, nous aurons surtout par ce côté, ce que les Espagnols ne nous auraient donné jamais; et vous pouvez concevoir l'impropriété qu'il y avait dès lors, aux yeux de don César, à nous sentir liés par une alliance aragonaise, au moment précis où nous étions forcés de devenir tout Français, et d'éviter avec le soin le plus minutieux de donner ombrage au plus sot, au plus crédule, au plus soupçonneux des princes, à Louis XII.

MADAME LUCRÈCE.

Et c'est pour ce motif que don Alphonse a été assassiné?

ALEXANDRE VI.

Pour ce motif uniquement. Je reconnais qu'il y aurait eu d'autres manières de s'y prendre. Vous-même auriez pu faire abandonner père, famille, patrie au malheureux don Alphonse.

MADAME LUCRÈCE, sanglotant.

Il aurait fait tout ce que je lui eusse demandé!

ALEXANDRE VI.

Ne revenons pas sur ce point. Don César a eu tort dans la forme… il raisonnait juste dans le fond, et certainement très-éloigné de vous vouloir aucun mal, je vais vous prouver qu'il ne songe qu'à votre élévation.

MADAME LUCRÈCE.

Je l'en dispense.

ALEXANDRE VI.

Pour juger votre frère, il est une vérité surtout qu'il vous faut considérer, et peut-être un tel examen vous sera-t-il doublement utile en vous expliquant vous-même à vous-même. Nous ne sommes pas des Italiens remuants, inconsistants; nous sommes des Espagnols, et, en matière de violences, une tendance naturelle nous entraîne vers la ligne la plus courte. Ce que nos compatriotes exécutent dans les Nouvelles-Indes, — les duretés du duc de Veragna et de ses compagnons envers les habitants de ces contrées, — nous autres, de la maison Borgia, don César surtout, nous le faisons en Italie; c'est pourquoi je suis porté à penser que, peu soucieux des moyens et peu retenus sur les actions, nous sommes débarrassés de la part la plus gênante des liens qui paralysent les autres hommes, et nous parviendrons ainsi plus rapidement à établir notre grandeur sur des bases solides, ce qui est la grande affaire à laquelle nous devons nous consacrer tout entiers.

MADAME LUCRÈCE.

Je n'avais pas demandé à épouser don Alphonse d'Aragon. Sous prétexte de ma grande jeunesse, on ne m'avait même pas consultée, pas plus qu'on ne l'avait fait auparavant pour former et rompre mon premier mariage, et, auparavant encore, mes premières fiançailles. Et après tout, vous parliez de ma gloire, de ma puissance, de mes États? Que signifient ces mots gonflés de vent? Pensez-vous me faire illusion sur les oripeaux dont vous m'avez surchargée? Du chef de mon mari, je suis duchesse de Bisaglia... mais, demain, le roi de Naples peut me retirer ce fief, qui fut un don gratuit. Sermoneta, vous l'avez pris aux Gaëtani et me l'avez donné; quelque autre me le reprendra pour le passer à des nouveaux venus. Je suis gouvernante perpétuelle de Spolette? mais Spolette appartient à l'Église, et, vous mort, que vaudra la perpétuité? Non, Très-Saint Père, je ne suis rien qu'une misérable femme dont sa famille fait un jouet, dont les intérêts ne sont pas plus comptés que les sentiments. Dans une telle situation, ma fierté me reste; vous m'avez fait venir de Nepi, j'entends y retourner : je n'en sortirai plus qu'autant que mes devoirs de mère et d'épouse outragée sauront m'y contraindre.

ALEXANDRE VI.

Votre avenir... ce n'est pas celui que vous venez de dépeindre, c'est celui que je vais dérouler devant vous.

Vous accusez vos proches ? Mais considérez donc quelle a été pour vous leur sollicitude. Dans la fortune médiocre de nos commencements, on s'avisa d'un gentilhomme bien né, bien apparenté, riche, et l'on crut qu'il pouvait vous convenir. Mais presque aussitôt, le vent ayant enflé nos voiles, notre fortune prenant la haute mer, immédiatement on vous débarrassa de ce bonheur médiocre, et l'on vous emporta où l'on allait. A ce moment, c'était beaucoup que d'obtenir pour vous un semblant de prince; on le rechercha, on le trouva, on vous le donna. Les temps sont changés encore une fois; les faucons se sont transformés en aigles; leurs proies doivent être plus magnifiques; ils vous en veulent faire part; ce qui vous convenait ne vous convient plus; vous valez davantage. Que diriez-vous d'un trône souverain, réellement souverain? d'un mari appartenant à une des maisons les plus illustres du monde? lui-même beau, brave, intrépide, un des meilleurs généraux de l'Italie, appelé aux destinées les plus vastes, qui vous aime à l'adoration et qui demande votre main?

MADAME LUCRÈCE.

Je ne sais de qui vous parlez, et ne m'en soucie aucunement.

ALEXANDRE VI.

Je vous parle de don Alphonse d'Este, fils et héritier du duc Hercule de Ferrare. Je vous parle de votre grandeur véritable, de votre avenir, de votre bonheur; de l'avenir, du bonheur, de la vie de votre fils. Vous m'écoutez, Lucrèce?

MADAME LUCRÈCE.

En ce moment, je ne suis pas capable d'entendre de

pareilles propositions et de raisonner sur ce qu'elles peuvent avoir de juste.

ALEXANDRE VI.

Je le conçois. Mais vous pouvez pourtant déjà vous rendre compte qu'il n'est pas à propos de retourner à Nepi. Pour vous persuader davantage, je vous découvre un dessein que j'ai formé d'accord avec don César, et qui vous prouvera mon affection et l'attachement de votre frère à vos intérêts véritables.

MADÂME LUCRÈCE.

Je suis curieuse de savoir ce dont il peut être question.

ALEXANDRE VI.

Les affaires m'obligent à quitter Rome pour quelque temps. Vous y resterez; vous y tiendrez ma place. La conduite du gouvernement sera remise à vos mains; vous seule aurez le droit d'ouvrir et de lire les dépêches, de prendre les résolutions et de donner les ordres. J'ai chargé les cardinaux dont je suis le plus assuré de conférer avec vous chaque fois que vous le trouverez bon. Vous allez ainsi, Lucrèce, diriger mes États, l'Église et le monde. Je vous sais digne de comprendre la valeur d'une pareille tâche. Croyez-moi. Renoncez à des pleurs indignes de vous, par cela seul qu'ils sont inutiles. Songez à la gloire de votre maison, à l'avenir de nos établissements, et que toute considération disparaisse devant une ambition si utile. Sachez désormais que pour ces sortes de personnes que la destinée appelle à dominer sur les autres, les règles ordinaires de la vie se renversent et le devoir devient tout différent. Le bien, le mal, se transportent ailleurs, plus haut, dans un autre milieu, et les mérites qui se peuvent approuver dans une femme ordinaire deviendraient chez vous des vices, par cela seul qu'ils ne seraient que des causes d'achoppement, de ruine. Or, la grande loi du monde, ce n'est pas de faire ceci ou cela, d'éviter ce point ou de courir à tel autre; c'est de vivre, de grandir et de développer ce qu'on a en soi de plus énergique et de plus grand, de telle sorte que d'une sphère quelconque on sache toujours s'efforcer de passer dans une plus large, plus aérée, plus haute. Ne l'oubliez pas. Marchez droit devant vous. Ne faites que ce qui vous plaît, en tant que cela vous sert. Abandonnez aux petits esprits, à la plèbe des subordonnés, les langueurs et les scrupules. Il n'est qu'une considération digne de vous : c'est l'élévation de la maison de Borgia, c'est votre élévation à vous-même; et je compte que, dans une pensée aussi grave, il y a suffisamment de quoi sécher vos pleurs et vous faire accepter ce qui, étant désormais accompli, est devenu indifférent. Je vous quitte, Lucrèce, et vous demande de vous considérer comme celle qui avant peu sera duchesse de Ferrare et qui représente, dans ce moment, pour les peuples, le vicaire de Dieu!

VENISE

Une salle dans un palais sur le grand Canal. — Pierre de Médicis; il se promène d'un air soucieux, de long en large, les mains derrière le dos; son frère, le cardinal Jean de Médicis, plus tard le pape Léon X, alors âgé de dix-neuf ans; son cousin, Jules de Médicis, plus tard le pape Clément VII, alors chevalier de Saint-Jean et prieur de Capoue; Bernard Dovisi de Bibbiena, intendant de la maison du cardinal et ancien secrétaire intime du magnifique Laurent.

BIBBIENA.

Que nos affaires soient en mauvais état, il serait puéril de le nier, mais je ne crois pas à propos, seigneur Pierre, d'en désespérer comme vous faites.

PIERRE.

J'ai commis des fautes, de grandes fautes ! Je ne devais pas tant céder aux Français lorsque j'ai essayé de les détourner d'entrer dans Florence, et, après m'être entendu avec eux, je devais au moins les appeler à l'aide avant de partir pour Bologne, où ce misérable, ce Jean Bentivoglio, oublieux de ce qu'il devait à la mémoire de notre père, nous a contraints de reconnaître le peu qu'il vaut lui-même, et de nous réfugier ici... Ah ! si jamais je parviens à relever notre maison, il sentira, il sentira ce que vengeance veut dire ! Mais ce n'est pas là ce qui me peine davantage; comme je vous le dis, ce sont mes propres fautes.

LE CARDINAL JEAN.

Mon Dieu! mon frère, ne vous dépitez pas de la sorte. Moi qui suis resté à Florence après vous, je vous le jure, il n'y avait rien à faire. Nos ennemis avaient tellement disposé les choses et travaillé les esprits des citoyens, que le parti était pris de nous renvoyer. Les Lucca Corsini, les Jacopo de Nerli, tous ces personnages envieux avaient excité les gens les plus tranquilles, et j'ai eu beau parler au peuple, on ne m'a pas écouté; il a fallu céder, on m'a même jeté des pierres. J'avais Savonarole contre moi. C'est lui qui a persuadé aux dominicains de Saint-Marc de me chasser de leur couvent, où j'avais d'abord trouvé un refuge.

PIERRE.

Une maison fondée par nous!

LE CARDINAL JEAN.

Ne vous affectez pas de la sorte, mon frère. Il est bien probable, je le répète, que le Frère Jérôme avait tourné l'esprit des bons Pères; sans quoi, ils n'en eussent pas usé de la sorte. C'était un spectacle affreux à voir que celui de cette foule irritée au travers de laquelle je me suis enfui déguisé en pauvre religieux : une masse de coquins hurlant, vociférant, enfonçant les portes des prisons et embrassant, à mesure qu'ils les faisaient sortir, les voleurs et les assassins!

BIBBIENA.

C'est la façon dont le populaire se mêle aux affaires publiques.

PIERRE.

J'en prendrais mon parti; mais il est de pires horreurs. Vous avez appris que les fils de notre oncle, nos cousins, ont obtenu, à force de bassesses, de rentrer dans la ville et d'y reprendre leurs biens? Pour mieux montrer leur attache aux nouveaux maîtres, les malheureux ont solennellement renoncé à leur nom et pris celui de Popolani; de sorte qu'aujourd'hui je vous annonce l'existence d'un honnête seigneur Laurent Popolani, et de son frère, digne de lui en tous points, l'autre honorable seigneur Jean Popolani. Quelle dérision! quelle misère! que d'infamies dans ce monde!

LE CARDINAL JEAN.

Je prends mon parti de la défection de nos cousins; ce ne sont pas des amis à regretter, et, franchement, je suis beaucoup plus touché de ce que les séditieux aient détruit ces jardins où notre père avait réuni tant de statues, de tableaux, d'œuvres des grands maîtres de tous les temps. Le pillage général a fait disparaître livres, médailles, pierres gravées! Il y avait là telle pièce que je me rappellerai toujours et dont je ne saurais me consoler.

PIERRE.

Qu'importe! Nous sommes perdus nous-mêmes! Nous voici condamnés à errer sans fin d'un lieu à un autre, passant des mains d'une amitié tiède à celles d'une amitié froide, et veillant à ce qu'une amitié perfide ne nous vende pas à nos ennemis. Pour le moment, le sérénissime Sénat en agit généreusement envers nous; mais combien de temps en sera-t-il ainsi?

BIBBIENA.

Aussi longtemps que les Vénitiens auront la haine de Florence, et c'est l'éternité. Non, je vous le répète, ne désespérons pas! Les affaires, sur ce globe, sont en perpétuelle vibration, allant de droite à gauche et de gauche à droite. Les intérêts de l'Italie, voilà la pointe du balancier, et, par ainsi, ils changent de place encore plus rapidement que les autres intérêts. Pour moi, j'en suis convaincu, les Médicis rentreront un jour à Florence, et y retrouveront leur puissance et leur éclat.

LE CARDINAL JEAN.

J'y vois, en effet, des vraisemblances. La France obéit à un nouveau Roi, ce Louis XII, qui, me dit-on, est encore plus possédé de la soif des conquêtes que le défunt Charles VIII; ce qu'il veut, ce n'est pas Naples seulement, mais le Milanais. On pourra peut-être s'entendre; d'ailleurs, Savonarole ne saurait durer éternellement. Il commence à fatiguer les patiences. Les républicains ne s'entendent pas; beaucoup de nos partisans rentrent dans la ville et n'y sont pas molestés. Tenez! le petit Michel-Ange Buonarroti, pour ne citer que celui-là, s'était enfui à Bologne, et même l'Aldovrandi lui avait procuré du travail à Saint-Pétrone; il n'en est pas moins retourné au pays, et on l'y souffre.

LE PRIEUR DE CAPOUE.

Ce qu'on y reçoit encore mieux, c'est notre argent. D'après vos ordres, seigneur Pierre, j'en ai envoyé à Tornabuoni. Il m'écrit que le nombre de ses pensionnaires augmente. Monseigneur Jean, voulez-vous venir visiter l'atelier du Titien?

LE CARDINAL JEAN.

Avec plaisir. Je vous ferai remarquer mes nouvelles livrées pour les gens de nos gondoles.

PIERRE.

Allez vous amuser. J'écrirai quelques lettres avec Bibbiena.

FLORENCE

Une arrière-boutique. — Deux marchands attablés.

PREMIER MARCHAND.

Mangez encore cette gaufre. Les Piagnoni de Frère Jérôme ne nous voient pas.

SECOND MARCHAND.

Vous êtes bien honnête. J'ai l'estomac faible et n'ose rien prendre davantage. Je vous le répète, l'Angleterre est un pays où l'on fait bien des profits.

PREMIER MARCHAND.

Pour les soieries, il n'y a pas de doute, et encore plus pour les vins. L'année dernière, j'ai envoyé quarante barriques d'assez petite qualité à mon facteur de Londres. Il en a tiré bon parti. J'accorde volontiers crédit aux Anglais.

SECOND MARCHAND.

C'est ce que je vous dis; ils sont solides.

PREMIER MARCHAND.

Pourtant je préfère les Flamands. Anvers est peuplé de marchands vraiment respectables.

SECOND MARCHAND.

Entre nous, est-ce que Frère Jérôme, que d'ailleurs je

vénère, je vous prie de le remarquer, ne ferait pas mieux de nous céder à bon compte tant de belles choses qu'il fait détruire? Ces bons Flamands nous les achèteraient.

PREMIER MARCHAND.

C'est mon avis. Le digne Frère est intraitable sur ce point. D'ailleurs, on ne peut lui parler aussi librement qu'autrefois. Il s'emporte au premier mot et vous dit des injures.

SECOND MARCHAND.

Il faut avouer que les pécheurs incorrigibles lui causent des chagrins.

PREMIER MARCHAND.

Ne m'en parlez pas! Je ne sais comment il y résiste. N'importe, il eût mieux agi en conservant cette belle tapisserie à fleurs d'or! On nous l'eût achetée et payée en monnaie sonnante. Le prophète prêche ce soir à Saint-Nicolas. N'y venez-vous point?

SECOND MARCHAND.

Que dites-vous? Je m'en fais un devoir sacré et ne voudrais pour rien au monde être accusé de tiédeur; car, entre nous, j'ai ici d'assez belles choses et ne tiens pas à attirer l'attention.

PREMIER MARCHAND.

Précisément comme moi, voisin. Dans ces temps difficiles, il faut être prudent. Allons! mettons-nous en route. L'église sera pleine. Prenez-vous un cierge?

SECOND MARCHAND.

Je n'y manque jamais, cela donne bon air. Voyez! c'est un vrai mât de navire!

PREMIER MARCHAND.

Moi de même, je rivalise avec vous.

Ils rient et sortent.

La cellule de Frère Jérôme. Il est étendu sur sa couchette, se couvrant les yeux de ses bras croisés. Assis sur des escabeaux, Frère Sylvestre Maruffi, Frère Domenico Buonvicini.

FRÈRE JÉRÔME.

Mon Dieu, mon Dieu, pourquoi m'avez-vous abandonné?

FRÈRE SYLVESTRE.

C'est vous, maître, qui vous abandonnez; nous ne cessons de vous le dire.

FRÈRE DOMENICO.

Et même, je ne comprends rien à cette prostration de vos forces.

FRÈRE JÉRÔME.

Je suis à bout. Que mon Seigneur Jésus me rappelle à lui!

Il se cache le visage sur l'oreiller et pleure à haute voix.

FRÈRE DOMENICO.

Quel malheur de voir un pareil homme en proie à pareille faiblesse!

FRÈRE JÉRÔME, se levant sur ses pieds, croise les bras et regarde ses amis.

Voulez-vous que j'en convienne? Un fardeau me pèse sur le cœur depuis plus d'un an. Il faut que je m'en décharge. Écoutez-moi donc. J'ai peur de m'être trompé!

Je suis comme un voyageur qui, parti pour la Jérusalem céleste, se trouverait tout à coup, par une erreur de route, dans le voisinage de l'enfer.

FRÈRE SYLVESTRE.

Eh! maître, que vous faut-il donc? N'avez-vous pas réussi au delà de toute espérance? Florence fait chaque jour un pas de plus dans la voie des perfections; vous êtes l'unique seigneur, on ne croit qu'en vous, on n'aime que vous, on ne veut que vous seul! Le reste viendra de lui-même. Le Pape menace, mais il n'ose rien exécuter!

FRÈRE JÉRÔME.

Je me suis trompé, vous dis-je. Je croyais le bien aussi facile à réaliser qu'à apercevoir. Je ne me doutais pas que l'action trahit le plus souvent l'intention. Le bienfait n'est jamais accepté. Il faut qu'on l'impose de force. Si je conseille, on ne m'écoute pas. Il faut que je frappe. Alors, où est la mesure? où est le moyen? Si j'invective, il se trouve que j'ai maudit. Si je réprimande, j'insulte; si je frappe de la houlette du pasteur, c'est une épée que j'ensanglante, et je tue des hommes que je cherche à sauver. Non! tout se métamorphose sous mes mains, dans mes mains; le miel en fiel, la douceur en fureur, la fermeté en férocité! Croyez-vous que j'ignore ce que font mes fidèles? Autant de mal que des loups!

FRÈRE SYLVESTRE.

Ils semblent un peu rudes quelquefois, c'est possible; mais, en somme, les résultats sont excellents, et une erreur de détail ne saurait altérer le mérite de l'ensemble!

FRÈRE JÉRÔME.

Je sers la cause céleste avec les moyens du diable.

FRÈRE DOMENICO.

Le roi David avait des Philistins pour gardes de son corps !

FRÈRE JÉRÔME.

Ah ! mon Dieu ! ah ! mon Dieu ! je ne voudrais que pureté autour de la justice ! Rappelle-moi d'ici !

FRÈRE SYLVESTRE.

Et l'œuvre, que deviendra-t-elle si tu meurs ?

PRÈRE JÉRÔME.

Ce qu'elle pourra, je veux m'en aller !

Il se rejette sur son lit.

La nuit. Un jardin. — Une jeune femme. Un amant.

LA JEUNE FEMME.

Je suis trop effrayée !... Si mon frère se doutait de quelque chose !... Va-t'en, je t'en supplie !

L'AMANT.

Non ! Ton frère court les rues pour insulter les Piagnoni. N'aie pas peur ! Tu as peur ? Eh bien ! sois contente ; je pars ! M'aimes-tu, au moins ?

LA JEUNE FEMME.

Je crois... je ne sais pas... je t'aime en ce moment... Veux-tu que je te trompe ? Pourquoi t'attacher à moi ? Je suis changeante... Je ne me connais pas moi-même. Je t'aime bien, mon ami, mon cher ami ! Sans doute, demain, je ne t'aimerai plus. J'ai toujours été sincère avec toi...

L'AMANT.

De telles paroles sont pour me tuer. N'importe! Je te chérirai, je t'adorerai, je te servirai! Je suis à toi. Je veux mourir pour toi!

LA JEUNE FEMME.

J'ai si peur! Embrasse-moi... là... sur la joue... Pauvre Fabrice!... je t'aime bien... dans ce moment-ci! Pourquoi t'affliger? N'as-tu pas de plus grandes affaires? Occupe-toi des Médicis.

L'AMANT.

Je me soucie autant des Médicis que de leurs ennemis. Ma seule affaire est de t'aimer. Adieu! Cinq jours, maintenant, sans te voir!

LA JEUNE FEMME.

Cinq jours?... c'est trop! Passe demain dans la rue; je pourrai peut-être te faire monter.

L'AMANT.

Si l'on me voit?

LA JEUNE FEMME.

Tout m'est égal!

L'AMANT.

Il n'existe rien au monde de si joli, de si attrayant, de si gracieux, de si séduisant que toi!

LA JEUNE FEMME.

Adieu! n'aie pas de chagrin. Pense un peu à moi, veux-tu?

L'AMANT.

Encore un baiser!

LA JEUNE FEMME.

Non! demain! Donne-moi la main, c'est assez. Adieu.

L'AMANT.

M'aimes-tu?

LA JEUNE FEMME.

Je ne sais pas.

L'AMANT.

Quand tu m'auras fait mourir de désespoir, tu le sauras peut-être. Adieu!

ROME

La chambre du Pape. — Alexandre VI; le cardinal François Piccolomini; l'envoyé de Milan.

LE CARDINAL.

Et moi je vous le dis, Très-Saint Père : si vous n'en finissez pas avec le Frère Jérôme, il en finira avec vous.

LE PAPE.

Tu lui en veux parce qu'il t'a refusé cinq mille florins. Crois-tu que j'ignore tes menées? Vous tous, vous êtes mutinés contre ce bavard. Il vous dit vos vérités. Le beau malheur! Il me dit bien les miennes! Est-ce que je m'en soucie? Ai-je la prétention d'être un saint? Je veux vivre en paix. Assez de mauvaises affaires! Je ne m'en susciterai pas davantage. Je suis vieux; je mourrai tranquille, malgré vos dents; j'établirai mes enfants. Laissez-moi en repos.

LE CARDINAL.

Mais, Très-Saint Père, c'est précisément de votre repos qu'il s'agit. Écoutez seulement ce que le seigneur Ludovic Sforza vous fait dire.

LE PAPE.

Je ne veux rien entendre qui me fatigue ou me donne de l'humeur.

L'ENVOYÉ.

Ce ne sont pas des paroles en l'air que je vous transmets. Nous avons des faits et des preuves.

LE PAPE.

Gardez-les pour vous.

L'ENVOYÉ.

Savonarole a écrit à toutes les couronnes; il demande un concile et votre déposition.

LE CARDINAL.

C'est la vérité pure, et plusieurs princes sont déjà gagnés.

LE PAPE.

Billevesées et calomnies!

L'ENVOYÉ.

Voici la lettre au roi de France! Nous l'avons saisie sur un courrier. Elle est signée du Frère Jérôme, et vous voyez son sceau!

LE PAPE.

Sang de la Madone! Le chien, le misérable, le lâche, le voleur, l'infâme! C'est pourtant vrai! Ah! tu veux ma ruine! Qu'on assemble mon conseil... qu'on prévienne don César et dona Lucrezia... et dona Vanozza! Cette fois-ci, c'en est fait de lui!

LE CARDINAL.

Je vous disais bien qu'il faudrait en venir là. Vos brefs méprisés, vos ordres foulés aux pieds, votre nom conspué en pleine chaire tous les jours, à tous les moments! Il vous traite comme il ferait du plus méprisable compagnon.

LE PAPE.

Je suis son maître, et il va le sentir! Je lui arracherai l'âme du ventre, à ce Jérôme, et il saura ce qu'on gagne à se lever contre moi!

FLORENCE

Une place. — Un groupe d'artisans rencontre une foule qui revient.

UN OUVRIER.

Holà! vous autres! Le prophète avait promis de passer lui-même à travers les flammes d'un bûcher pour confondre les calomniateurs; l'a-t-il fait?

UN BOURGEOIS.

Lui?... Ma foi, non!

UN AUTRE ARTISAN.

Comment?... non!... Alors les Franciscains se sont démentis?

SECOND BOURGEOIS.

Pas du tout. Franciscains et Pères de Saint-Marc se sont braillé de loin force injures, et ni les uns ni les autres, après une journée de débats, n'ont osé se jouer au feu, comme ils s'en étaient si fort vantés. J'ai attendu depuis ce matin avec bien d'autres pour voir le spectacle. Mon avis est que nous sommes dupes. Frère Jérôme ne vaut pas grand argent!

UN TISSERAND.

Je commence à le croire comme vous.

UNE FEMME.

C'était bien la peine d'interdire la danse! Il y a du temps que je vous le dis : ce n'est qu'un hypocrite!

UN BOULANGER.

Je rentre souper; je me moque de tous les moines de l'univers.

Le Palais-Vieux. — Salle du conseil. — Le gonfalonier; les Huit.

LE GONFALONIER.

Frère Jérôme a eu complétement tort de s'avancer comme il l'a fait dans cette affaire du bûcher. Puisqu'il n'était pas sûr de lui, il ne devait pas se mettre en nécessité de reculer misérablement. Il se place dans le plus extrême embarras, et nous y entraîne avec lui.

PREMIER PRIEUR.

Et les lettres de Rome deviennent chaque jour plus menaçantes! Notre orateur Domenico Bonsi ne nous les épargne pas. Il semblerait que le Pape est résolu à en finir. Que deviendront notre établissement et le gouvernement populaire sans le Frère Jérôme?

DEUXIÈME PRIEUR.

Si nous ne l'avions fait accompagner par le capitaine Giovacchino et par Marcuccio Salviati, la populace était si furieuse de se voir privée d'un spectacle dont elle s'amusait en imagination depuis quinze jours, qu'elle l'eût déchiré en lambeaux.

LE GONFALONIER.

Il n'y a pas à le nier, magnifiques seigneurs, la popularité du Frère baisse considérablement. Les Médicis répandent de l'argent partout : j'en ai la certitude. Il faut aviser... Les choses ne peuvent se soutenir longtemps ainsi. Les Arrabbiati et les Compagnacci courent les rues en armes. Prenons un parti. Il s'agit de notre salut à nous-mêmes et du salut public.

TROISIÈME PRIEUR.

S'il se peut, ne nous compromettons avec personne, avec aucun parti. Mon avis serait d'envoyer au Frère un ordre de quitter la ville. Suivez bien mon raisonnement. En agissant de la sorte, nous sauvons la vie du moine, et il faut bien le lui faire remarquer, ainsi qu'à ses amis, pour qu'ils n'en doutent pas et ne se tournent pas contre nous; puis nous satisfaisons Rome, puisque nous semblons obéir aux monitoires et que le Frère cessera par le fait ses prédications, bien que nous n'ayons rien statué à cet égard; ensuite nous ôtons prétexte aux partisans des Médicis de faire du tumulte, puisque la cause supposée de la discorde sera écartée. Sommes-nous d'accord?

LE GONFALONIER.

Devons-nous en délibérer, messires?

LES PRIEURS.

Sans doute, sans doute. Il y a du bon dans cette idée.

La campagne auprès de Florence. — L'Arno dans le fond ; des prés et des arbres.

UN JEUNE GRAVEUR.

Cette nouvelle œuvre d'Albert Durer me préoccupe au dernier point ! J'ai peur que nous Italiens nous ne sachions pas encore tirer tout le parti possible de l'invention de Finiguerra. C'est pourtant la gloire des Florentins ! J'étudierai la manière allemande ; j'en découvrirai les procédés, et si je ne fais pas mieux, ou à tout le moins aussi bien, j'en mourrai de désespoir.

FLORENCE

Le couvent de Saint-Marc. — Le chœur de l'église. — Grande foule où la plupart des hommes sont armés; moines, armés également; Frère Jérôme, Frère Sylvestre, Frère Sacromoro, Frère Buonvicini, François Valori, Luc degli Albizzi, Vespuccio.

FRÈRE JÉRÔME.

Rassurez-vous, mes frères! mes enfants! C'est le moment de vous montrer intrépides! Ne vous laissez pas envahir par la crainte, rien n'est en péril!

FRÈRE SACROMORO.

Soyez tranquille, mon Père! Nous mourrons tous plutôt que de vous abandonner.

FRÈRE JÉRÔME.

C'est Dieu qu'il faut servir, et non pas moi.

FRÈRE SYLVESTRE.

Quels sont ces hurlements?

FRÈRE BUONVICINI.

L'ennemi entre dans l'église. Foule terrible! Atroces figures!

LUC DEGLI ALBIZZI.

Ne perdons pas une minute. Frère Jérôme, donnez l'ordre de charger les armes!

FRÈRE JÉRÔME.

Y pensez-vous? Dans le temple du Seigneur!

LUC DEGLI ALBIZZI.

Vous voulez rire? Vaut-il mieux y être massacré? Attaquons avant qu'on nous attaque, et je vous promets que nous serons encore les plus forts.

FRANÇOIS VALORI.

De grâce, messire Luca, pas de folie! Contenez-vous! Les gens des Médicis ne manqueraient pas de dire que nous les provoquons. Montrons-nous généreux.

LUC DEGLI ALBIZZI.

Montrez-vous ineptes! Le froid de la couardise vous gagne, et vous n'êtes pas fâchés d'appeler cette maladie prudence. Allons! allons! vous êtes perdus! Moi qui n'ai nulle envie de livrer mes os à ces misérables, je quitte Florence; qu'on vienne chez moi, il y pleut des arquebusades! Adieu! En route ceux qui ont du sang chaud dans les veines!

Il tire son épée et sort entouré de ses amis.

VOIX NOMBREUSES.

Nous vous suivons! nous vous suivons!

Décharge de mousqueterie. Un homme arrive en courant.

L'HOMME.

Frère Jérôme! Où est Frère Jérôme?

FRÈRE JÉRÔME.

Me voici!

L'HOMME.

La seigneurie vous exile! les Compagnacci apportent l'ordre! Ah! mon Dieu! ah! mon Dieu! Ils ne veulent que vous assassiner! Ils sont plus de huit cents! plus de trois mille! Ils accourent! Ils ont à l'instant égorgé deux hommes! Les voilà! Cachez-vous! sauvez-vous!

FRÈRE JÉRÔME, aux moines.

Mes frères, à vos stalles!... S'il faut mourir, c'est là!... O Florence! Florence!

Grand tumulte; les femmes crient et se réfugient dans les chapelles. Les Compagnacci et les Arrabbiati tirent des coups d'arquebuse, vocifèrent et battent les gens.

UN COMPAGNACCO.

Sauvez-vous, canailles! La seigneurie confisque tous les biens des laïques qui resteront ici!

FRANÇOIS VALORI, à un officier.

Est-il vrai, messire?

L'OFFICIER.

Parfaitement vrai! Les Seigneurs Huit n'ont d'autre pensée que de rétablir le bon ordre, et je vous engage à vous retirer.

FRANÇOIS VALORI.

Vous voulez donc la mort de Frère Jérôme?

L'OFFICIER.

Au contraire, nous voulons la paix, et, dans ce but, nous séparons les combattants.

FRÈRE SACROMORO.

C'est une indignité!

UN COMPAGNACCO.

Tais-toi, gros moine, ou je t'éventre!

FRÈRE JÉRÔME.

La foule nous écrase. Entrons dans les cloîtres!

FRÈRE SACROMORO.

Sonnons les cloches pour avertir notre monde!

FRANÇOIS VALORI.

Je vous en conjure, n'en faites rien! De la modération! du calme! de la mesure! Je cours persuader les Prieurs de mettre fin à tout ceci.

FRÈRE BUONVICINI.

Défendons-nous! Aux armes!

> Les moines entraînent avec peine Frère Jérôme dans le couvent et ferment les portes. On se bat dans l'église.

Une chambre délabrée et meublée à peine. — Ser Bernard Nerli, sa femme, un enfant malade endormi dans un berceau.

SER BERNARD.

Huit sous pour un testament et quatre sous pour la donation : cela fait douze sous; plus sept deniers pour le vieil habit jaune que je viens de vendre, cela nous fait douze sous sept deniers.

LA FEMME.

Je crois que l'enfant a moins de fièvre.

SER BERNARD.

Le ciel t'entende, ma colombe!... Oui, il est moins rouge... Je reprends!... Douze sous sept deniers! Je te dirai encore que notre voisin, le tailleur, m'a promis une mesure de blé pour le sonnet que je dois lui donner ce soir, à l'occasion des fiançailles de sa nièce.

LA FEMME.

C'est un grand bonheur, et il nous reste encore la moitié du quartier de chevreau.

SER BERNARD.

Je crois donc que nous pouvons nous considérer comme au-dessus du besoin.

LA FEMME.

Mais je te le disais hier; je ne suis pas autrement inquiète; si seulement le petit allait mieux!

SER BERNARD.

Oh! ma chérie!... Que Dieu nous le conserve!...

On entend des arquebusades.

Quand donc auront-ils fini leur tapage, ces brigands-là?... Le Frère Jérôme et ses adversaires, je les voudrais voir au plus brûlant de la géhenne! Tant qu'ils existeront, il n'y aura pas moyen de gagner sa vie!

LA FEMME.

Ah! tu as bien raison! Au lieu de tant prêcher et tant parler, ils feraient mieux de nous laisser travailler!

SER BERNARD.

Je vais écrire mon sonnet... Et l'enfant?

LA FEMME.

Il va mieux.

SER BERNARD.

Embrasse-moi!

Devant la maison de François Valori. — Vincent Ridolfi, Torrabuoni, foule de compagnacci et d'arrabbiati; ils frappent à coups redoublés sur la porte pour l'enfoncer.

LA FEMME DE VALORI, à une fenêtre.

Mes bons seigneurs, je vous le jure, mon mari n'est pas ici! Il est absent! Ah! mon Dieu! mon Dieu!

RIDOLFI.

Où se cache-t-il? Réponds, coquine! Où est-il, le lâche?

LA FEMME.

Seigneur Ridolfi, par pitié!

TORNABUONI.

Jetez-moi donc cette maudite porte à bas, vous autres! Aurez-vous bientôt fini?

CRIS DES ASSAILLANTS.

Victoire! L'entrée est libre! Pillage! pillage!

La porte tombe; la foule se précipite dans la maison.

RIDOLFI.

Amenez cette créature!

TORNABUONI.

Pas de pitié pour les Valori! Souvenez-vous des Médicis!

On amène la femme et son enfant.

LA FEMME.

Grâce! grâce! Mon mari est absent, je vous le jure!

RIDOLFI.

Mais je te tiens, toi! A genoux! misérable, à genoux! Écrasez-moi ce louveteau!

<small>La femme pousse des cris épouvantables; elle est saisie par les cheveux et égorgée sur le corps de l'enfant.</small>

FRANÇOIS VALORI, accourant.

Que font-ils, mon Dieu? Que faites-vous? Ma femme! mon neveu!... Ridolfi! assassin!

RIDOLFI, lui assénant un coup d'épée.

Tiens, voilà pour tes injures!

<small>Valori tombe; on l'achève, et la populace, en criant, traîne son cadavre sur le pavé.</small>

L'intérieur du couvent de Saint-Marc. Les cloîtres. Les moines; Frère Jérôme; la foule envahit la clôture en hurlant.

FRÈRE JÉRÔME.

Que veulent-ils?

FRÈRE BUONVICINI.

Te prendre! Je ne te quitterai pas.

FRÈRE JÉRÔME.

Mais quel mal leur ai-je fait? Ils m'aimaient hier! N'importe! Résistons, mes enfants!

FRÈRE SACROMORO.

C'est assez mettre le couvent en danger. Vous êtes notre pasteur; le bon pasteur donne sa vie pour ses brebis.

FRÈRE JÉRÔME.

Soit! Tu dis vrai. J'irai à la mort. Peuple ingrat, que veux-tu?

UN OPTIMISTE.

La Seigneurie vous demande uniquement de vous rendre. On ne prétend vous faire aucun mal !

Une grêle de pierres est lancée contre Frère Jérôme.

UN COMPAGNACCO, le frappant du poing.

Prophétise qui te frappe !

UN AUTRE.

Tiens ! voilà du pied !

Un troisième lui tord les doigts ; il pousse un cri.

UNE FEMME.

Ah ! le lâche, il pleure !

UN ARRABBIATO.

Marche donc ! Les Huit te demandent !

FRÈRE JÉRÔME.

Je marche ! Ne maltraitez pas mes frères ! Ah ! Florence ! Florence ! Tout est fini !

Une salle dans le Palais-Vieux. — Les commissaires du Pape, Romolino et le Père Turriano, général des Dominicains ; le gonfalonier Pierre Popoleschi.

PIERRE POPOLESCHI.

Nous avons tout fait pour le mieux, et nous espérons que Sa Sainteté sera contente de nous.

ROMOLINO.

C'est ce qu'il faudra voir.

PIERRE POPOLESCHI.

Nous avons fait condamner Frère Jérôme au bûcher et à être pendu ensuite. Que voulez-vous de mieux? Ses deux acolytes, Frère Sylvestre et Frère Buonvicini, subiront la même peine. Ce n'est pas de la mollesse, cela! Enfin, les principaux Piagnoni sont ou exilés ou condamnés à des amendes; Pagolantonio Soderini en a pour trois mille florins, et Ser Niccolò Machiavel, pauvre comme Job, pour deux cent cinquante. Je ne sais ce qu'on pourrait nous demander davantage.

ROMOLINO.

Vous avez mis du temps à revenir de vos erreurs, seigneur gonfalonier.

PIERRE POPOLESCHI.

Que voulez-vous? Il fallait plaire au peuple et hurler avec les loups. Quand le vent a changé, nous avons été ravis de marcher dans la bonne direction, et vous voyez nos actes.

ROMOLINO.

Ce n'est pas trop mal. Maintenant, à l'œuvre! Nous avons charge d'examiner votre façon de procéder dans le jugement de Frère Jérôme, et nous ferons un beau feu, car je porte sur moi la condamnation. Qu'on introduise les témoins.

On amène des moines de Saint-Marc.

Bonjour, bonjour, mes Pères. Vous savez ce qu'a osé le coupable. Vous l'avez vu à l'œuvre. Expliquez-vous. Est-il justement condamné? J'interroge celui qu'on m'a désigné comme le plus honnête. Père Malatesta Sacromoro, approchez!

FRÈRE SACROMORO.

Monseigneur, pendant sept ans nous avons cru ce que Frère Jérôme nous enseignait. Il était notre vicaire général. Il a abusé de son autorité sur nos esprits.

ROMOLINO.

Au moins, vous en êtes bien convaincus, désormais?

FRÈRE SACROMORO.

Profondément.

ROMOLINO.

Voilà un digne homme. Ainsi donc, mon ami, vous considérez les pièces de l'interrogatoire comme parfaitement authentiques?

FRÈRE SACROMORO.

Certainement, monseigneur.

ROMOLINO.

Suivant vous, c'est avec raison que Frère Jérôme et ses complices ont été condamnés par la justice temporelle?

FRÈRE SACROMORO.

Il n'y a rien à y objecter.

ROMOLINO.

Je loue votre candeur et l'esprit de vérité qui vous anime. Retirez-vous, mon cher ami, et qu'on introduise les coupables.

Les soldats amènent Frère Jérôme, Frère Sylvestre et Frère Buonvicini liés avec des cordes.

ROMOLINO.

Frère Jérôme, vous savez que votre révérendissime général et moi nous représentons ici la sainteté de notre

Seigneur le Pape, et que nous connaissons pertinemment toutes vos impostures. Il ne vous servirait à rien de nous mentir. Alléguez ce que vous voudrez pour votre défense.

FRÈRE JÉRÔME.

Pendant sept années, j'ai prêché dans cette ville. J'ai fait de mon mieux pour y établir l'amour de Dieu et les bonnes mœurs. J'ai pu me tromper souvent. Je ne suis qu'un pauvre homme, et, comme tel, j'ai failli; mais je n'ai voulu que le bien.

ROMOLINO.

Vous êtes un impudent! Vous avez menti comme un démon! Vos propres dépositions en font foi, et il est trop audacieux de venir ici nous tenir le langage que vous faites!

FRÈRE JÉRÔME.

Ma chair est faible et ne soutient pas mon âme. Je l'avoue en pleurant : j'ai péché contre la vérité en déclarant sur le chevalet ce qui n'est pas vrai. Il m'est impossible de soutenir la torture. Mais je démens ce que la souffrance m'a arraché.

ROMOLINO.

Allez! allez! Nous ne sommes pas vos dupes! Ce que vous avez confessé nous appartient! Nous y croyons! Vous jouez la comédie en ce moment!

FRÈRE BUONVICINI.

C'est vous qui insultez un saint! Dieu vous punira!

FRÈRE JÉRÔME.

Hélas! mes soins, mes peines, mes fatigues, mon désir de bien faire, rien n'a servi! Je voulais sauver la foi; je n'ai rien pu! Mes illusions sont dissipées. J'ai poursuivi des chimères. Il est mieux que je meure, et je le souhaite depuis longtemps.

ROMOLINO.

Voilà qui est intolérable! Qu'on applique de nouveau cet homme obstiné à la question, sans quoi il ne fera que nous contredire.

Les bourreaux s'emparent de Frère Jérôme.

Sur la place du Palais. — L'échafaud. Un pont volant en planches conduit de la Ringhiera sur la plate-forme du bûcher. — La foule; plusieurs enfants aiguisent des bâtons avec des couteaux.

UN BOURGEOIS.

Nous en avons pour une bonne heure à attendre. Croyez-moi. Je connais les allures de nos gouvernants. Ils n'ont aucun souci de nous complaire. Que ne sommes-nous encore sous l'égide du magnifique Laurent ou de son illustre famille!

SECOND BOURGEOIS.

Je pense qu'il faudra quelque jour en revenir là.

PREMIÈRE FEMME.

Ah! le joli enfant! Est-il à vous, Monna Theresa?

SECONDE FEMME.

Oui, ma belle. C'est mon aîné.

PREMIÈRE FEMME.

Embrassez-moi, chérubin! Voyez les beaux cheveux noirs!... Que fais-tu là, avec tes jolis camarades?

L'ENFANT.

Nous rendons nos bâtons bien pointus.

SECOND BOURGEOIS.

Ah! mon petit rusé, dans quelle intention?

L'ENFANT.

Pour piquer les pieds et les jambes de Frère Jérôme quand il va passer sur le pont. Nous nous mettrons dessous, et zing! zing!

On rit.

PREMIÈRE FEMME.

Sont-ils espiègles, mon Dieu! Sont-ils espiègles! Viens que je t'embrasse, mon cœur! Qu'il est gentil!

PREMIER BOURGEOIS.

Heureux les États où l'enfance apprend de bonne heure à sympathiser avec les sentiments publics!

SUR L'ÉCHAFAUD

Le Frère Jérôme, le Frère Sylvestre, le Frère Buonvicini. — Frère Niccolini, confesseur du Frère Jérôme.

FRÈRE NICCOLINI, à Frère Jérôme.

Je n'oserais parler de résignation à vous, mon Père, qui avez tant prié pour ce malheureux peuple!

FRÈRE JÉRÔME.

Bénissez-moi!

BUONVICINI.

Puissé-je souffrir bien davantage pour la gloire de Dieu!

Pourquoi ne pas nous brûler avant de nous pendre? C'est le texte de la condamnation.

FRÈRE JÉRÔME.

Mon ami, mon fils, n'oubliez pas que nous n'avons rien à faire, sinon la volonté de Celui qui est aux cieux!

FRÈRE SYLVESTRE.

Je vais parler à cette multitude abusée!

FRÈRE JÉRÔME.

Non, Sylvestre, si tu m'aimes, pas un mot!... Pauvre Florence!... Pauvre Italie!... J'aurais tant voulu les sauver!... Pourquoi nous fait-on attendre ainsi?

LE CAPITAINE GIOVACCHINO.

C'est cet animal d'évêque de Vaison qui, au lieu de venir vous dégrader, comme c'est sa charge, n'en finit pas de causer avec les commissaires!

La foule devant le bûcher et les potences. — Peuple, moines, bourgeois, femmes, enfants.

UN HOMME.

Il a été rudement torturé, le coquin!

UNE FEMME.

Qu'est-ce qu'on lui a fait?

L'HOMME.

On lui a donné l'estrapade plus de six fois. C'est dur, allez! Il est cassé de tous les côtés.

On rit.

UN ENFANT.

C'est bien fait!

UN MARCHAND.

Petit drôle, on aurait dû t'en faire autant, pour m'avoir cassé les miroirs que j'avais dans ma boutique, il n'y a pas plus de quinze jours.

L'ENFANT.

Ma foi! on m'avait dit de les casser, je les ai cassés!

UNE VIEILLE FEMME.

Il a raison, cet enfant! Nous avons tous été joués par ce scélérat qui nous condamnait au jeûne d'un bout de l'année à l'autre!

UN ARTISAN.

Étions-nous bêtes!... Ah!... Il monte à l'échelle! Le voilà en haut... Est-ce qu'on ne va pas le brûler vif?

UNE JEUNE FILLE.

J'espère bien que si. Dites donc, seigneur soldat, est-ce qu'on ne le brûle pas?

LE SOLDAT.

Ma charmante, il sera pendu auparavant.

LA JEUNE FILLE.

Ah! c'est dommage! Je suis venue de si loin pour voir! Merci, seigneur soldat!

LE SOLDAT.

A votre service, ma belle. Vous pouvez avancer encore, si vous voulez. Mettez-vous devant moi, là... vous serez plus à l'aise.

LA JEUNE FILLE.

C'est vrai. Approche donc, Marianne!... Non! Je vous en prie, ne me prenez pas la taille comme ça!... Qu'est-ce que c'est que ces deux autres qui montent à côté de Frère Jérôme?

UN SERRURIER.

Comment, vous ne les reconnaissez pas? Je ne manquais jamais un seul de leurs sermons, moi qui vous parle, dans le temps que j'étais trompé! C'est le Frère Sylvestre et le Frère Buonvicini!

LA JEUNE FILLE.

Comme ils sont pâles!

UN BOUCHER.

Dame! c'est qu'ils ont été torturés aussi, comme de juste!

LA JEUNE FILLE.

Je vous en prie, seigneur soldat, laissez-moi!... Dites plutôt ce que c'est que ces deux seigneurs qui gesticulent sur l'estrade.

LE SOLDAT.

Ma déesse, ce sont les commissaires apostoliques!... On les appelle... Ma foi! au diable! j'ai oublié leurs noms! Vous feriez bien mieux de m'apprendre où vous demeurez!

UNE VIEILLE DAME avec un chien entre les bras.

Serait-il vrai que le Révérend Père Jérôme eût été tenaillé?

UN BOURGEOIS.

Il y aurait tout lieu de le supposer. Cependant, il se

pourrait aussi que je me trompasse et que je vous induisisse en erreur, ce dont je serais désolé, je vous prie de le croire.

LA VIEILLE DAME.

Je suis bien reconnaissante de vos bontés. (Le chien aboie contre le bourgeois.) Tais-toi, mon bijou. Pardonnez-lui, messire; c'est qu'il ne vous connaît pas.

LE BOURGEOIS.

L'ordinaire de ces sortes de quadrupèdes est d'en agir ainsi. Je ne suis pas offensé, madame.

Il s'éloigne.

SUR L'ÉCHAFAUD

Les trois condamnés, l'évêque de Vaison, moines dominicains, bourreaux.

L'ÉVÊQUE.

Frère Sébastien, enlevez le saint habit de votre Ordre à cet homme!... Otez tout! ne lui laissez que la chemise! Est-ce fait?... Bien!... Et maintenant, Savonarole, je te sépare de l'Église militante et de l'Église triomphante!

SAVONAROLE.

Ce dernier point surpasse votre pouvoir!

L'ÉVÊQUE.

A-t-on dépouillé ses complices?

FRÈRE SÉBASTIEN.

Oui, monseigneur, les voici en chemise, comme lui.

L'ÉVÊQUE.

Il les verra supplicier. Bourreaux, faites votre charge!

FRÈRE SYLVESTRE.

In manus tuas, Domine.

On le pend.

BUONVICINI.

A mon tour, n'est-ce pas? Adieu, Frère Jérôme!

SAVONAROLE.

Dans un instant, veux-tu dire.

On pend Buonvicini.

L'ÉVÊQUE.

Et, de ce coup, à vous, l'hérésiarque!

Savonarole regarde la foule; les exécuteurs le saisissent.

SUR LA PLACE

UN BOURGEOIS, à sa femme.

C'était une assez belle cérémonie, et même imposante!... Mais je crois qu'il va pleuvoir... Rentrons!

LA FEMME.

Oui, mon agneau, rentrons! J'ai peur de prendre froid.

La maison de messire Nicolas Machiavel. Une salle. Machiavel est assis auprès d'une table, couverte de monceaux de livres et de papiers. — C'est le soir. — Crépuscule.

MACHIAVEL.

Pauvre Jérôme!... Ils en sont venus à leurs fins!... Ils

l'ont traqué pendant des années, et enfin ils l'ont acculé... entouré... pris... tué!... C'était la seule conclusion possible!... Cet homme-là vivait dans un rêve!... Il s'était échafaudé, dès son plus jeune âge, un poëme de religion, de pureté, d'honnêteté, de sagesse, de droiture. Parce qu'il concevait l'exercice de toutes ces belles et bonnes fantaisies comme possible, il l'admettait comme réel, et ne voyait pas que le monde en parle d'autant plus qu'il en sait moins...

Pauvre Jérôme! Parce qu'il était innocent de toutes passions extrêmes, ni joueur, ni voluptueux, ni avare, ni prodigue, ni vain, ni bouffon, il supposait les humains circulant autour de lui, parfaitement capables de s'affranchir de tout mal, et enfin parce que, face à face, il voyait la vérité, il ne concevait pas même que la plus grande partie de ses concitoyens, sinon presque tous... ah! mon Dieu! nous pouvons bien dire tous, sauf rares exceptions!... sont taillés comme les idoles des Moabites, avec des yeux pour ne pas voir et des oreilles pour ne pas entendre. On ne risque rien de leur étaler à loisir tout l'appareil des vertus! ils n'y comprendront jamais quoi que ce soit, et finiront par en rire comme des niais!

Pauvre Jérôme! Aller supposer que la candeur est mieux qu'une abstraction pure, faculté spéciale de quelques âmes isolées!... Et c'est de là, et c'est en conséquence de cette faute, de cette très-grande faute, qu'il a cherché à fonder parmi nous le règne de la paix, de la liberté, de la justice, ce que nous payons par la guerre civile, la violation des droits, les massacres, le sang sur le pavé des rues et ta mort à toi, et, pour le reste, le retour certain des Médicis! Voilà ce que c'est que de poser de fausses prémisses et de s'abuser sur la vraie nature des hommes... Tristes bêtes!

Pour moi, je n'ai guère été plus sage, et je me suis abandonné à des illusions auxquelles je dis en ce moment un éternel adieu. Mes combinaisons de liberté et d'ordre m'ont séduit un instant. Pierre Soderini voyait plus clair. Me voici corrigé. Mais désormais, au nom du ciel! que souhaiter? Notre pauvre Italie est-elle condamnée à porter à jamais le joug des petits despotes et des tyrans de carrefour? Est-elle une proie dévolue sans ressources à d'impitoyables étrangers? Ne peut-on imaginer pour elle, sans retomber dans des folies ridicules, quelque destinée supérieure à ces orgies honteuses où nous voilà vautrés! L'Italie, l'Italie, la mère de tant de grands hommes, le foyer de tant de lumières, ce faisceau de tant de forces!... Si, parmi les scélérats qui chaque jour nous ensanglantent, il se trouvait au moins un Sylla, un Octave! Dans les temps d'agitation, dans les époques convulsives telles que la nôtre, de telles rencontres sont ordinaires; elles font corps avec la nécessité. Voyons!... voyons!... Qui pourrait être ce Mahomet... ce Tamerlan... ce bandit sauveur?... Un Sforza?... Non!... Ce sont des sépulcres vides... Un Gonzaga?... Pas davantage!... Un Malatesta... un Baglione... un Bentivoglio? Tyranniser une ville au moyen de quelques douzaines de coupe-jarrets, ils n'imaginent rien de plus beau!... Assassiner, empoisonner, trahir, monter, tomber... c'est leur sort! Toujours même jeu... Mais, au milieu de cette bande impudente et féroce, j'en aperçois un pourtant... Il dépasse le reste de toute la tête... Il a d'autres visées et plus hautes. Il n'est pas moins pervers; il veut infiniment davantage, et c'est là un immense mérite!... Quelle singulière et effrayante créature!... Intelligent et rusé comme le dragon, sans foi comme le léopard, ambitieux comme l'aigle, il ne craint pas de crier tout haut à la face de nos intrigants frappés d'épouvante : *Aut Cæsar, aut nihil!* Je ne serais pas surpris qu'à travers des milliers de crimes, et sur l'amas sanglant de déconvenues amassé par la meurtrière honnêteté de Jérôme, nous fussions sauvés, quelque jour, par l'habileté et l'audace corrompues de César Borgia!

Mais quel tapage! Ah!... ce n'est rien... C'est Monna Marietta, ma femme... Elle querelle la servante... Je sors afin de ne pas être querellé moi-même; j'ai autre chose à penser.

FIN DE LA PREMIÈRE PARTIE

DEUXIÈME PARTIE

CÉSAR BORGIA

CÉSAR BORGIA

CESENA

1.502

L'esplanade devant la citadelle. — Des tentes; des baraques militaires; hommes d'armes français et italiens. — Don Michele, capitaine d'aventuriers et familier de don César Borgia, cause avec Mgr Burchard, maître des cérémonies du Saint-Père. Ils se promènent de long en large, les mains derrière le dos.

DON MICHELE.

Tandis que notre maître dicte ses dépêches, tirons à l'écart, et je vous mettrai au fait de ce que Sa Sainteté désire savoir.

Mgr BURCHARD.

Nous sommes fort bien ici. Ces Français n'entendent pas un mot de ce que nous disons.

DON MICHELE.

Vous avez raison. N'ayons pas trop l'air de chercher la solitude et de faire les mystérieux.

Mgr BURCHARD.

Don César nous semble perdu! perdu sans ressources! Ses condottieri, coalisés contre lui, ont enlevé ses places les unes après les autres! Le duché d'Urbin s'est révolté; l'ancien prince a été reçu par les peuples avec les acclamations inverses de celles qui l'avaient accompagné à son départ. Bref, le pire vous est arrivé; vous ne sauriez vous tirer de là. Voilà ce que nous pensons à Rome.

DON MICHELE.

Vous oubliez un point capital. D'où nous vient notre force?

Mgr BURCHARD.

Ah! mon Dieu, vous me direz qu'Alexandre VI est derrière vous, et que sa main vous soutient. Mais considérez...

DON MICHELE.

Un mot seulement! Alexandre VI nous avait fait cardinal; qui nous a fait prince?

Mgr BURCHARD.

Louis XII, roi de France; mais il vous retire sa protection, il se tourne contre vous, il vous menace même, nous dit-on!

DON MICHELE.

Vous n'allez pas au fond des choses. Pourquoi Louis XII nous aimait-il?

Mgr BURCHARD.

A cause du cardinal d'Amboise.

DON MICHELE.

A merveille! Nous avons promis à celui-ci la succession d'Alexandre; nous continuons à promettre. D'ailleurs, nous sommes gens utiles; nos services ont quelque poids, et, sans aller plus loin, les récentes expéditions du

Milanais et de Naples sont notre ouvrage. Dieu merci, nous avons prouvé au sac de Capoue que nous étions gens d'énergie!

Mgr BURCHARD.

Peste! vous n'y avez rien ménagé! Mais votre bonheur s'est fané comme l'herbe des champs; le voilà fauché par la main même de celui qui l'avait semé.

DON MICHELE.

Vous vous trompez. Je reviens de Milan avec monseigneur. Nos affaires sont rajustées; nous sommes en plus grande faveur que jamais; monseigneur a si bien parlé et si bien agi, qu'il n'y avait pas moyen de nous tenir rigueur sur nos petits méfaits.

Mgr BURCHARD.

Le Pape sera charmé de cette nouvelle, mais elle eût dû venir plus tôt. Il ne vous reste rien à sauver. Pendant que vous éteigniez l'incendie à droite, il gagnait à gauche et a tout dévoré!

DON MICHELE.

Voyons! voyons! monseigneur Burchard, mon bon ami! ne mettez donc pas ainsi toutes choses dans le noir!

Mgr BURCHARD.

Vos places fortes enlevées ou révoltées!

DON MICHELE.

Eh bien! nous les reprendrons!

Mgr BURCHARD.

Avec quoi? Vous n'avez plus de troupes! Les Orsini, le duc de Gravina avec Pagolo, vous louaient leurs bandes; ils ont tourné, et, de ce même coup, vous voilà brouillé avec toute leur maison !

DON MICHELE.

C'est fâcheux. Nous aurons du fil à retordre. Je regrette surtout Vitellozzo Vitelli ; c'est un grand homme de guerre ! Je ne me console pas non plus aisément de la défection d'Oliverotto da Fermo!... Mais, néanmoins, je vous le répète, rien n'est perdu.

Mgr BURCHARD.

Vous n'ignorez pas que les Vénitiens se sont déclarés contre vous ?

DON MICHELE.

Hélas! je le sais.

Mgr BURCHARD.

Les Aragonnais vont vous courir sus.

DON MICHELE.

Nous devons nous y attendre.

Mgr BURCHARD.

Il ne vous reste plus un ducat, et le Saint-Père n'est pas en situation de vous rien avancer.

DON MICHELE.

Nous pourrons toujours nous arranger avec des promesses.

Mgr BURCHARD.

Les Florentins ne manqueront pas de s'unir à vos adversaires.

DON MICHELE.

Ici vous vous trompez. Un secrétaire de la Seigneurie arrive à l'instant. Quand on négocie, on ne frappe pas.

Mgr BURCHARD.

Sainte Madone! avez-vous vu ce secrétaire?

DON MICHELE.

Je l'ai reçu moi-même et lui ai touché dans la main. Ce n'est pas un fantôme créé par l'espérance, mais bien un de nos amis, messire Nicolas Machiavel.

Mgr BURCHARD.

Vous me charmez!... Au fond, rien ne peut vous servir, je vous vois trop ruinés!

DON MICHELE.

Laissez-moi donc vous montrer les choses sous un aspect moins désolant.

Mgr BURCHARD.

Décidément vous êtes le sang-froid incarné, mais je doute que le Saint-Père vous tienne pour infaillible.

DON MICHELE.

Si, comme vous, je ne m'attachais à considérer que le bon vouloir de Louis XII, les cent lances fournies de ce brave Mgr de Candalle, que je vois là-bas mangeant sa gousse d'ail en vrai Gascon qu'il est, une poignée de compagnies italiennes qui nous restent, les tergiversations des Florentins et autres broutilles, je tomberais peut-être dans votre souci. Mais vous n'envisagez pas, non, vous ne tenez pas des deux mains, comme moi, notre véritable ancre de salut!

Mgr BURCHARD.

Et qu'est-ce donc?

DON MICHELE.

Ce que c'est?... L'indomptable énergie du Valentinois!

Tant que je le vois calme, maître de lui, inflexible, terrible, je ne saurais avoir le moindre doute, ni la moindre peur.

Mgr BURCHARD.

Don César est un grand esprit, je l'avoue! Il a des ressources! Il en a certainement de fort étendues dans son astuce...

DON MICHELE.

Dites mieux! Dans son intrépidité! Et c'est une vertu contagieuse qu'il sait transmettre à ses amis!

Mgr BURCHARD.

Pour fin politique, il l'est, et, parmi les plus fins, c'est le plus fin! Je vous concède que vous avez raison. Mais, néanmoins, ses affaires vont si mal, si mal, qu'il ferait peut-être mieux de venir se réfugier à Rome que de prétendre lutter contre le sort. C'est ce que Sa Sainteté me charge de lui proposer.

DON MICHELE.

Parlez-lui-en, et vous lirez dans son sourire ce que c'est que le mépris! Tant qu'il est debout, il n'y a pas de naufrage possible. Mais si vous m'en croyez, mettons fin à notre promenade et rentrons. Le duc pourrait s'apercevoir de notre absence, et il n'aime pas les aparté.

Mgr BURCHARD.

Je crois que vous avez raison. Quand il est inquiet, il devient, comme le Saint-Père, soupçonneux et dangereux même pour les siens.

Dans une maison de la ville. — Une chambre servant de retrait. — Don César Borgia devant une table avec des dépêches et des lettres.

LE DUC, à haute voix.

Faites entrer le seigneur Machiavel! Soyez le bienvenu, messire Nicolas! Quelles nouvelles de Florence?

MACHIAVEL.

Rien que de bon, monseigneur.

LE DUC.

Je m'en réjouis. Êtes-vous fatigué de votre voyage, ou préférez-vous me dire tout de suite l'objet de votre mission? J'ai quelques affaires pressées qui m'engagent à ne pas perdre le temps.

MACHIAVEL.

Avec la permission de Votre Altesse, j'exposerai ce dont je suis chargé.

LE DUC.

Je vous écoute.

MACHIAVEL.

Monseigneur, pendant que vous étiez à Milan auprès du roi Louis...

LE DUC.

Je vous dirai, d'abord, que les charités qu'on m'avait prêtées de ce côté-là ont disparu comme un brouillard devant mes explications.

MACHIAVEL.

Cependant, Votre Altesse avait laissé dans ses États des

troupes d'élite pour y assurer le bon ordre, et ces troupes étaient commandées par des capitaines de grande réputation.

LE DUC.

C'est un point important que de confier la puissance militaire à de bonnes mains.

MACHIAVEL.

Malheureusement, celles-ci n'étaient pas aussi fidèles qu'habiles. Poussés de la crainte de vous voir trop grandir et de n'avoir plus qu'à vous craindre, vos chefs de guerre ont fait parvenir à notre Seigneurie la nouvelle qu'alliés à Jean Bentivoglio de Bologne, à Pandolfo de Sienne et à d'autres seigneurs exilés, ils s'étaient résolus à tourner leurs armes contre vous. Ils nous demandent notre alliance, offrant de nous remettre tels territoires et telles villes qu'il nous plairait de désigner.

LE DUC.

Votre présence ici, messire Nicolas, m'apprend assez que la sagesse des Florentins ne s'engage pas dans des piéges aussi grossiers. D'ailleurs, la bonne foi des Orsini et de la maison Vitelli vous est assez connue.

MACHIAVEL.

Je suis chargé de vous assurer, Altesse, que la République n'a pas coutume de trahir ses alliés; elle est pleine de respect pour le Saint-Siége apostolique, et vous pouvez compter sur elle. D'ailleurs, elle espère que vous ne vous prêterez à aucune proposition venant des Vénitiens.

LE DUC.

C'est un point délicat dont nous causerons plus à loisir.

Rien ne presse. Mais, entre nous, messire Nicolas, entre nous, peut-on montrer plus d'étourderie, plus de forfanterie, noyé dans une plus énorme sauce de sottise que mes condottieri ne l'ont fait! M'attaquer! moi!... Et ils n'ont pas même réfléchi que c'était offenser le Pape, insulter Louis, se mettre sur les bras les Allemands, avec qui je suis on ne peut mieux! On répète que les Aragonnais me veulent du mal! Je laisse croire, Machiavel, je laisse croire!... Ces pauvres soudards insurgés se sont imaginés, les malheureux enfants, que des politiques consommés comme vous autres iraient s'enfermer avec eux dans la terrible impasse où ils se sont aventurés, et le tout pour recevoir quelques misérables bourgades impossibles à conserver! Franchement, ce n'est que ridicule au dernier point, rien davantage! Cette levée de boucliers est si impuissante que, je vous l'avoue, je n'ai jamais cru un instant me trouver dans le moindre péril!

MACHIAVEL.

La seigneurie n'a pas tout à fait considéré les choses comme Votre Altesse. Elle a vu que vous étiez désormais sans troupes; que vos capitaines, en se détachant de vous, laissaient un homme désarmé, tout à fait désarmé; que vos peuples, ne vous appartenant que depuis peu de mois, vous quittaient sans aucune peine, et même, en certains lieux, avec une joie affichée. Les Français vous rendent leurs bonnes grâces; vous me le dites, je le crois, et d'autant plus, que j'ai vu autour d'ici des troupes de cette nation marchant avec les vôtres. La Sainteté du Pape ne vous fera pas non plus défaut, c'est assez probable, et cependant elle aura peut-être fort affaire à se défendre elle-même dans Rome contre les remuements des maisons Vitelli et Orsini. Vous croyez être bien avec les Allemands, et même avec les Aragonnais; c'est, dans tous les cas, très-nouveau, et nous aurions des motifs de ne pas être de votre avis. Et tenez, monseigneur, si, par une supposition, vos capitaines, au lieu de perdre leur temps à parlementer dans le pays de Pérouse, à raisonner, contre-raisonner et déraisonner, si Pagolo, Vitellozzo, Oliverotto, les Gravina, les Petrucchi, les Baglioni et les autres s'étaient simplement emparés de votre personne pendant que vous étiez seul, dénué, surpris à Imola, il n'est pas facile de voir comment vous vous seriez tiré d'intrigue. C'est là ce qu'on a pensé à Florence, et pour quelle raison on a supposé que notre secours ne vous serait pas importun; mais, si l'amitié de mes magnifiques seigneurs a fait ici fausse route et s'est inquiétée à tort, vous voudrez bien l'excuser pour l'intention.

LE DUC.

Nous parlerons tout à fait à cœur ouvert! Rien ne pouvait m'être plus agréable que votre venue, et vous en remercierez ceux qui vous ont envoyé. Je n'étais pas l'autre jour, à Imola, aussi embarrassé que vous paraissez le croire. J'avais, croyez-moi, plus d'une corde à mon arc! Je me connaissais, non pas des moyens de salut, mais des certitudes de triomphe! Pourtant, la situation, je ne le nierai pas, était autre, sur quelques points, que je l'eusse souhaitée. Tout a changé, désormais. L'arbitre, le maître, c'est moi! Voulez-vous, mon cher Machiavel, qu'un projet avorte? Faites-le exécuter par une coalition d'hommes; ce n'est pas trop de toute la concentration de volonté d'un seul pour produire cette chose difficile, une action. Or, ils se sont mis à plusieurs pour cabaler contre moi; j'ai cet avantage sur eux de n'avoir que moi pour déterminer ma défense. Me voilà à la tête d'une forte cavalerie italienne qu'on m'a laissé le temps de ramasser, de cinq cents lances françaises qu'on m'a laissé le temps d'appeler, et, ce qui est plus précieux de beaucoup, avec l'amitié des Florentins à qui l'on a laissé le temps de mûrir. Vous ne me sauvez pas, sans doute, mais vous me servez fort à propos.

MACHIAVEL.

La magnifique Seigneurie trouvera le châtiment des parjures très-mérité, pour sévère qu'il puisse être.

LE DUC.

Il n'est question de rien de pareil. Dans certains cas, la douceur est de commande. Non pas qu'il y ait scrupule à punir des traîtres et des assassins notoires comme Vitellozzo et Oliverotto; l'Italie est tout ensanglantée de leurs crimes. Néanmoins, j'ai les intentions les plus conciliantes... Bautista!... Bien!... Conduis le seigneur secrétaire à mon maître de chambre. Qu'on lui donne bon logis et tout ce qui peut lui plaire. Messire Nicolas est mon ami particulier.

BAUTISTA.

Oui, Altesse.

MACHIAVEL.

Je suis confus de vos bontés, monseigneur.

LE DUC.

Adieu.

LE DUC, seul.

Les Florentins!... Ils viennent bien à propos à mon aide!... Si je n'y prenais garde, ils auraient tôt fait de tordre ce service en licou, et j'en serais étranglé en temps et lieu. Leur subite amitié n'est que l'envers de leur haine contre les Orsini. Ils me croient moins solide, partant moins dangereux que cette vieille famille... Un champignon n'a pas de racines, et ne pousse jamais si haut qu'un chêne... et ils me prennent pour un champignon! A dater d'aujourd'hui, j'aurai à me défier de Florence plus que par le passé!... Holà! Giovan-Maria!

GIOVAN-MARIA.

Que vous plaît-il, Altesse?

LE DUC.

Va voir où sont don Michele et Mgr Burchard. Qu'ils viennent me parler.

GIOVAN-MARIA.

Ces deux seigneurs attendent votre bon plaisir.

LE DUC.

Qu'ils entrent donc!

<small>Entrent don Michele et Mgr Burchard.</small>

Nos affaires vont mieux, mais pas si bien que le danger ne demeure immense.

Mgr BURCHARD.

Les Florentins ont député vers Votre Altesse. Êtes-vous assuré de ce côté?

LE DUC.

Assez, et sur ce fondement nous allons bâtir. Toi, cours d'une traite à Bologne; tu ne retourneras à Rome auprès du Saint-Père que lorsque je t'y renverrai. A Bologne, tu verras ce qui pourrait plaire à Jean Bentivoglio pour le détacher de la ligue. Ne marchande pas; offre ou accorde. Nous verrons plus tard à tenir ou à ne pas tenir tes engagements. Toi, Michele, vas auprès des condottieri, et... voici les instructions que je venais d'écrire quand ce Florentin est arrivé. Tu ne manqueras pas de faire miroiter cette nouvelle alliance, et tu en tireras tout le parti possible.

DON MICHELE.

Altesse, j'agirai de mon mieux.

LE DUC.

L'un et l'autre, écrivez-moi aussitôt que vous aurez réussi à vous faire seulement écouter. L'adversaire qui discute n'est pas résolu. Il doit être mis dessous tôt ou tard. Allez! Si j'échappe à cette tempête, la plus violente qui m'ait jamais assailli, je resterai maître de toute la Romagne.

DON MICHELE.

Non, monseigneur, de toute l'Italie!

LE DUC.

C'est possible. Je ne sais vraiment ce qui me serait le plus agréable, régner sur un si bel empire, chasser jusqu'au dernier de ces misérables barbares gaulois et tudesques, ou bien pendre ces ducs, princes ou podestats de l'ancienne fabrique! Ils ne comprennent rien aux nécessités des temps nouveaux, les imbéciles! Ils me criblent de leurs injures comme un taureau espagnol peut l'être de banderilles!

DON MICHELE.

Tout bonheur vous viendra d'un seul coup, et parfait comme la félicité céleste! Je baise les mains de Votre Altesse!

Mgr BURCHARD.

Et moi de même.

LE DUC.

Allez! Ne me ménagez pas les courriers ni l'un ni l'autre!

SINIGAGLIA

Le camp des condottieri.— La tente du conseil des chefs. Autour d'une grande table sont assis Vitellozzo, Vitelli, Oliverotto da Fermo, le seigneur Pagolo Orsini, le duc de Gravina, capitaines des aventuriers.

GRAVINA.

La paix! Ne nous querellons pas! Tous nous avons eu raison, tous nous avons eu tort! Moi le premier! Il fallait prendre César quand nous le tenions à Imola, et le tuer! Mais nous diviser maintenant serait une faute encore plus grande!

PAGOLO, donnant du poing sur la table.

Et moi, je vous dis que rien n'est même compromis! Par Dieu! nous commandons à dix mille hommes de guerre, et ce ne sont pas quelques méchantes lances françaises qui feront peur à un homme de ma maison!

OLIVEROTTO.

Je suis de votre avis; j'occupe les avant-postes avec ma compagnie, cinq cents chevaux et mille archers! Que le Borgia s'avise de me tâter, il sera glorieusement reçu!

VITELLOZZO.

Voilà bien des rodomontades! La vérité pure est que nous n'avons rien fait de ce que nous avions imaginé. Le Valentinois est vivant, et il devrait pourrir à cette heure à six pieds sous terre! Mais point! Nous avons bavardé au lieu d'agir, et l'ennemi se moque de nous. Le Bentivoglio, qui nous promettait son aide, fait le mort; Guidubaldo reçoit des félicitations à Urbin, et n'agit pas. Les Florentins ne nous ont pas même répondu! Pour moi, je vous le déclare, j'augure fort mal de l'avenir!

PAGOLO.

Veux-tu que je sois franc? Tu m'assommes avec tes jérémiades! Quand des aventuriers ont la cuirasse au dos et l'épée au flanc, de tels airs pleureurs sont à faire pitié!

VITELLOZZO.

Toutes tes violences et tes vantardises ne changent rien à la réalité des choses. Quand tu seras pendu, roué ou empoisonné, il te siéra bien d'avoir fait le fou!

GRAVINA.

La paix! la paix, mes compagnons! Ne vaudrait-il pas mieux consulter amicalement entre nous sur le meilleur et plus sûr parti à prendre?

VITELLOZZO.

Il se lève et marche avec agitation à travers la salle en levant les bras au ciel.

Par le ciel! que les hommes sont aveugles! comme ils courent à leur perte avec emportement! Quelle frénésie nous a été prendre de nous jeter de gaieté de cœur dans une entreprise si mal combinée!

OLIVEROTTO.

Bah! rien n'était plus raisonnable, ni même plus nécessaire! Nous sommes à la solde du Valentinois, c'est vrai; mais pourquoi faire? Il lui est permis de posséder les terres de nos conquêtes, mais nous devons les occuper et y dominer. C'est ainsi que nous avons compris les choses! Nous commandons à nos hommes; il leur faut une solde, il nous la fournit! Rien de plus simple! Mais les maîtres vrais, c'est nous; je ne lui permets pas de se donner les airs de l'oublier, et voilà qu'il prétend jouer au souverain? Allons donc!

PAGOLO.

C'est mon avis. Vous parlez comme un évêque, Oliverotto. De l'argent et du plaisir pour nos hommes! du plaisir et de l'argent pour nous, et le diable pour tout le monde! Des capitaines d'aventure ne doivent chercher, vouloir et tolérer que ce régime!

OLIVEROTTO.

Et nous avons eu mille fois sujet de nous fâcher en voyant ce Valentinois chercher son intérêt et non pas le nôtre! Comment donc? Il veut gouverner? trancher du prince, du vrai prince?

VITELLOZZO.

Il est certain qu'il coupe la gorge à ses officiers quand ils pillent le manant pour eux-mêmes et non pour lui!

PAGOLO.

Ses officiers, il en est bien le maître; mais il m'a osé faire à moi les menaces les plus inconvenantes sur l'incendie d'un village! Un César Borgia! Un homme de néant, un faquin, de la boue qui veut devenir un petit Sforza!

GRAVINA.

Celui-ci, du moins, était condottiere, s'il n'était pas gentilhomme!

OLIVEROTTO.

Ah! vous êtes loin de compte avec le bâtard d'Alexandre VI! D'ailleurs, je me moque de ce qu'il est ou n'est pas! Ni sceptre, ni loi! Notre bon plaisir, c'est assez! Nous ferons bien de ne pas renoncer à nos plans!

VITELLOZZO.

Quels sont-ils, vos plans?

PAGOLO.

Eh bien, mort-Dieu! nos plans... ce sont toujours nos plans! Réduire le Valentinois au rôle de valet, rien de plus. S'il résiste, il est cassé, voilà nos plans!

VITELLOZZO.

D'accord; mais ils sont manqués! Vous n'avez eu ni décision, ni fermeté, ni promptitude!

OLIVEROTTO.

Le diable t'étrangle!

GRAVINA.

Je vous en conjure, du calme, du calme! Mettons-nous d'accord! Voyons! décidons quelque chose, si peu que ce soit!

Entre un officier.

L'OFFICIER.

Excellences, le capitaine don Michele arrive du camp du Valentinois. Il voudrait être introduit auprès de vous.

PAGOLO.

Tiens! C'est Michele? le petit Michele? C'est un brave garçon!

VITELLOZZO.

Oui, l'âme damnée de son maître!

GRAVINA.

Je suis curieux de savoir ce qu'il peut avoir à nous dire.

VITELLOZZO.

Si vous l'écoutez, il va escalader votre confiance en accumulant menteries sur faussetés, comme jadis les Titans ont monté jusqu'au ciel en jetant Pélion sur Ossa! Je ne veux pas le recevoir!

OLIVEROTTO.

Si fait, moi! Introduisez le seigneur don Michele!

Michele entre et embrasse les quatre capitaines les uns après les autres.

MICHELE.

Bonjour, bonjour, illustres seigneurs, mes bons, mes excellents maîtres! Je suis ravi de vous voir tous en si bon point!

LES CAPITAINES.

Merci, don Michele! Vous êtes de même, ce semble?

DON MICHELE.

Ah! bien tourmenté, je vous jure! Depuis que vous et lui avez l'air de ne plus vous entendre, monseigneur est fort triste et nous fait passer une vie très-mélancolique.

PAGOLO.

Que la peste étouffe votre monseigneur! C'est un homme sans foi!

DON MICHELE.

En quoi donc, je vous prie?

PAGOLO.

N'est-il pas clair qu'il veut jouer au despote, et quand,

avec notre secours, il se sera rendu tel, nous aurons sur les bras toutes les puissances de l'Italie, et pour pire adversaire celui-là même qui, nous devant tout, fera sa paix à nos dépens?

DON MICHELE.

Comme je ne suis pas venu ici pour vous bercer d'illusions, ni répondre en l'air à des incriminations imaginées, mettons de l'ordre dans nos discours, je vous prie. Seigneur Pagolo, en commençant par vous, que signifient vos plaintes? Votre solde n'est-elle pas payée régulièrement et même avant les termes?

PAGOLO.

Je.....

DON MICHELE.

Pardonnez-moi, mon bon, mon aimable Pagolo! Vous me répondrez tout à l'heure ce que vous voudrez, tout ce que vous voudrez et aussi longuement qu'il vous conviendra; mais, d'abord, sachez bien à qui vous avez affaire en ma personne; c'est pourquoi il faut que je m'explique. Ah! je suis un homme franc, sincère, loyal, tout droit, simple et sans ambages! Je vous le jure par l'amitié véritable que j'ai pour vous, et par mon salut éternel que je ne voudrais pas manquer! Pourquoi donc irais-je vous dire telle chose qui ne serait pas rigoureusement exacte? Ayez confiance en moi tous les quatre, et laissez-moi vous parler d'abondance de cœur! Non, Pagolo, non, mon compagnon, le duc ne vous a pas fait le moindre tort; au contraire, il vous a singulièrement chéri et honoré, et c'est aussi ce qu'il fait à l'égard de la maison Orsini et de la maison Vitelli. Ainsi, ce que je vous atteste pour vous, je le jure également pour ces autres capitaines. Vous n'avez rien à reprocher à mon maître quant au passé!

OLIVEROTTO.

Je vous demande mille fois pardon, Michele, mais...

DON MICHELE.

Patience! patience! Laissez-moi finir! Dans le passé, je vous le répète, rien ne vous a offusqué; mais l'avenir? Ah! vous craignez l'avenir? Vous croyez le duc tellement ambitieux de régner seul, qu'il pourrait lui arriver de méconnaître vos services?

GRAVINA.

Ce ne serait pas impossible.

VITELLOZZO.

Pour moi, je ne m'en étonnerais pas.

DON MICHELE.

Moi, je m'en étonnerais beaucoup. A part la question d'ingratitude, ce serait tellement absurde et maladroit... Raisonnons un peu. Le duc est soutenu par les Français?

OLIVEROTTO.

Comment, soutenu? Ce sont eux qui l'ont créé du limon comme Dieu a fait Adam!

DON MICHELE.

Oui, mais qu'est-ce qu'a fait Adam? Il a tout de suite comploté contre Dieu, parce qu'on n'aime jamais son créateur; c'est un maître trop humiliant. Comprenez-vous cela?

VITELLOZZO.

Pour se défendre des Français, il compte sur le Pape.

DON MICHELE.

Et sur l'immortalité du Pape, compte-t-il aussi? Alexandre VI vivra-t-il toujours? Nous garantissez-vous ce point? Non! Alors, suivant vous, quand on descendra Sa Sainteté dans la fosse, nous sommes d'accord d'y aller nous-mêmes nous y coucher? Vous vous trompez, nous voulons vivre, et, pour le faire et régner, nous comptons sur vous et sur nul autre!

PAGOLO.

Voilà du neuf.

DON MICHELE.

Je suis peut-être trop sincère, et je vous prie, en tous cas, de ne pas répéter mes paroles au Valentinois. Elles doivent rester entre nous. C'est parfaitement exact, ce que je vous affirme là. Nous ne voulons pas, nous ne cherchons pas d'autres amis que vous! Car, à vous dévoiler toute ma pensée, il viendra bien un temps où il nous faudra rompre avec les Florentins, si bien que nous soyons ensemble pour l'heure présente.

LES QUATRE CAPITAINES à la fois.

Que nous racontez-vous là? Vous êtes bien avec les Florentins? En êtes-vous sûr?

DON MICHELE.

Ma foi! Un de leurs secrétaires, messire Nicolas Machiavel, est chez nous en ce moment. Il vous est facile de vous en assurer, et...

PAGOLO.

Pourquoi vous arrêtez-vous? Allons! Michele, pas de réticences! Nous avons toujours été des amis!

DON MICHELE.

Non! je ne dois pas vous dire ce que j'avais sur la langue. Je me laisse trop aller avec vous! Vous ne manqueriez pas de répéter au Valentinois quelque chose de mes paroles. Si peu que ce soit, ce serait déjà trop pour ma sûreté!... Non!... Changeons de propos!... Ne me pressez pas, je vous en prie!... Voyons! C'est ma perte que vous cherchez là!... Encore une fois et cent fois, non!... Mes amis, je vous en prie!... entendons-nous! Je ne vous raconterai qu'un détail... un seul... Vous me jurez d'être discrets?

LES QUATRE CAPITAINES.

Sur notre honneur et sur tous les Évangiles!

DON MICHELE.

Dieu! que j'ai eu tort de me laisser aller!... C'est par messire Nicolas que nous avons appris vos propositions d'alliance aux Florentins. Ils ont envoyé au Valentinois vos lettres mêmes, et offert de l'argent et des troupes; ils ont écrit à Jean Bentivoglio que s'il avait le malheur de vous tenir parole, ils agiraient immédiatement contre lui. Voilà ce que je vous confie... Vous n'en saurez pas davantage, dussiez-vous me prier jusqu'à demain. D'ailleurs, tout ceci me fait une peine extrême!

VITELLOZZO.

Je ne vois pas ce qui t'afflige tant! Les Bolonais, à t'entendre, nous trahissent; les Florentins sont des Judas, vous avez à vos talons un corps entier d'hommes d'armes ; te moques-tu de nous avec tes mines ?

DON MICHELE.

Et dans six mois, que deviendrons-nous ? Vous allez, sans doute, avec tant d'adversaires sur les bras, être anéantis d'ici à quelques jours. Toutes les villes vous détestent, et, dussiez-vous tourner Espagnols, les chemins vous sont coupés. Mais nous ? qu'allons-nous devenir entre les mains de tant de protecteurs ? Ah ! vous avez eu bien tort de vous mutiner. C'est justement le cas de citer l'apologue de Ménénius.

PAGOLO.

Enfin, le mal est fait.

VITELLOZZO.

Si l'on m'avait écouté !

OLIVEROTTO.

Vous plaisantez, messire Vitellozzo ! Vous étiez le plus acharné !

VITELLOZZO.

Je vous déclare qu'il ne faut pas prendre avec moi de ces airs arrogants ! Vous vous oubliez !

GRAVINA.

De la douceur ! de la concorde ! Je vous prie, ne nous querellons pas !

DON MICHELE.

En effet, vous avez bien assez querellé ! Ce qu'il faudrait maintenant, c'est s'entendre.

VITELLOZZO.

Le passé est passé. Nous aurions peut-être agi plus

sagement en nous tenant tranquilles; mais il n'y a pas de folie qui ne fût moindre que celle de nous laisser tromper. Je connais les cajoleries du seigneur Borgia! je les connais! je les connais! Il ne voit dans le monde entier ni amis, ni ennemis, mais seulement des marionnettes, et pas une seule n'a été mise en mouvement par lui sans avoir été cassée.

DON MICHELE.

Peut-être avez-vous raison; en ce cas, faites-lui la guerre! D'un côté, voilà le Pape, le Roi, les Florentins; demain, les Bolonais; après-demain, toutes les villes, toutes les communautés, toutes les factions, tous les seigneurs de la Romagne, y compris votre associé Petruccio de Sienne, et même Giampagolo Baglioni de Pérouse. De l'autre, j'aperçois les maisons Vitelli et Orsini; encore faut-il compter que les plus sages d'entre vous sont à Rome, sous la main du Pape. Peut-être réussirez-vous.

PAGOLO.

Il n'y a pas huit jours, nous avons battu vos gens à Fossombrone.

DON MICHELE.

Alors, continuez à nous battre.

OLIVEROTTO.

En supposant un instant que nous fussions enclins à composer, aurais-tu quelque proposition raisonnable à nous faire? Je dis des propositions propres à nous mettre à l'abri, je dis absolument, complétement à l'abri de la rancune du plus rancuneux des hommes?

DON MICHELE.

Je ne comprends pas bien quel danger vous pourriez

courir, étant, comme je vous vois, à la tête de vos propres troupes. Vous n'avez pas, j'imagine, l'intention de vous en séparer?

GRAVINA.

Certainement non! Mais vous aussi, vous avez des troupes, et si, par une confiance mal placée, nous allions nous laisser surprendre...

DON MICHELE.

En ce cas, je vous le répète, c'est nous qui resterions à la merci de nos étrangers, et je croyais vous avoir fait sentir notre répugnance à cet égard. Puis, ce que vous avez fait n'a pas autant fâché le duc que vous vous amusez à le croire. Il ne s'est pas cru en grand péril; il a bien remarqué que vous l'avez ménagé à Imola; en outre, il connaît de longue main les dispositions haineuses des Florentins envers vos familles. Au fond, il considère votre conduite comme une franche étourderie de braves soldats très-peu avisés. Vous n'êtes pas forcés, messires, d'être de profonds et prévoyants politiques. Voulez-vous une plus grosse solde, une cour brillante, de belles fêtes, bon visage? Revenez à nous; on vous tend les bras. Surtout, ne vous montez pas l'imagination; vous n'êtes pas de beaucoup de si grands coupables que vous le craignez!... Maintenant, en attendant que vous ayez pris un parti, je vous avoue que j'aimerais bien avoir à souper...

PAGOLO.

Je t'emmène à mon quartier, si tu veux.

DON MICHELE.

Non! non! Ne vous dérangez pas pour moi! Restez à vous consulter; le premier venu m'indiquera le chemin.

######## GRAVINA.

Pagolo peut aller avec vous. Nous aurons le temps de parler de toutes ces affaires ce soir ou demain matin. Voilà assez de casse-tête pour une fois.

######## VITELLOZZO.

J'avoue que la cervelle me bout; je n'en puis plus.

######## DON MICHELE.

Ah! mes chers seigneurs, mes amis, mes bons amis, vous n'oublierez pas vos promesses, n'est-ce pas? Vous ne révélerez pas au duc les indiscrétions que j'ai commises? J'ai parlé d'abondance, vous le savez! assez imprudemment, et pourtant sans mauvaise intention, le ciel m'en est témoin!

######## LES QUATRE CAPITAINES.

Sois tranquille, nous ne dirons rien, vieux renard!

CESENA

Le cabinet de don César Borgia. — Le duc, plusieurs affidés, courriers et secrétaires. Quelques-uns écrivent rapidement des dépêches; les autres sont debout et entourent leur maître.

LE DUC.

Pas de courriers?

UN SECRÉTAIRE.

Non, Altesse, pas encore !

LE DUC.

Qu'on m'avertisse aussitôt qu'il en viendra un. Ne perdons pas de temps. Antonio, tu es prêt?

ANTONIO.

Oui, Altesse, mon cheval est à la porte.

LE DUC.

Va trouver de ma part les paysans de l'Apennin. Tu t'adresseras de préférence aux Cerroni, et, parmi ceux-ci, aux familles Ravagli. Si les Rinaldi veulent t'écouter, naturellement tu les recevras bien; mais j'ai plus de prise sur les autres. Somme toute, ne néglige personne, et fais-moi le plus d'amis que tu pourras.

ANTONIO.

Oui, monseigneur.

LE DUC.

Promets de l'argent, promets des libertés, promets des

vengeances surtout, et le pillage des villes qui, ne se soumettant pas tout de suite, me forceraient de les prendre d'assaut.

ANTONIO.

Oui, monseigneur. Le paysan aime bien piller les villes.

LE DUC.

Sers-le à sa fantaisie. Aie soin de caresser les barons aimés des paysans, et amènes-en à notre cause le plus que tu pourras.

ANTONIO.

Je les connais tous, et en leur faisant espérer la ruine des aventuriers...

LE DUC.

Fais pour le mieux, je t'avoue dans tout; pars. A toi, Alfonso!

ALFONSO.

Me voici, monseigneur.

LE DUC.

Va à Forli. Il faut m'y concilier les Guelfes, et, pour cela, offre-leur ma protection contre les Gibelins. Comme ceux-ci sont les plus forts, attirons à nous ceux qui ont le plus besoin d'alliance. Tu feras de même en passant à Faënza et à Ravenne, mais tout au rebours à Rimini, où les Guelfes dominent. Là, tu travailleras surtout chez les Gibelins. Va maintenant! Vous autres, vous avez vos instructions?

PLUSIEURS AFFIDÉS.

Oui, monseigneur!

LE DUC.

Allez donc! et réussissez !

Ils sortent.

Toi, Martino, je vais t'envoyer à Urbin. Voilà ce qu'il te faudra faire pour qu'on me tue ou me chasse Guidubaldo. Écoute bien.

Sur l'esplanade. — Les hommes d'armes et les archers français jouent aux quilles et au cheval fondu.
Un homme d'armes se promène avec deux archers à la même place où étaient don Michele et Mgr Burchard.

L'HOMME D'ARMES.

Moi, je te dis que les Eyquem sont une des bonnes familles de Bordeaux, et quand le père a acheté le château de Montaigne, tout le monde a dit : Tant mieux, c'est une bonne race!

PREMIER ARCHER.

Oui, mais non pas une des premières de la ville. Les Lestonnac sont beaucoup plus anciens !

DEUXIÈME ARCHER.

Ils peuvent être anciens, mais les Colomb le sont encore davantage. C'est ce que j'ai toujours entendu dire à mon père.

TROISIÈME ARCHER.

Je n'ai rien contre. Il paraît qu'ils ont eu des maires et des jurats de leur nom au temps des Anglais !

L'HOMME D'ARMES.

On me l'a assuré aussi ! C'était là un bon temps que

celui des Anglais! La ville ne payait point d'impôts, il n'y avait point de gabelles, et le vin ne coûtait quasi rien du tout!

DEUXIÈME ARCHER.

Est-ce que tu vas tourner Anglais maintenant?

L'HOMME D'ARMES.

Par le cap Saint-Fort! je tournerais ce qu'on voudrait, pourvu qu'on me laissât rentrer à Milan, où j'ai laissé une petite demoiselle assez contente de ma moustache.

TROISIÈME ARCHER.

Le fait est qu'on ne s'amuse guère ici; on ne se bat presque pas, et c'est à périr d'ennui que de voir du matin à la nuit les figures jaunes de ces bélîtres d'Italiens. Des gens bêtes à faire plaisir! Ça ne comprend pas un mot de français, ça ne boit pas, ça ne danse pas, ça a juste autant d'esprit que mon cheval!

DEUXIÈME ARCHER.

Hohé, Jeannot, amuse-toi, mon garçon! Tiens! voilà pour te remettre en bonne humeur!

Il lui jette son chaperon par terre; les archers et l'homme d'armes se poussent et se battent en riant aux éclats.

SINIGAGLIA

Le camp des aventuriers. — La tente de Pagolo Orsini.

Pagolo vient de souper avec don Michele. Des valets desservent et se retirent.

DON MICHELE.

Vous avez tous la tête montée, et aucun ne voit les choses comme elles sont. Le duc n'est pas l'homme le plus tendre du monde, c'est vrai; mais il n'en est pas non plus le moins sage, et c'est pourquoi il ne se soucie pas, en vous traitant à la rigueur, de perdre ce que vous lui valez.

PAGOLO.

Si nous l'écoutons, nous périssons! Tu ne me prouveras jamais le contraire. Vitellozzo n'a pas tort là-dessus.

DON MICHELE.

Vitellozzo est un âne qui se croit un lion, parce qu'il joue du couteau comme personne. C'est un joli talent, mais qui ne suffit pas à tout. Revenons à nos affaires. Tu crois donc que le duc te veut beaucoup de mal?

PAGOLO.

Oui, je le crois!

DON MICHELE.

En voici la preuve. Il t'envoie cette chaîne.

PAGOLO.

Peste! Rubis et saphirs! jolie monture! travail florentin! Me trompai-je?

DON MICHELE.

Tu as le goût fin pour un soudard.

PAGOLO.

Vous voilà bien, vous autres gens de cour! Vous croyez que vous seuls avez le droit d'aimer les muses divines et de comprendre le vrai beau! Si cette chaîne n'est pas l'œuvre du Robetta, ce qui m'étonnerait bien, je te parie ma Vénus, le tableau le plus parfait de Guido de Bologne, contre ta verrière de Guillaume de Marseille, que c'est de la façon de Giovanni di Goro!

DON MICHELE.

La verrière t'appartient, car la chaîne est, en effet, du Robetta. Nous savons choisir à la cour, conviens-en!

PAGOLO.

Comment se porte le comte Castiglione?

DON MICHELE.

Toujours fidèle serviteur de la maison Orsini!

PAGOLO.

Nous l'aimons pour de tels sentiments. Mais je n'en puis plus. Toute une journée à cheval, visitant les postes! Quel ennui que ces mésintelligences! Allons nous coucher, veux-tu?

DON MICHELE.

Si je veux? Je dors debout!

PAGOLO.

Si tu écris au duc ce soir, ne manque pas d'assurer Son Altesse qu'on l'a bién trompée sur mon compte... Mais, non, là, ne lui dis rien du tout!... Je ne veux pas qu'il puisse croire...

DON MICHELE.

Allons, grand enfant! Je lui dirai que tu es son ami, comme il est le tien. Bonsoir!

CESENA

Le cabinet du Valentinois. — Don César Borgia; Machiavel; Bautista.

BAUTISTA.

Monseigneur, c'est une dépêche.

LE DUC.

Eh bien! donne-la!... Messire Nicolas, je ne veux pas que la seigneurie de Florence ignore aucun détail de ma contestation avec mes condottieri. Voici ce que don Michele m'écrit.

Il donne la dépêche à Machiavel, qui la lit.

Vous voyez que Pagolo Orsini est en voie de pacifier et de ramener ses compagnons. Vitellozzo résiste; pourtant, il marchera comme les autres... il viendra comme les autres... je l'aurai, là, à moi, messire Nicolas, comme les autres!

MACHIAVEL.

Je le vois bien, Altesse! il y viendra! ils viendront tous!... A chaque minute leur cœur tombe plus bas, et leur tête... ah! leur tête est déjà partie! Je vois qu'ils vous proposent de vous unir à eux pour nous faire la guerre.

LE DUC.

Ils ne savent qu'inventer!... Prévoyant mon refus, ils m'offrent une autre combinaison.

MACHIAVEL.

De prendre et de vous donner Sinigaglia?

LE DUC.

Je vais leur répondre de sommer la place et que j'arrive à leur aide, et, en effet, j'irai.

MACHIAVEL.

Avez-vous assez de monde pour être en sûreté entre les mains de ces gens-là?

LE DUC.

Assez de monde?... Je leur ai fait dire (car c'étaient eux qui avaient peur!) que j'allais tout renvoyer d'auprès de moi, sauf la compagnie de M. de Candalle et un petit nombre de gendarmes italiens. Je leur ai tenu parole. Il y a une heure, tout est parti.

MACHIAVEL.

Vous allez ainsi vous risquer, monseigneur?

LE DUC.

Il est des moments où l'endroit le plus sûr de la terre, c'est là, devant le muffle du lion! Un jour vous le comprendrez. Vous êtes jeune encore.

MACHIAVEL.

Je suis curieux des sentiments que vous allez montrer à ces traîtres!

LE DUC.

Toute douceur, messire Nicolas, toute mansuétude! Vous riez?

MACHIAVEL.

Je souris, Altesse, du peu d'accord entre le miel de vos paroles et le feu de vos regards.

LE DUC.

Les affaires sont de grandes choses, messire Nicolas; il ne faut pas s'y porter mollement. Qu'est ceci, Bautista?

BAUTISTA.

Monseigneur, un billet!

LE DUC, lisant.

Ma foi! notre jeu marche bon train! Le Bentivoglio m'offre son amitié et une alliance de famille.

MACHIAVEL.

Le seigneur Jean n'est, cependant, pas très-porté aux affections domestiques.

LE DUC.

C'est un homme de main. Il a bravement décousu en une nuit la meute de son adversaire. Deux cents chiens courants d'un coup! Cela ne laisse pas que de faire honneur à un marcassin. Mais ces gens des vieilles familles trahissent toujours, par quelque côté, la créature décrépite! Il ne suffit pas de savoir daguer et faire daguer! Le Bentivoglio manque de cervelle, et n'a su jamais retenir une idée qui ait de la suite... Voyez! il lâche la main de mes aventuriers!

MACHIAVEL.

Vous avez fait un beau chemin cette semaine!

LE DUC.

Assez beau! Ne nous arrêtons pas au milieu. Marchons droit, ferme et vite... On sonne le boute-selle. Nous partons tout de suite pour Sinigaglia.

MACHIAVEL, songeur.

C'est très-probable... très-probable... ces gens-là seront assez fous pour vous attendre.

LE DUC.

Comment! s'ils m'attendront!... Ils vont venir à ma

rencontre, n'en doutez pas! Le destin mène l'homme ou le traîne. Je les ai dupés vingt fois, trompés cent fois! Ils savent combien peu les considérations secondaires pèsent dans ma main. Voyez-les pourtant! Comme à chaque minute leur raison chancelle davantage! Les Florentins ne veulent pas d'eux! Hier matin, leur ami Guidubaldo a pris peur devant les flammes de mes provocations; il s'est enfui d'Urbin. Voici le Bentivoglio qui leur tourne visage. L'inquiétude les grise, mes quatre braves! Don Michele les travaille; il étourdit Gravina avec des raisonnements, Vitellozzo avec des caresses, Pagolo avec des présents, Oliverotto avec des menaces sourdes et des promesses fourrées; tous ensemble, il les embobeline dans des protestations, et, ce qui est miraculeux, mais, croyez-moi, certain, assuré, raisonnable, démontré en pareil cas, bien que ces quatre sacripants sachent à point nommé le cas qu'ils devraient faire de mes avances et de ma pitié, ils viendront, ils viendront, vous dis-je, en courant, se jeter entre mes jambes; rien ne peut les en sauver. Leur tempérament et le ciel le veulent ainsi!

MACHIAVEL, se caressant le menton.

Le monde est d'une étude vraiment intéressante.

LE DUC.

Allons, c'est assez divaguer. A cheval! Nous nous arrêterons à Fano. Je suppose que c'est là que viendront m'implorer nos adversaires.

MACHIAVEL.

A vos ordres, monseigneur.

SINIGAGLIA

La tente des Orsini. — Pagolo, Vitellozzo, Vitelli.

VITELLOZZO.

La ville est prise; mais le château ne consent à se rendre qu'au Valentinois en personne. Veux-tu que je te dise mon sentiment?

PAGOLO.

Je t'écoute.

VITELLOZZO.

Le coquin de gouverneur a été avisé par le duc lui-même d'en agir ainsi. Il s'entend avec le Borgia.

PAGOLO.

Tu vois de la ruse partout; peut-être as-tu raison. Mais que faire? Puisque nous sommes rentrés à la solde du Borgia, nous ne pouvons discuter des déclarations semblables.

VITELLOZZO.

Le résultat va être qu'ayant stipulé avec Michele que nous resterions dans notre camp et lui dans le sien, nous allons nous trouver sous sa griffe, car, certainement, il va venir.

PAGOLO.

C'est évident. Je me console en pensant que cette situation critique ne peut pas se prolonger. Je l'avoue, je suis inquiet; j'aime mieux savoir tout de suite à quoi m'en tenir. Le duc, j'espère, n'a que de bonnes intentions.

VITELLOZZO.

Quels sont les motifs de ton espérance?

PAGOLO.

Pourquoi veux-tu qu'il aille se brouiller tout de bon avec les quatre premiers condottieri de l'Italie? Notre appui, notre protection vaut de l'or! Nos têtes, une fois coupées, ne vaudraient rien. Puis, nous avons derrière nous ces deux grandes, illustres, puissantes maisons des Vitelli et des Orsini, les plus éclatantes du pays romain et, partant, du monde entier. Que de cardinaux, d'évêques, de seigneurs qu'il ne ferait pas bon d'irriter!

VITELLOZZO.

Si une fois je suis massacré, il m'est de peu que celui qui l'aura fait ait commis une imprudence.

PAGOLO.

Bah! l'imprudence, c'est de tout prévoir. Suivons-le courant; avec de l'adresse, nous le fendrons de biais et nous en sortirons.

VITELLOZZO.

Je ne saurais dire autre chose, sinon que j'ai l'esprit frappé.

PAGOLO.

Alors tu périras, et non pas moi qui ai confiance.

Trompettes. — Entrent Gravina, Oliverotto et don Michele.

GRAVINA.

A cheval! Nos escadrons sont sur pied!

PAGOLO.

Qu'y a-t-il ?

GRAVINA.

Le duc arrive. On voit ses coureurs.

VITELLOZZO.

Michele! Michele!... Tu nous trahis, infâme!

DON MICHELE.

Comment! Je vous trahis? Expliquez-vous, messire! Est-ce moi qui décide?

OLIVEROTTO.

Il a raison. Gravina et moi avons fait sonner le boute-selle. Puisque le château ne veut se rendre qu'au Borgia, il est simple que celui-ci arrive. C'est un incident imprévu, voilà tout. As-tu envie de te faire prendre entre l'ennemi et notre maître?

VITELLOZZO.

Je ne sais plus où j'en suis; je vous assure, je vous jure que nous sommes perdus. Tous mes avertissements n'auront servi de rien. Les Troyens, non plus, ne voulaient pas croire à Cassandre, ni les Juifs à leurs prophètes!

OLIVEROTTO.

Le diable t'emporte! Tu parles à un homme qui se connaît en embuscades; n'est-ce pas moi qui ai fait tuer Jean Fogliani, mon oncle et ses suppôts, pendant qu'ils croyaient, comme des nigauds, s'asseoir tranquillement à mon souper? Vous irez poliment à la rencontre du Valentinois, et moi, je me tiendrai devant la porte de la ville avec mes compagnies. Si quelqu'un fait mine de vous toucher, nous sommes de beaucoup les plus forts, et, alors, nous verrons!

DON MICHELE.

Rien n'est plus clair. Il faut être aveugle pour ne pas le voir, et du moment qu'un arrangement pareil nous convient, vous devez comprendre que nous sommes de bonne foi.

PAGOLO.

C'est vrai. Allons! à cheval! Le duc arrive!

La campagne devant Sinigaglia. — A quelque distance, au fond, la porte de la ville occupée par les fantassins des aventuriers. Escadrons rangés en bataille, Oliverotto à leur tête, avec ses officiers. Sur le devant, la troupe du Valentinois, inférieure en nombre aux compagnies des condottieri massées à la droite; le duc, Machiavel, le seigneur de Candalle, Balthazar Castiglione, don Michele, don Ugo, Marcantonio da Fano, Leniolo, Mgr d'Allegri, et autres capitaines, tous à cheval.

LE DUC.

Michele!

DON MICHELE.

Monseigneur!

LE DUC.

Pousse ici ton cheval au flanc du mien! Avance la tête... Écoute! Voici nos aventuriers qui approchent. Quand je leur aurai parlé, deux d'entre vous prendront entre eux chacun de ces hommes... afin de leur faire honneur... Tu m'entends bien?... Et vous ne les quitterez plus.

DON MICHELE.

Non, monseigneur.

LE DUC.

Qu'est-ce à dire? Oliverotto est resté en arrière?

DON MICHELE.

Oui, Altesse. Il est là-bas à la tête de ses bandes. Ils ont fait cet arrangement.

LE DUC.

Passe derrière nous, prends un détour, rejoins Oliverotto et, à tout prix, amène-le. A tout prix! Tu me comprends et tu m'en réponds?

DON MICHELE.

Mais, monseigneur...

LE DUC.

Tu ne m'entends donc pas?... Tu m'en réponds! Ne perds pas de temps; va tout de suite!

Don Michele part au galop. Les capitaines s'approchent et saluent.

LE DUC.

Soyez les bienvenus, mes amis! Grâce au ciel, plus de mésintelligence entre nous. J'aurais quelque sujet de vous gronder pour vos étourderies; mais que ne pardonnent pas l'affection et, je puis l'avouer, l'intérêt bien entendu! Votre main, duc de Gravina! Bonjour, Vitellozzo! Bonjour, Pagolo! Venez à mes côtés! Je ne me sens jamais assez près de vous. Ma force est dans les lances de mes aventuriers.

GRAVINA.

Nous avons péché, monseigneur, en oubliant que tels

étaient vos sentiments. Nous saurons réparer nos fautes par nos services.

LE DUC.

J'y compte tout à fait.

Aux courtisans.

Messieurs, empressez-vous autour de nos hôtes, et si vous estimez mon amitié, tâchez d'acquérir la leur.

Les cavaliers, avertis par don Michele, entourent les trois capitaines; arrive Oliverotto avec don Michele.

Eh! seigneur Oliverotto, où restiez-vous donc?

OLIVEROTTO, un peu pâle.

Monseigneur, j'étais à mon devoir; je n'aurais pas voulu que quelque trahison des gens du château pût troubler cette belle journée.

LE DUC.

Quand on est franc, on ne craint pas la fraude, et je ne crains personne. Donnez-moi la main. J'ai oublié le passé.

OLIVEROTTO.

Merci, monseigneur.

LE DUC.

Tout en causant, nous marchons, et nous voici, ce me semble, à mon logement. Je vous dois une jolie ville, seigneurs capitaines!

GRAVINA.

Nous voudrions vous en donner mille autres plus belles, Altesse!

LE DUC.

Les occasions ne vous manqueront pas de réaliser ce vœu. Mettons pied à terre, et entrons au logis.

Le duc, les aventuriers et toute la suite descendent de cheval. Grande presse et cohue.

Quel bruit! De l'ordre, messires! Ne vous hâtez pas ainsi!... Monseigneur de Candalle, un mot, je vous prie!

Il le tire à part.

Vos hommes d'armes sont restés en selle?

Mgr DE CANDALLE.

Monseigneur, oui. J'ai reçu l'ordre de don Michele.

LE DUC.

Rejoignez-les. Donnez vigoureusement sur les aventuriers, qui ne s'attendent à rien et n'ont plus leurs chefs. Le butin est à vous.

Mgr DE CANDALLE.

Monseigneur, j'y vais!

Il sort.

Le duc monte l'escalier suivi des quatre capitaines, que ses gens enveloppent de toutes parts. Il entre dans une salle haute et tout à coup se retourne :

Qu'on arrête ces traîtres et qu'on les désarme!

OLIVEROTTO.

Ah! scélérat!

Il est renversé d'un coup de poing. Les courtisans et les soldats se jettent sur les autres et les garrottent.

LE DUC.

Menez ces hommes dans la chambre à côté et gardez-les à vue... Je voudrais savoir ce que fait Mgr de Candalle.

DON MICHELE, à une fenêtre.

Les aventuriers n'ont pas attendu le choc. Ils sont en déroute, et les Français, qui en font grand massacre, se débandent et pillent les maisons de la ville.

LE DUC.

Courez, et qu'on pende une douzaine de ces barbares! Je n'entends pas que nul se permette ce que je n'ordonne pas. (Don Michele sort en hâte.) Où est Michelotto?

MICHELOTTO, bourreau.

Me voici, monseigneur.

LE DUC.

As-tu des cordes neuves?

MICHELOTTO.

Toutes neuves; ma hache, mon coutelas et mes aides.

LE DUC.

Entre là! Je vais te voir opérer. L'un après l'autre étranglés! Je te regarderai!

> Michelotto déroule ses cordes, qui lui font ceinture, et entre dans la chambre.

Allons, messieurs, un peu de plaisir après tant de peine!

> Il franchit la porte, suivi de sa cour; des trépignements, des cris épouvantables, puis le silence et des rires.

La maison occupée par le duc. — Terrasse donnant sur la mer; clair de lune. — Après le souper, le duc est à demi couché sur des coussins; Machiavel; don Michele; musiciens achevant un motet.

LE DUC.

J'aime beaucoup cette musique nouvelle. Nous sommes dans un grand siècle, messire Nicolas. Tout se renouvelle. On m'a lu, l'autre soir, un morceau de Virgile, fort beau comme la moindre production de cet esprit divin, et j'y ai remarqué cette phrase : « Un ordre majestueux prend naissance. » Il paraît que c'était ainsi dans ce temps-là. A quel point c'est vrai de nos jours ! Cet air que l'on vient d'exécuter est empreint de la mélancolie la plus suave. — Allez, mes enfants, je n'ai plus besoin de vos services pour ce soir. Qu'on leur donne un écu d'or à chacun. — Michele, es-tu bien assuré qu'on a pendu les pillards français qui s'attaquaient à Sinigaglia?

DON MICHELE.

Oui, monseigneur. Peut-être y a-t-on mis quelque exagération. Vous aviez dit une douzaine, et je crains qu'il y en ait davantage.

LE DUC.

La plaisanterie est assez bonne. Et le pillage?...

DON MICHELE.

Arrêté à l'instant même, monseigneur!

LE DUC.

C'était le point intéressant. Tu vas me faire descendre les suppliciés. On les coupera en quatre, et l'on en accrochera quelque chose dans les différentes rues de la ville. Il est bon que les sujets sachent que je ne souffre pas qu'on les opprime.

DON MICHELE.

Ils le savent déjà, monseigneur, et ils couvrent votre nom de bénédictions.

LE DUC.

Il faut qu'ils le sachent encore mieux, et, pour cela, fais comme je dis. En outre, ne manque pas de répandre que ma passion particulière est de détruire les Français. On ne saurait trop exciter chez notre peuple la haine des barbares, et il faut y mêler du mépris. Va, Michele!

Don Michele sort.

Nous venons de résoudre notre difficulté, messire Nicolas.

MACHIAVEL.

Je m'enhardirai jusqu'à présenter une observation à Votre Altesse.

LE DUC.

Parlez! Parlez librement, je vous prie.

MACHIAVEL.

Puisque vous avez préféré justice à miséricorde, n'y a-t-il pas quelque inconvénient à l'exécution des deux Orsini? Leur maison est puissante.

LE DUC.

J'avais écrit à Rome. Ce matin, j'ai appris que le cardinal, l'archevêque de Florence et messire Jacopo de Santa-Croce avaient été surpris et arrêtés comme je le recommandais au Saint-Père. Sans ce succès, j'eusse fait traîner un peu les choses.

MACHIAVEL.

Dès lors, la combinaison me semble irréprochable.

LE DUC.

Remarquez que ce ne sont pas quatre drôles de moins en Italie, mais les quatre condottieri, de beaucoup les plus redoutables! Après eux, il ne reste que du fretin. On en peut avoir raison sans grand'peine. J'ai cicatrisé une plaie horrible, à l'aide du fer et du chanvre. On ne réussira pas, dans quelques siècles, à s'imaginer que rien de semblable ait pu jamais exister! Les chefs des troupes ne tenant à aucun parti, à aucun État, à aucun gouvernement! servant à leur gré et desservant les princes, dévorant leur substance sous prétexte de solde, et celle de leurs sujets sous toutes les formes du caprice! Quelle monstruosité! quelle sottise! Et de là sortaient les Sforza, qui prenaient Milan, après les Carmagnola, terreur de Venise! Sur mon salut! je viens de vous rendre à tous le plus signalé service que vous puissiez réclamer!

MACHIAVEL.

Sans nul doute, monseigneur, et, grâce à vous, je puis répéter aussi le mot de Virgile : *Magnus nascitur ordo*. Maintenant, en dressant des milices recrutées non de bandits, mais de fils de laboureurs, et qui n'obéiront pas tant à leurs chefs qu'à leurs souverains, vous achèverez votre œuvre.

LE DUC.

Il faut du temps! Il faut du temps, non pour me donner du relâche, mais pour laisser à l'intelligence des peuples la possibilité de mûrir. Que de choses à changer!

Les grands à refréner, les petits à contenir, l'argent à tirer à soi, et, pour toutes ces nécessités, combiner des moyens sûrs et convenables! Que d'actions diverses deviennent nécessaires! Ce sont les fruits de la volonté; ils poussent, ils se développent, ils bourgeonnent, puis ils éclatent. Ne pressons pas la récolte outre mesure, sans quoi elle avorte. Du temps, de la patience; pas de langueur, pas de sommeil, pas de hâte!

MACHIAVEL.

Tenir en bride non pas tant les autres que soi-même, c'est le mérite des forts.

LE DUC.

La belle nuit! Voyez l'admirable effet produit par la réverbération de la lune au travers de ces flots émus sous un si vaste horizon! Il nous faudrait ici quelques-uns de nos artistes et de nos poëtes pour expliquer à nos sens charmés tant de merveilles... Quels peuvent être ces feux qui s'étagent dans les montagnes?... Regardez là-bas!

MACHIAVEL.

J'imaginerais volontiers que ce sont les bivouacs épars des aventuriers dispersés par Mgr de Candalle.

LE DUC.

Vous en jugez bien. Ces pauvres reptiles cherchent des trous où se cacher et m'échapper.

MACHIAVEL.

Votre Altesse a pour armoiries un dragon dévorant des serpents.

LE DUC.

Et l'on dit que je manque de franchise? Oui certes, un

dragon, messire Nicolas! Je ne suis pas, comme le triste duc de Milan, une misérable guivre engoulant un nourrisson! Moi, je suis l'hydre de Lerne, un monstre, si l'on veut, mais qui démembre et engloutit les monstres, et je détruirai jusqu'au dernier de ces princes de boue, de ces condottieri de méchant métal qui encombrent mon chemin. Des débris de leurs nids, je construirai mon aire, et un jour viendra où, depuis le pied des Alpes jusqu'à la mer de Sicile, il n'existera d'autre domination que la mienne..

FERRARE

Une loggia dans le palais ducal. — Dona Lucrèce Borgia est assise dans un fauteuil à crépines d'or et regarde la campagne; auprès d'elle, appuyé contre une des colonnes qui soutiennent le toit, don Alphonse d'Este, son mari.

ALPHONSE.

Sur ma parole, votre frère a bien mené cet embarras. Il a pris le nœud gordien d'abord avec précaution; il l'a manié avec adresse, il l'a saisi avec résolution, et il l'a tranché comme Alexandre.

MADAME LUCRÈCE.

Il est maintenant beaucoup plus fort et plus assuré qu'il ne le fut jamais. De telles crises élèvent ceux qui les traversent avec bonheur. Aussi me paraît-il nécessaire que vous vous teniez en garde contre M. de Valentinois.

ALPHONSE.

Ne trouvez-vous pas, Lucrèce, qu'il a rendu à tous les princes un éminent service? Désormais, nous qui tenons le sceptre, nous serons les seuls à tenir aussi l'épée.

MADAME LUCRÈCE.

C'est possible, mais je fais surtout attention au surcroît de prestige et de force que M. de Valentinois vient d'acquérir. Je me demande ce qu'il en voudra faire.

ALPHONSE.

Assurément, il commencera par se fortifier dans la

Romagne, et il aura, pour quelque temps, suffisamment à s'occuper avec les Vénitiens et les Aragonais. Donc il aura besoin de nous, et je lui mesurerai nos secours de façon à l'empêcher de tomber, sans toutefois le mettre solidement debout.

MADAME LUCRÈCE.

Je crois que vous n'avez pas une idée juste de don César. Il n'est pas homme à grignoter ainsi les raisins de la Fortune. Considérez comme certain que la manière dont il va s'assurer des Romagnes ne sera pas de ménager personne. Il frappera quelque grand coup avant longtemps, et je suis convaincu que, dès ce moment même, ses possessions actuelles sont ce qui l'occupe le moins.

ALPHONSE.

Que voulez-vous qu'il essaye? Si infatigable que je le suppose, encore faut-il qu'il prenne le temps d'asseoir son équilibre. D'ailleurs, je n'ai rien à craindre de lui, par cette simple raison que notre point d'appui à tous deux est le même; c'est la France, et, certainement, Louis XII ne me laisserait pas attaquer.

MADAME LUCRÈCE.

Je ne dis pas que M. de Valentinois songe à vous attaquer, et même je ne me flatte nullement de deviner à quoi il songe. Mais, à considérer les choses en gros, et le connaissant bien, je suis certain qu'il médite, non de conserver ce qu'il tient en l'étayant, mais bien en l'agrandissant. Il va s'en prendre à quelqu'un de ses voisins, je ne sais lequel; mais, assurément, ce voisin, il l'accablera, et je considère que chaque degré de force qu'il acquiert le rend redoutable pour nous, attendu que, la Destinée lui dût-elle mettre le globe terrestre dans la main, M. de Valentinois ne dira jamais : C'est assez. Quant à Louis XII, celui-ci a certainement de grandes raisons de vous être fidèle, et vous pouvez beaucoup pour lui ou contre lui ; mais sa faiblesse sans bornes pour son ministre, M. d'Amboise, et l'ambition maladive qui entraîne ce favori vers la tiare, l'adresse que M. de Valentinois a eue de lui persuader que lui seul en disposerait à la mort d'Alexandre VI, en voilà plus qu'il n'en faut pour que mon frère domine l'esprit des Français. Ils feraient, me direz-vous, une grande faute en se prêtant à le grandir outre mesure ; mais, les fautes, il me semble que les affaires humaines n'ont guère d'autre contexture.

ALPHONSE.

Votre raisonnement me frappe. J'entrevois, en effet, que la grandeur de don César devient dangereuse. Toutefois, je ne devine pas dans quel ordre de précautions je devrais m'engager. Montrer de la défiance...

MADAME LUCRÈCE.

Serait le plus mauvais parti à prendre. Tout au contraire, vous êtes l'allié naturel de don César, il n'est pas à propos de paraître l'oublier.

ALPHONSE.

Je viens d'envoyer un de mes officiers pour le féliciter au sujet de l'exécution de Sinigaglia.

MADAME LUCRÈCE.

Si, à tout hasard, vous avertissiez secrètement les Vénitiens, les Florentins et même les Aragonais, de se tenir sur leurs gardes, puisqu'on ne sait sur qui M. de Valentinois va se jeter?... De la sorte, vous augmenteriez la force de la résistance sans en avoir l'air, et rendriez un bon office à un ennemi qui, plus tard, vous en saurait gré.

ALPHONSE.

Vous voyez juste, et c'est le parti que je vais prendre.

MADAME LUCRÈCE.

En tout cas, vous ne sauriez vous en trouver mal. Que je n'oublie pas de vous amuser de cette lettre-ci.

ALPHONSE.

De qui est-elle?

MADAME LUCRÈCE.

De votre sœur, madame de Mantoue. Vous connaissez ce jeune sculpteur florentin, Michel-Ange Buonarotti, dont on commence à tant parler?

ALPHONSE.

Il fait des choses admirables, et j'ai grande envie de l'attirer chez nous.

MADAME LUCRÈCE.

Eh bien! ce Michel-Ange a exécuté une statue de l'Amour si belle, que le magnifique Laurent lui avait conseillé de la faire passer pour un antique. Le cardinal de Saint-Georges, qui s'entend peu aux belles choses...

ALPHONSE.

C'est un ignare et un sot confirmé.

MADAME LUCRÈCE.

Vous êtes sévère; mais il ne vous donne pas tort en

cette circonstance. Il a acheté la statue. Le hasard lui apprend ensuite qu'elle est moderne. Vous jugez de sa déconvenue. Il jette feu et flamme, et dans son mépris pour une œuvre devenue indigne de ses regards, il veut la vendre. M. de Valentinois a vent de la chose. Vous savez combien son goût est délicat; il achète immédiatement l'œuvre méprisée, et il vient d'en faire présent à votre sœur; elle me raconte l'histoire, et en est au comble de la joie.

ALPHONSE.

Oui, certainement, il faut attirer ici Michel-Ange. Il est jeune, c'est un brave artiste, et il deviendra un des vertueux de l'Italie!

MADAME LUCRÈCE.

Je pense tout à fait comme vous. D'ailleurs, notre cour doit l'emporter sur les autres, et maintenant que les Français sont établis à Milan, tous les hommes de génie et de science rassemblés à tant de frais par Ludovic Sforza n'ont plus d'asile. Ne voudriez-vous pas accueillir ici Antonio Cornazano, qui m'a dédié ses deux poëmes sur la vie de la très-sainte Vierge et celle de Notre-Seigneur? Et encore Georges Robusto d'Alexandrie, qui m'a offert ses poésies?

ALPHONSE.

Favorisez-moi de faire dresser tout de suite les lettres nécessaires pour engager tant d'excellents écrivains. Qu'on rédige ces pièces dans les termes les plus flatteurs; je signerai moi-même. Vous me réjouissez en me donnant l'espérance de joindre ces beaux esprits à ceux que nous possédons déjà.

MADAME LUCRÈCE.

Ah! si nous pouvions enlever à la cour de votre sœur Jean-Pierre Arrivabene et le Spagnolo!

ALPHONSE.

Sans doute, sans doute, je le voudrais comme vous; mais nous ne sommes pas si pauvres en mérites que nous ayons le droit de nous plaindre. A la vérité, la mort vient de nous enlever l'inimitable, l'admirable Boyardo; mais il nous reste François Cieco, Lélio, les deux Strozzi, et ce jeune Louis Arioste dont on me dit des merveilles.

MADAME LUCRÈCE.

Il mérite les éloges les plus complets, et l'épithalame latine qu'il écrivit pour nous, lors de notre mariage, est une des plus belles choses de ce temps.

ALPHONSE.

Je n'en doute pas, puisque vous me le dites. Certainement, vous avez l'entente de la poésie et des lettres mieux que moi; ce que je sais, et ce que je répète, c'est qu'il importe que notre Ferrare ne le cède à aucune des villes italiennes pour le respect aux grands talents, et je vous avoue que je voudrais même entendre dire que ma cour les réunit tous.

MADAME LUCRÈCE.

C'est une ambition digne de vous, monseigneur.

ALPHONSE.

Faites écrire tout de suite à vos trois savants; moi, je vais m'occuper des instructions nouvelles qu'il convient d'envoyer à Venise, à Florence et à Naples; ensuite, j'irai visiter les chantiers où l'on travaille à mes artilleries.

Quel dommage, Lucrèce, que vous ne compreniez pas ces choses-là aussi bien que vous comprenez la poésie! J'aurais plaisir à en causer avec vous. Savez-vous que rien n'est intéressant au monde comme les explications des mathématiciens et des ingénieurs?

MADAME LUCRÈCE, en souriant.

Je vous crois, don Alphonse, mais il n'est pas nécessaire que j'y sois fort habile. Il me plaît d'entendre dire que vous en savez davantage que tous les autres capitaines de ce temps. C'est assez pour ma gloire, et je vais, ne vous déplaise, pendant que vous verrez fondre quelque coulevrine, faire ma promenade avec mes dames dans les jardins que nous venons de planter.

ALPHONSE.

Allez, Lucrèce; je vous baise les mains.

UN VILLAGE DE LA ROMAGNE

Réunion d'une de ces sociétés secrètes appelées *Pacifici*. — Paysans armés ; deux Bravi.

PREMIER BRAVO, saluant.

Beati pacifici!

LE CHEF DES PAYSANS.

Vous êtes bien honnêtes ; nous vous remercions d'être venus tous les deux.

PREMIER BRAVO.

Nous n'avions garde d'y manquer. Jugez mieux, illustrissimes seigneurs, de notre empressement à offrir nos services à des seigneuries aussi respectables que vous êtes.

LE CHEF.

Merci de vos bonnes paroles. Ainsi, vous nous êtes envoyés par Son Altesse?

PREMIER BRAVO.

En effet, don César Borgia, duc de Romagne, et nul autre, nous adresse à vous. Voici un anneau qu'il nous a remis comme signe de reconnaissance.

LE CHEF.

C'est bien ce que nous avions compris. Prenez place, messires, vous devez être fatigués.

PREMIER BRAVO.

S'asseoir est une bonne chose. Ce cavalier et moi venons de fournir une traite de vingt lieues sans nous arrêter, et quelque habitué qu'on soit aux fatigues de la guerre, il est permis, en pareil cas, d'avoir les jambes un peu roides.

LE CHEF.

Vous savez peut-être pour quelle cause on vous demande ici?

PREMIER BRAVO.

Le duc nous en a touché quelques mots.

LE CHEF.

Sans vous offenser, êtes-vous aussi sûr de votre compagnon que de vous-même? Il s'agit d'une affaire délicate, et l'on est aise de savoir à qui l'on a affaire.

PREMIER BRAVO.

Je loue votre prudence. Sachez que mon ami est un des vaillants de ce siècle. On pourrait presque lui appliquer le mot fameux de Plutarque, dans son admirable Histoire romaine, quand, parlant d'un excellent capitaine, il en disait : Il n'oserait demeurer dans une chambre seul avec un miroir, il craindrait d'apercevoir son visage. En effet, quand ce cavalier revêt son aspect martial, il terrifie! S'il parle peu, c'est qu'il est tout action.

LE CHEF.

Maintenant, venons à notre affaire. Il s'agirait d'en finir avec le Malatesta.

LE BRAVO.

Rien de plus aisé.

LE CHEF.

Mais savez-vous qu'il ne marche jamais sans traîner une longue troupe de buli à ses talons?

LE BRAVO.

Peu m'importe! Mon associé et moi avons l'habitude de venir à bout des difficultés les plus compliquées. Dites seulement quel genre de solution vous désirez.

LE CHEF.

Je ne vous comprends pas.

LE BRAVO.

Vous suffit-il que le seigneur Malatesta reçoive ce que nous autres, gens d'épée, nous appelons un premier avertissement qui le tiendrait au lit... voyons... un ou deux mois? S'il ne vous en faut pas plus pour vous satisfaire, dites-le.

LE CHEF.

Nous aimerions mieux en finir.

PREMIER BRAVO.

A merveille! Pousser les choses à fond, hein?... C'est parfait! Ce point est établi. Bon! Maintenant, passons aux moyens. Avez-vous une préférence? Comment souhaitez-vous que votre homme soit expédié?

LE CHEF.

Le plus tôt possible et le plus sûrement.

PREMIER BRAVO.

Je l'entends ainsi; mon ami et moi ne laissons jamais la besogne à moitié route. Comme il s'agit d'un personnage averti et sur ses gardes, voici, d'abord, ce que je vous proposerai.

LE CHEF.

Qu'est-ce que c'est que cet engin-là?

Les assistants se pressent pour regarder.

LE BRAVO.

Ah! mon Dieu! un petit chef-d'œuvre! Et pourtant, en apparence, une fourchette de table, et rien de plus! Voyez comme elle est jolie, ma fourchette, tout en argent bruni et ciselé! N'admirez-vous pas cette figurine placée au-dessus du trident? Voyez! voyez! Je presse comme ça sur la tête... Les pieds se soulèvent imperceptiblement... Regardez!... Il y a un creux. Voyez-vous ce creux?

LES PAYSANS.

Ma foi, oui! ma foi, oui!

PREMIER BRAVO.

Eh bien! dans ce creux, si je mets une préparation, un peu de poudre, quelques gouttes de liquide, et que l'écuyer tranchant, au moment de découper la part du convive que j'ai en vue, manœuvre adroitement sa fourchette... Vous comprenez?... La poudre ou la potion tombe sur le morceau que l'affamé va porter à sa bouche. Ce n'est pas plus difficile, et, pour une cinquantaine de ducats, je me procurerai l'amitié de tel serviteur que vous voudrez dans la maison Malatesta.

LE CHEF.

C'est fort bien; mais si ce serviteur, tenant d'une main sa fourchette et dans sa poche ses ducats, allait tout raconter à son maître dans l'espoir d'enlever une autre bonne main sans rien risquer, nous en serions pour notre argent. Non!. nous aimons mieux n'avoir affaire qu'à vous.

LE BRAVO.

Je ne vous proposais ma combinaison que parce qu'elle est tout à fait gentille, et l'instrument est encore inconnu! Un de mes meilleurs amis en est l'inventeur. Vous n'en voulez pas? Soit! Je le ferai entrer dans quelque autre arrangement, et quant à trouver un moyen, je m'en charge. Voyons!... Le stylet de verre se cassant dans la blessure conviendrait assez... Du reste, je verrai!... Tenez-vous à ce que tout soit fini d'ici à une époque fixe?

LE CHEF.

Le plus tôt serait le mieux.

PREMIER BRAVO.

J'entends!... Nous voilà le 5 mai. Mon compagnon d'armes et moi devons nous trouver le 20 juin à Vicence, où la sérénissime seigneurie de Venise nous a honorés d'une mission. D'ici là, votre discussion avec le seigneur Malatesta sera terminée; vous pouvez compter sur ma parole.

LE CHEF.

Bien des remercîments! Voici cent ducats d'avance.

LE BRAVO.

Laissez donc!... laissez donc!... Bagatelle!... Tout pour le plaisir de vous obliger. Merci, néanmoins. Nous baisons les mains de Vos Seigneuries.

Les Bravi se retirent. — Entrent des gentilshommes romagnols.

PREMIER GENTILHOMME.

Bonsoir, compères! Déjà réunis et d'accord?

LE CHEF.

Nous n'attendions plus que vous.

LE GENTILHOMME.

Eh bien! nous voici, tous campagnards, tous bons amis, bons voisins, tous Pacifici, ligués pour établir et maintenir le bon ordre contre les factions et les tyrans, ni Guelfes, ni Gibelins, ni amis des Malatesta, ni suppôts des Baglioni; mais nos amis à nous-mêmes, à nos familles, à la paix publique! Eh bien! donc, illustrissimes seigneurs, ajustons nos projets et voyons comme il convient d'agir.

UN PAYSAN.

Tant qu'il y aura des villes dans le monde, il y aura des bourgeois, et, avec des bourgeois, la tranquillité n'est pas possible. J'ai un cousin gardien d'une des portes à Rimini. En un besoin, il ne refuserait pas de nous livrer passage. Si nous allions fourrager un peu les maisons de cette ville scélérate?

UN GENTILHOMME.

Bien pensé.

Murmure général d'approbation.

LE CHEF DES PAYSANS.

Illustrissimes seigneuries, entendons-nous! Avec qui sommes-nous alliés? Avec les condottieri?

TOUTE L'ASSEMBLÉE.

Dieu nous en sauve!

LE CHEF.

Alors, vous l'êtes avec les Guelfes, là où le seigneur est

Gibelin? Avec les Gibelins, là où le prince est Guelfe?
Est-ce cela?

Murmures violents.

Pas davantage? En ce cas, vous, purs, honnêtes et excellents Pacifici, vous donnez la main à don César Borgia?

PLUSIEURS VOIX.

Assurément!

LE CHEF.

Dès lors, ne touchez pas à Rimini! Le duc n'entend pas qu'on mette l'ordre là où il le maintient, et écoutons plutôt ce qu'il nous fait dire. Il se propose d'exécuter maintenant, en Toscane, ce qu'il vient d'achever dans les cités romagnoles. Détruire les tyrannies de toutes les espèces, abaisser les grands, relever les petits. En sommes-nous?

L'ASSEMBLÉE.

Oui! oui! Vive le Valentinois!

LE CHEF.

Faut-il écrire au duc qu'il peut compter sur nous?

L'ASSEMBLÉE.

Écrivons! Vive le Valentinois! *Beati pacifici!* Le feu dans Florence!

MILAN

L'intérieur de la cathédrale. — On chante la grand'messe; nombreux clergé dans le chœur; grande foule dans la nef et les bas côtés.

DANS LE CHŒUR.

UN CHANOINE, à genoux.

Que mon cœur est faible! que mon âme est froide! Hélas! je ne parviens pas à me pénétrer comme il faudrait des ineffables bontés de mon Dieu! Je voudrais tant m'élever jusqu'au trône de la Toute-Puissance!... Je voudrais tant me perdre dans ce rayonnement!... Mon Dieu! aidez-moi! Mon Dieu, soutenez-moi!

Il se prosterne.

DEUXIÈME CHANOINE.

Dînez-vous avec nous à l'archevêché?

TROISIÈME CHANOINE.

J'y dîne! Nous aurons une truite de toute magnificence!

DEUXIÈME CHANOINE.

Elle ne sera pas mangeable si cet imbécile de Frère Laurent ne se hâte d'achever sa messe.

A un enfant de chœur.

Écoute, petit!

L'ENFANT DE CHŒUR.

Oui, monseigneur

DEUXIÈME CHANOINE.

Va dire à Frère Laurent de se presser.

L'ENFANT DE CHŒUR, à l'officiant.

Le Père dom Paul vous prie de finir vite.

FRÈRE LAURENT.

De quoi se mêle-t-il? Je ne dîne pas à l'archevêché! Attention, imbécile! *Dominus vobiscum!*

LES CHANTRES.

Et cum spiritu tuo.

Jeu des orgues.

DANS LA NEF.

UN FRÈRE QUÊTEUR.

Achetez des indulgences! des indulgences! Il y en a à tous les prix! Frères chrétiens, achetez des indulgences!

UNE FEMME TRÈS-PARÉE.

Mon Dieu! quelle chaleur!

Elle s'évente.

DEUXIÈME FEMME.

On n'en peut plus! Passez-moi votre flacon d'odeurs, Monna Bianca, je vous en prie, j'ai oublié le mien!

TROISIÈME FEMME.

Avec plaisir, le voici! Que ce Felipe est donc faux et scélérat!

PREMIÈRE FEMME.

Ma chère, il m'a fait la cour assez longtemps pour que je sache ce qu'on doit penser de lui.

QUATRIÈME FEMME.

Cela peut être, mais il a bonne mine! Voici l'élévation!

Toutes les femmes se mettent à genoux et se frappent la poitrine.

UN HOMME, à une vieille dame en lunettes qui lit son missel.

Madame... madame... Voulez-vous acheter des chapelets bénits par le Saint-Père?

LA VIEILLE DAME.

Laissez-moi tranquille!

L'HOMME.

Madame... voulez-vous acheter une relique du grand saint Ambroise? Un os du coude!... pas cher!... avec les authentiques!

LA VIEILLE DAME.

Je vous dis de me laisser tranquille!

L'HOMME.

Voulez-vous du savon fin ou des gants d'Espagne?

LA VIEILLE DAME, hors d'elle-même.

Si vous ne me laissez pas tranquille, je vais appeler les bedeaux!

L'homme s'éloigne.

DANS LES BAS COTÉS.

Deux bourgeois, près d'une chapelle, égrènent leurs chapelets, le bonnet sous le bras.

PREMIER BOURGEOIS.

Et benedictus fructus ventris tui... Cela n'empêche pas que le gredin est parti sans me payer les trois dîners qu'il me doit, et je veux bien que la fièvre m'étrangle s'il me les paye jamais!... *Jesus! amen! Ave, Maria, gratia plena, Dominus...*

SECOND BOURGEOIS.

Qui es in cœlis, sanctificetur... Je vous l'ai dit cinquante fois! Quelle bête êtes-vous de faire crédit à des étudiants? Voyons, Ser Guglielmo, vous l'ai-je dit ou ne vous l'ai-je pas dit?... *nomen tuum, adveniat regnum...* Que diable! des étudiants, si ça payait, ça ne serait plus des étudiants!

UN CAVALIER, à une vieille femme.

Voyons, chère Laurentienne, voici le billet!

LA VIEILLE FEMME.

Je vous répète que c'est très-difficile! Elle m'a rebutée et menacée d'avertir sa mère!

LE CAVALIER.

Prends encore ce sequin!

LA VIEILLE FEMME.

J'essayerai de la convaincre... mais, c'est bien par ma grande tendresse pour vous! Si je vous fais signe, mettez-vous derrière elle; vous lui parlerez tant que vous voudrez.

LE CAVALIER.

Que le ciel t'inspire, ou je perds mon pari.

Le *Sanctus* commence.

DEUX QUÊTEURS, criant à tue-tête.

Pour la croisade! Pour la croisade! Donnez pour la croisade! Délivrez le saint tombeau! Pour la croisade! Seigneurs et mesdames, prenez pitié des pauvres chrétiens massacrés tous les jours par les Turcs farouches! Pour la croisade!

Trois garçons de mauvaise mine près d'un pilier.

PREMIER GARÇON.

C'est ce gentilhomme qui est là-bas!

DEUXIÈME GARÇON.

Celui-là avec le teint basané et la petite moustache noire!

TROISIÈME GARÇON.

Précisément... et le pourpoint noir.

DEUXIÈME GARÇON.

Une fraise au cou, la main droite couverte d'un gant déchiré... l'autre nue?

PREMIER GARÇON.

C'est cela même.

DEUXIÈME GARÇON.

Il est de taille à m'assommer, s'il se retourne. Je lui lance le stylet à dix pas, et je décampe.

PREMIER GARÇON.

S'il te poursuit, nous ferons semblant de passer vite, et nous le jetterons à terre.

DEUXIÈME GARÇON.

Sûr?

PREMIER GARÇON.

Quand on te le dit, bélître!... Ne va pas te tromper! Frappe à la hanche, en travers! Il ne s'agit que d'une coutelade de cinq points. Nous sommes payés d'avance.

DEUXIÈME GARÇON.

Attendez un peu que j'aie allumé un cierge à saint Nicolas.

PREMIER GARÇON.

Va vite et reviens... Nous suivrons le galant dans la ruelle derrière l'église. Tu t'embusqueras à l'angle du mur.

DEUXIÈME GARÇON.

N'ayez pas peur. Je suis certain de mon coup. Il gardera le lit quinze jours!

Jeu des orgues. — Explosion d'un pétard.

LA FOULE.

Ah! grand Dieu! tout est perdu! Les Français nous massacrent! Sainte Madone, tout est perdu!

VOIX DANS LA FOULE.

Non! non! non! Ne craignez rien! Ce sont des polissons qui s'amusent! Jésus! on m'a volé ma bourse! Voulez-vous bien lâcher mon manteau!

UNE FEMME, à genoux dans un coin.

Merci, mon Dieu! merci! Mon pauvre frère, mon pauvre frère! Il ne mourra pas! Vous ne l'avez pas voulu! Vous me le rendez, je vous le dois! Tous les jours de ma vie, je vous prierai bien! Je ne m'acquitterai jamais envers vous! Que je vous aime! Comme je vous vois dans votre bonté sans pareille! Mon Dieu, ne m'oubliez jamais! Protégez mon pauvre frère que vous m'avez rendu!

Elle pleure.

UN NOTAIRE, à sa femme.

En avez-vous assez de vos dévotions? Si nous ne sortons pas tout de suite, nous serons étouffés par la presse. Gagnons la porte, allons! Dépêchez-vous!

LA FEMME.

Je ramasse mes robes pour qu'on ne me les froisse pas.

LE NOTAIRE.

Dites donc que vous faites des mines pour qu'on vous remarque! Pensez-vous, Monna Pomponia, que je ne connaisse pas ces manigances? Est-ce qu'on me trompe, moi?

LA FEMME.

Qui songe à vous tromper? Laissez-moi dire encore un *Ave*.

LE NOTAIRE.

Vous le direz en marchant. Que faites-vous encore?

LA FEMME.

Je vais prendre de l'eau bénite, si je peux; mais il y a bien du monde à l'entour.

UN CAVALIER.

Me permettez-vous, madame, de vous en offrir?

LA FEMME.

Bien volontiers, seigneur... (Très-bas.) Viens à deux heures... Il sera sorti toute la journée. Viens!

LE CAVALIER.

Où ?

LA FEMME.

Dans la salle basse... Va-t'en, il se retourne !

LE NOTAIRE.

Allons ! nous en finirons aujourd'hui ou demain ? Quel est ce gentilhomme qui vous a donné de l'eau bénite ?

LA FEMME.

Je ne sais pas ; je ne l'ai vu de ma vie.

DES ESTAFIERS, *repoussant la foule en grande hâte.*

Place ! place ! place à madame la duchesse !

Tout le monde sort de l'église ; le jeu des orgues continue.

ROME

La Vigne du cardinal Corneto.—Une salle donnant sur les jardins, par de grandes fenêtres garnies de pampres. — Le pape Alexandre VI; don César Borgia.

LE PAPE.

C'est vrai! bien que le soleil soit tombé, la chaleur est encore accablante. Jamais, pourtant, je ne me suis senti plus de force. La grandeur de vos projets, l'audace de vos résolutions élèvent ma volonté. Tout se dispose suivant nos vues. Nous touchons à un moment capital, et non-seulement pour vous, don César, pour moi, mais pour l'Italie entière. Notre triomphe sera le sien; car c'est un pauvre politique celui dont le succès ne sert qu'à lui seul, et l'agencement de ce monde est tel que lorsque le sage voit réussir ses desseins, les multitudes inertes des petits en profitent. C'est là ce qui justifie la nécessité des moyens. Nous allons frapper un coup hardi. Je ne me le dissimule pas. Vous le sentez aussi bien que moi. Demain, à son réveil, Rome apprendra les noms des cardinaux qui, cette nuit, vont succomber. Je le répète, c'est un coup hardi; il est nécessaire. Il faut terrifier nos ennemis, et, par une large incamération des biens que les défunts cardinaux vont nous laisser vacants, pourvoir aux impérieux besoins de votre entreprise de Toscane. Avec ce point gagné, nous pourrons à jamais nous passer des secours de la France.

DON CÉSAR.

Nous n'aurons plus souci de personne. Le navire de nos espérances, animé par son propre mouvement, marchera même si aucun vent ne le pousse. Pour moi, je défie la Fortune de briser la chaîne dont je lui ai lié les bras.

LE PAPE.

Nos convives vont arriver... je les entends, je pense... Hein! don César, qui d'entre eux se doute qu'il ne sortira pas vivant de cette salle?... Mais je m'aperçois que je n'ai pas... Non! je ne l'ai pas!... C'est singulier!... Comment ai-je pu oublier cela?

DON CÉSAR.

Qu'avez-vous oublié?

LE PAPE.

Peu importe!... Mais il ne faut pas que je reste sans l'avoir... Appelez Caraffa!

DON CÉSAR.

Le voici dans l'antichambre... Entrez, Caraffa; le Saint-Père veut vous parler.

LE PAPE.

Caraffa, retourne vite au Vatican... Entre dans ma chambre... Cherche, apporte-moi cette petite boîte d'or qui contient... tu sais?

CARAFFA.

Une hostie consacrée?

LE PAPE.

C'est cela même. Va!

CARAFFA.

Comment! vous ne l'avez pas sur vous?

LE PAPE.

Que veux-tu? C'est une sottise; je l'ai oubliée, figure-toi!

CARAFFA.

Comment peut-on négliger ainsi ce qui met à l'abri de tout péril?

LE PAPE.

Tu as bien raison... Va me chercher ma boîte, ne perds pas une minute, entends-tu? Je ne serai pas tranquille que je n'aie ma boîte dans ma poche.

CARAFFA.

Je cours!

Il sort.

LE PAPE.

Avez-vous pris vos précautions, don César, pour que les choses s'exécutent à coup sûr?

DON CÉSAR.

Il y a six flacons de vin d'Espagne. Votre sommelier Matthias y a mis la cantarelle sous mes yeux, et je lui ai recommandé de n'administrer ce mélange qu'à ceux que je lui désignerai. Matthias est un homme de confiance.

LE PAPE.

Sans doute. En tous cas, je vous le dis encore, prenez bien vos précautions.

DON CÉSAR, souriant.

N'ayez aucune crainte.

LE PAPE.

J'aime votre esprit résolu... Mais qu'il fait chaud! Holà! quelqu'un!

UN DOMESTIQUE.

Très-Saint Père !

LE PAPE.

Dites à Matthias de nous apporter du vin ; je meurs de soif.

DON CÉSAR.

Je boirai aussi volontiers, et, ensuite, nous ferons un tour sous les ombrages du jardin en attendant nos convives.

Entrent deux valets portant sur un plateau deux coupes et un flacon de vin.

LE PAPE.

Pourquoi Matthias ne vient-il pas lui-même quand je le commande ?

PREMIER VALET.

Très-Saint Père, il est retourné à la ville pour chercher des pêches qui manquaient.

LE PAPE.

Où as-tu pris ce vin que tu nous donnes là ?

PREMIER VALET.

Très-Saint Père, sur le buffet.

DON CÉSAR, riant.

Auriez-vous des inquiétudes ?

LE PAPE.

Non ! Mais Matthias aurait mieux fait de rester ici. A votre santé, don César !

DON CÉSAR.

Je vous remercie ; je bois à votre vie longue, florissante et glorieuse !

Ils boivent.

LE VATICAN

La chambre à coucher du Pape.

CARAFFA.

M'envoyer faire une telle course par une telle chaleur!... Il n'y a que cet Alexandre capable d'une pareille indignité! Son hostie! son hostie! Depuis qu'on lui a assuré que tant qu'il l'aurait sur lui, il ne pouvait lui arriver malheur, s'il la perd de vue, il devient fou!... Que les hommes sont imbéciles! Quel danger court-il?... Voyons!... où peut être cette maudite boîte?... Probablement sur la table auprès du lit... Qu'est-ce que c'est?... Sainte Madone!... Oh! qu'est-ce que j'aperçois? Un homme étendu sur la couche du Saint-Père!... Oh! là... là... Qu'est-ce que j'ai? Est-ce que je deviens fou?... Mes cheveux se dressent!... Mes dents claquent!... Mon Dieu! mon Dieu!... je meurs!... Que je voudrais être loin!... Je deviens fou!... Ça n'est pas possible!... Le Pape lui-même!... Ici!... O Jésus!... oh! tous les Saints!... Qu'est-ce que cela signifie?... Le pape Alexandre étendu sur son lit!... Et, là-bas, je viens de le quitter!... Il est livide! son visage est tout noir!... Il est mort! mort! mort! Sortons!

<small>Il s'élance vers la porte en criant, a de la peine à l'ouvrir et tombe évanoui sur le palier, où les domestiques le ramassent.</small>

LA VIGNE DU CARDINAL CORNETO

La salle à manger. Statues, tableaux, riches tapisseries des Flandres, grands buffets sculptés, pavé de mosaïque. Une vaste table couverte de vaisselle d'or et d'argent; sur un grand plat, au milieu, un paon rôti, revêtu de ses plumes, la queue étalée; pyramide de fruits; grands vases pleins de fleurs. — Le pape Alexandre, don César Borgia; les cardinaux Castellar, Romolino, François Soderini, Copis, Nicolas de Fiesque, Sprata, Corneto, Iloris, Casanova, Valentin; camériers, sommeliers, valets, gardes pontificaux en faction aux portes.

LE PAPE, s'asseyant à table.

Voici une bonne soirée! Soyons gais et, autant que possible, spirituels. Je ne connais rien de pareil à souper en bonne et brillante compagnie.

LE CARDINAL CORNETO.

Quel bonheur, quelle félicité que de célébrer ainsi avec Votre Sainteté la faveur insigne qu'elle a daigné nous accorder à tous en nous élevant au cardinalat!

LE PAPE.

C'est une joie bien grande que de plaire à la fois à ses amis et à la Justice!

LE CARDINAL COPIS, bas à son voisin de table, le cardinal de Fiesque.

Ne trouvez-vous pas le Saint-Père étrangement pâle?

LE CARDINAL DE FIESQUE, de même.

J'allais précisément vous faire remarquer les traits tirés de M. de Valentinois.

LE CARDINAL ROMOLINO, bas au cardinal Valentin.

Si j'avais pu m'excuser, je ne serais pas venu. Je me méfie de ces sortes de fêtes !

LE PAPE.

Cardinal Romolino, depuis l'affaire de l'hérétique Savonarole, vous n'avez jamais cessé de nous donner des marques de votre excellente amitié. Vous voyez que je m'en suis aperçu.

LE CARDINAL ROMOLINO.

Très-Saint Père, mon dévouement à votre personne est et sera toujours sans bornes !

LE CARDINAL SODERINI, bas au cardinal Castelar.

Le Pape est vraiment livide, ce soir. Qu'est-ce qu'il nous prépare ? Je voudrais ne pas être ici.

LE CARDINAL CASTELAR.

Ni moi non plus. On étouffe dans cette salle.

DON CÉSAR BORGIA.

Je suis mal à l'aise... Je ne sais ce que j'ai... Il faut que je sorte... Je lutte en vain... La tête me tourne... Qu'avez-vous, Très-Saint Père ?

LE PAPE.

Je ne sais... Je crois que... Ah ! que je souffre !

Il tombe à terre. Les convives se lèvent épouvantés. Don César Borgia veut faire quelques pas, il roule sur le plancher. Tumulte dans la salle.

Au premier sommelier qui le relève.

Écoute... écoute... Éloignez-vous tous ! Où a-t-on pris le vin qu'on m'a donné tout à l'heure ?

LE SOMMELIER.

C'était une des bouteilles remises par Son Altesse le duc.

LE PAPE.

En ce cas... mon fils et moi... nous sommes perdus!

Il s'évanouit.

DON MICHELE, entrant brusquement

On dit que Son Altesse se trouve mal? (Il va au duc.) Parlez-moi, monseigneur!

LE DUC.

Approche ton oreille...

<small>Don Michele s'agenouille à côté de lui.</small>

Je suis empoisonné... Le Pape l'est aussi... Fais-nous porter au Vatican... Toutes mes troupes sur pied... Empare-toi du fort Saint-Ange!... Sauve le Trésor! Si on nous attaque, défends-toi comme un tigre! défends-moi!

Il perd connaissance.

LE CARDINAL CORNETO.

Messeigneurs, le Saint-Père est très-mal. Il faut songer à l'Église... à la paix publique!... Je retourne à Rome!

TOUS LES CARDINAUX.

Ne nous séparons pas! Nous allons avec vous! chez vous! Nous déciderons ce qu'il convient de faire!

Ils sortent tous.

DON MICHELE, aux domestiques et aux soldats.

Prenez les premières litières venues! Vite! au Vatican!... Le premier qui bronche, je le tue roide!

LA PLACE DU PEUPLE

Grand concours de gens, bourgeois, femmes, enfants, bateliers, portefaix, vagabonds. — Cris, tumulte. On élève des barricades aux coins des rues.

LA FOULE.

Il est mort! Le diable ait son âme! L'âme d'Alexandre! L'enfer en a peur! Le monstre! Il voulait empoisonner tous les cardinaux! Il s'est empoisonné lui-même! Il n'a pas oublié son fils! C'est bien fait! — Sont-ils morts? Ils sont morts! Non! Si! On les enterre cette nuit! Le Valentinois n'est pas mort! Je vous dis que si! Allons les déterrer! Au Tibre! au Tibre! Leurs carcasses dans le Tibre! Pas de terre sainte pour l'Antechrist!

UNE BANDE NOUVELLE, accourant.

Aux armes! Les gens des Borgia enfoncent les maisons! Aux barricades! Défendons-nous!

Trompettes, tambours, arquebusades.

UN HOMME, exaspéré.

Les Orsini pillent les amis des Borgia! On vient d'en égorger une troupe!

LA FOULE.

Bravo! A feu, à sac, à sang!

Grondements du canon.

Qu'est-ce que c'est que ça?

CRIS A L'AUTRE BOUT DE LA PLACE.

Le fort Saint-Ange tire sur les Orsini! Aux armes! Contre les Borgia et les Barons! Les Espagnols et les Colonna vont entrer et tout ravager!

UNE VOIX.

Voici les Français! Ils ne font pas de quartier!

LA FOULE.

Aux barricades! Défendons-nous! A l'eau, le Pape!

<small>Une compagnie de soldats des Borgia se jette sur le peuple.</small>

LA FOULE.

Sauvez-vous! Sauve qui peut!

<small>Décharges des deux parts, morts, blessés; le peuple s'enfuit, se reforme dans les rues et fait feu de nouveau ; mêlée. Le canon continue à gronder.</small>

UN PALAIS DES ORSINI

<small>Fabio Orsini, le comte de Petigliano, Barthélemy Alviane, autres Orsini, tous armés.</small>

FABIO.

Michele vient d'incendier notre maison de Monte-Giordano.

PETIGLIANO.

N'y prenez pas garde, mes frères et mes cousins! Son maître payera tout à la fois! Deux cents cuirasses, mille arbalétriers, arquebusiers et piquiers, voilà nos forces. Agissons sans retard. Prosper Colonna est entré avec des troupes aragonaises. Il veut assommer le Valentinois, c'est vrai; mais, pendant qu'il sera en train, il nous attaquera de même, n'en faites doute. Nous avons contre nous les Borgia, les Colonna, les cardinaux, le peuple, les Espagnols... Gagnons nos ennemis de vitesse!

L'ALVIANE.

Le Valentinois nous offre de nous rendre nos places si nous lui donnons quartier pour quelques jours. J'accepterais, malgré l'incendie de notre maison que nous vengerons plus tard.

UN ORSINI.

Non ! Écrasons le Borgia, et entendons-nous avec les autres !

FABIO.

Avec les Colonna, c'est impossible, et avec le peuple, jamais ! Pas d'union avec la canaille !

PETIGLIANO.

Traitons avec le Borgia ! Il est perdu ! Quelques jours de répit ne le sauveront pas ! Toute la Romagne est déjà soulevée à l'heure qu'il est ! D'accord avec lui, nous ferons trembler les cardinaux ; c'est l'essentiel pour le moment. Est-ce dit ?

LES ORSINI.

C'est dit !

PETIGLIANO.

Aux armes, donc ! Descendons dans la rue !

Il attache son casque ; tous sortent, en faisant sonner leurs armures et leurs éperons.

LA MAISON DU CARDINAL CORNETO

Une grande salle peinte. — Réunion des cardinaux ; officiers de toutes sortes, des secrétaires, des moines.

LE CARDINAL COPIS.

Je n'ai pas encore repris mes esprits ! Ces monstres prétendaient nous empoisonner, et ils se sont anéantis eux-mêmes!

LE CARDINAL DE FIESQUE.

On assure que César n'est pas mort. Il s'est fait tenir une heure dans l'eau glacée, où ses souffrances aiguës lui causaient des convulsions atroces. On dit même que les médecins ont ouvert les entrailles à deux mules vivantes et l'ont plongé tout entier dans cet horrible tombeau, espérant qu'il y reprendrait la force!

LE CARDINAL CASTELAR.

Je crois que Michele n'oserait commettre tant de violences, s'il ne comptait sur la guérison de son maître.

LE CARDINAL CORNETO.

Pourtant Alexandre, lui, est mort, bien mort! C'est horrible! Des crocheteurs l'ont mis dans sa bière! Ils y ont enfoncé à coups de pied son corps tuméfié par le poison et tombant en lambeaux! Les soldats ont insulté les prêtres qui voulaient prier! C'est monstrueux!

LE CARDINAL SODERINI.

Messeigneurs, messeigneurs, nous ne sommes pas rassemblés ici pour raisonner, mais bien pour sauver cette malheureuse ville. Tous les démons qui possédaient Alexandre semblent ne s'être échappés de son cadavre que pour se déchaîner contre nous plus à l'aise! Meurtres, pillages, incendies, crimes, infamies, rien ne manque! Et nous qui représentons en ce moment la seule autorité légitime, ne décidons-nous rien? Allons-nous passer notre temps à deviser, à trembler, à pleurer? Allons! qu'ordonnez-vous? Je vous en conjure, ouvrez vos esprits, affermissez vos cœurs! Qu'une résolution virile sorte de vos têtes comme une Minerve armée! Donnez-nous une égide pour couvrir la Ville et le monde!

LE CARDINAL VALENTIN.

Il faut lever immédiatement des troupes et les opposer aux factions!

LE CARDINAL CASANOVA.

J'adopte cet avis, et si le sacré Collége veut m'en charger, je me fais fort d'obtenir un prompt résultat. Plusieurs des capitaines présents à Rome accepteront mes propositions.

TOUS.

Bien dit! Agissez!

LE CARDINAL CASANOVA.

Je cours m'acquitter de ma mission. Comptez sur mon zèle!

Il sort avec sa suite.

LE CARDINAL ROMOLINO.

Immédiatement, mandons devant nous les ambassadeurs. Sinon, les Colonna vont s'entendre avec l'Espagne et les Orsini avec la France; les Vénitiens intrigueront dans la Romagne, et les Florentins nous prépareront des difficultés inextricables avec la populace. En sommant tout de suite les princes chrétiens d'appuyer notre autorité, la seule légitime, car nous sommes le futur conclave, nous les mettons dans l'impossibilité de nuire. D'ailleurs, l'Empereur sera pour nous.

Assentiment général.

LE CARDINAL VALENTIN.

Dans la hâte, j'avais prévu l'opinion de notre vénérable Frère, et j'ai fait engager les ambassadeurs à se rendre ici. On m'avertit qu'ils attendent votre bon plaisir.

TOUS.

Qu'ils entrent! qu'ils entrent!

Entrent les ambassadeurs de France, d'Espagne, de l'Empire, de Venise, de Florence, de Milan, des Ligues suisses. — Grand tumulte sous les fenêtres. — Les arquebusades continuent. On entend le canon du Vatican et du fort Saint-Ange.

LE CARDINAL CORNETO.

Messieurs les ambassadeurs, soyez les bienvenus. L'Église du Christ a besoin de ses enfants! Nous vous appelons pour réclamer l'appui dû par les princes chrétiens à leur sainte mère. Les circonstances sont pressantes. Que nous répondez-vous?

L'AMBASSADEUR DE FRANCE.

Messeigneurs les cardinaux, avant tout, mon devoir m'oblige à protester solennellement contre un outrage.

LES CARDINAUX.

Un outrage? de notre part?

L'AMBASSADEUR D'ESPAGNE.

Je rétablirai la vérité.

L'AMBASSADEUR DE FRANCE.

Si j'étais ici comme homme privé, Votre Grâce ne se servirait pas deux fois d'une pareille expression. Mais l'honneur de mon maître passe avant le mien. Écoutez ce qui vient d'arriver; je n'en veux pas déguiser mon indignation.

LE CARDINAL CORNETO.

Monsieur l'ambassadeur, la ville brûle, la sédition est

flagrante ; ne pourrait-on surseoir à vos plaintes jusqu'à un moment plus convenable?

L'AMBASSADEUR DE FRANCE.

Si l'on ne m'écoute pas, je sors. Je suis arrivé à la porte de ce palais avant le seigneur ambassadeur d'Espagne. Ses gentilshommes se sont rués sur les miens, et tandis qu'on tirait les épées, M. l'Ambassadeur a passé devant moi et pris le pas. C'est là le fait! Eh quoi! messeigneurs, est-ce le droit d'un prince d'Aragon de précéder le Roi Très-Chrétien? Quand il s'agit de vous approcher, le fils aîné de l'Église doit-il marcher après les autres? Je demande, à l'instant, une réparation éclatante!

Entrent les cardinaux Julien de la Rovère et Piccolomini.

L'AMBASSADEUR DE L'EMPEREUR.

Il est au moins singulier que, devant moi, d'autres Couronnes prétendent à la préséance.

L'AMBASSADEUR DE FRANCE, avec emportement.

Comment l'entendez-vous, monsieur?

L'AMBASSADEUR D'ESPAGNE, mettant la main à l'épée.

Je n'ai qu'une manière de parler et une manière de répondre.

LE CARDINAL DE LA ROVÈRE.

Ainsi, messieurs, voilà ce que vous avez à dire au sacré Collége? Au moment où la Ville sainte devient la proie des séditieux; quand, d'ici, vous entendez le canon, les arquebusades, les blasphèmes, et que, par ces fenêtres, oui, par ces fenêtres, le flamboiement de l'incendie se dénonce à nos regards indignés, au lieu de nous venir en aide, vous nous étalez les tristes compétitions de vos vanités! Par les plaies et la mort de Jésus, mon Sauveur, vous vous moquez de nous, monsieur l'ambassadeur de France!

L'AMBASSADEUR DE FRANCE.

Seigneur Julien de la Rovère, je ne vous permets pas ce ton, et il n'est pas de chapeau rouge qui puisse me dérober un insolent!

LE CARDINAL DE LA ROVÈRE, marchant droit vers lui.

Lisez cette lettre, lisez cet ordre, et baissez le front! Baissez-le, monsieur, plus bas, tout bas! et obéissez! Notre vénérable frère, monsieur le cardinal d'Amboise, le ministre révéré du Roi, votre maître, vous écrit ceci! Vous reconnaissez bien le seing et le sceau? Eh bien! lisez donc! Il vous ordonne de mettre immédiatement les troupes françaises à la disposition du conclave, et le conclave vous ordonne de les faire sortir de la ville!

L'AMBASSADEUR DE FRANCE.

Monsieur le cardinal, il n'en est pas moins vrai que...

LE CARDINAL DE LA ROVÈRE, bas à son oreille.

Vous aurez une réparation complète quand le moment sera plus opportun.

L'AMBASSADEUR DE FRANCE.

Toute difficulté est aplanie. Nos compagnies françaises vont quitter la place... puisque vous le désirez. J'ajouterai, cependant, que le duc de Valentinois s'offre pour défendre votre autorité.

PLUSIEURS CARDINAUX.

Il n'est donc pas mort?

LE CARDINAL PICCOLOMINI.

Il est bien malade; mais tout indique qu'il commande à son corps comme il a toujours commandé à la volonté des autres. Je ne suis pas d'avis d'accepter ses propositions.

LE CARDINAL COPIS.

Prenez garde! il s'est réconcilié avec les Orsini. Il ne faudrait pas traiter en ennemis ces gens puissants qui demandent à nous aider.

L'AMBASSADEUR DE FRANCE.

Je conseillerais de ne pas se brouiller avec M. de Valentinois. Il a bien de l'esprit; il tient les plus fortes positions; son artillerie est nombreuse, et ses coffres regorgent d'argent.

L'AMBASSADEUR D'ESPAGNE.

Si l'on s'accorde avec M. de Valentinois, je demande, au nom du Roi Catholique, qu'on admette de même nos troupes et nos alliés, entre autres don Prospero Colonna et tous ceux de sa maison.

L'AMBASSADEUR DE FRANCE.

Alors, c'est admettre l'anarchie!

L'AMBASSADEUR D'ESPAGNE.

Elle me semble encore mieux représentée par vous que par nous!

LE CARDINAL DE LA ROVÈRE.

Voici la décision du sacré Collége. Le conclave va se réunir le plus promptement possible pour remplir la vacance du trône. Jamais la présence salutaire d'un souverain pontife ne fut plus à souhaiter que dans cette crise terrible où les âmes et les corps sont également en péril!

Il ne convient pas qu'une si auguste assemblée se tienne au milieu du fracas des armes. Non, messieurs, non! Cela ne convient pas, cela ne sera pas! Français, Aragonais, Colonna, Orsini, tout ce qui a l'épée au poing sortira; M. de Valentinois sortira comme les autres! Il ne demeurera ici que des troupes pontificales!

L'AMBASSADEUR DE FRANCE.

Monsieur le cardinal, j'ai peine à croire que le Roi mon maître approuve de pareilles mesures.

LE CARDINAL DE LA ROVÈRE.

Mon cœur est encore exalté par les nobles sentiments que vient de m'exprimer notre vénérable frère d'Amboise. — Cardinal de la Rovère, m'a dit ce véritable grand homme, j'aurais honte, moi, prince de l'Église romaine, si je donnais la moindre apparence que j'entends violenter le conclave; le conclave doit être libre dans son choix! L'armée du Roi Très-Chrétien va s'éloigner des murs de Rome! — Voilà les propres paroles de ce génie admirable! Vous lui tiendrez compte, messeigneurs, oui, vous lui tiendrez compte de tant de magnanimité, et je ne doute pas que le Saint-Esprit vous dicte ce qu'il faudra faire pour récompenser tant de vertus!

Les ambassadeurs de Venise et de Florence se regardent très-étonnés.

LES CARDINAUX.

Assurément! assurément! c'est un beau trait!

LE CARDINAL CASANOVA, bas au cardinal Romolino.

Quelle bonne diablerie vient de faire Julien! Nous voilà débarrassés du Pape français!

LE CARDINAL ROMOLINO, de même.

Je tremblais de ne pouvoir l'éviter! Pensez-vous voter pour Julien?

LE CARDINAL CASANOVA.

Jamais! Il est trop retors et trop dur. Ce qu'il nous faut, c'est un sujet insignifiant.

LE CARDINAL ROMOLINO.

Que penseriez-vous du vieux Piccolomini?

LE CARDINAL CASANOVA.

Pas mauvais. Nous en reparlerons. Écoutons ce qu'ils disent.

LE CARDINAL DE LA ROVÈRE.

Un secrétaire des Brefs va se rendre auprès du duc de Valentinois pour l'engager à se retirer; et vous, monsieur l'ambassadeur d'Espagne, que décidez-vous?

L'AMBASSADEUR D'ESPAGNE.

Du moment que les Français quittent la place, le Roi mon maître ne le cédant à personne en respect pour le conclave, nos gens de guerre et nos alliés vont s'éloigner également.

LE CARDINAL DE LA ROVÈRE.

Vous remercierez le Roi pour nous.

Bas à l'ambassadeur de France.

Écrivez tout de suite à Sa Sainteté... pardon! je me trompe! je veux dire, au révérendissime cardinal d'Amboise, que, grâce à son habile modération, son élection au trône pontifical est chose conclue!

L'AMBASSADEUR DE FRANCE.

Tout cela me confond!

LE VATICAN

Une chambre dont les rideaux sont fermés. — Don César Borgia couché, maigre, défait; don Michele.

DON CÉSAR BORGIA.

Approche... Je ne saurais parler haut... Qu'as-tu fait ?

DON MICHELE.

Nous sommes restés les maîtres et bien les maîtres du quartier. Vos hommes sont fermes et fidèles. Je les ai compromis par le pillage de quelques maisons. Ils savent que s'ils se débandent, ils seront exterminés.

DON CÉSAR.

Par l'enfer ! que je souffre !

DON MICHELE.

Les cardinaux vous font dire de quitter la ville sous trois jours. Les Français sont partis.

DON CÉSAR.

Ainsi le cardinal d'Amboise renonce à être Pape ?

DON MICHELE.

Julien de la Rovère lui a persuadé qu'il le serait plus glorieusement en laissant au conclave toute sa liberté.

DON CÉSAR.

J'avais oublié que, chez les Français, la gloriole étouffe la gloire.

DON MICHELE.

Vous verrez que Julien va se faire élire.

DON CÉSAR.

J'en doute. On a trop peur de ses talents et de ses violences. Je n'ai pas de moyens de me maintenir ici. Cédons de bonne grâce, pendant que nous pouvons encore négocier. Demande aux cardinaux de me laisser partir avec mon artillerie, mes troupes, mes coffres, et sous la garantie que je ne serai pas attaqué.

DON MICHELE.

Mauvaise affaire !

DON CÉSAR BORGIA.

Si j'étais debout, j'agirais autrement. A cette heure, je n'ai d'autre souci que de gagner du temps.

DON MICHELE.

Alors, vous ne perdez pas courage !

DON CÉSAR BORGIA.

Tant que j'existe, le monde est à moi ! J'ai le pied dessus !

FLORENCE

Le couvent et hôpital de' Tintori, à Sant-Onofrio. — Un grand atelier ; des marbres, les uns ébauchés, les autres finis, d'autres encore bruts; des bancs, des escabeaux. — Michel-Ange Buonarotti, très-appliqué à travailler à un vaste carton. — On frappe à la porte. — Michel-Ange va regarder par un guichet, fait tourner la clef dans la serrure et ouvre.

MICHEL-ANGE.

Toi, tu peux entrer.

FRANCESCO GRANACCI.

Je viens du Palais; ta gloire est complète.

Il l'embrasse.

MICHEL-ANGE, se remettant à son ouvrage.

Raconte-moi comment les choses se passent.

GRANACCI.

Ta gloire est complète, te dis-je! Tous les maîtres qui sont à Florence se pressent émerveillés devant ton ouvrage. Ah! le carton de la guerre de Pise est une œuvre immortelle! Personne ne le conteste! On ne se lasse pas de considérer ce prodige, et ceux qui le copient y découvrent mille beautés que les admirateurs vulgaires ne soupçonneront jamais!

MICHEL-ANGE.

C'est de mon mieux que j'ai travaillé.

GRANACCI.

Tu feras pourtant de plus grandes choses encore!...
C'est à peine croyable, mais je le crois.

MICHEL-ANGE.

Je ferai ce que la sainte bonté de mon Créateur a mis en moi de pouvoir faire. Aussi bien que j'ai travaillé jusqu'à ce jour, je continuerai. Que le carton ait obtenu l'approbation qu'il mérite, j'en suis ému jusqu'au fond de l'âme; mais si jamais je ne devais exécuter rien de mieux, je voudrais être mort, car j'ai bien plus à dire! Quels sont les maîtres que tu as vus devant mon dessin et qui l'ont loué?

GRANACCI.

D'abord, le Vinci est venu avec tous ses élèves. Il s'est répandu en éloges infinis.

MICHEL-ANGE.

C'est l'homme le plus faux que je connaisse, et en fait de politesses bavardes on ne saurait rien lui apprendre. Toutes ses paroles sont mielleuses... comme sa peinture. Maître Léonard porte en lui une âme raffinée, et non pas franche et forte... Il me déteste... Je le lui rends. C'est pourtant un grand peintre. Et, après lui, qui est venu?

GRANACCI.

Ridolfo Ghirlandajo.

MICHEL-ANGE.

Lui, lui, lui, c'est un ami! Que le ciel le bénisse, le digne fils de son père! Je dois bien des actions de grâces à Domenico! Que le ciel m'abandonne si je viens jamais à le méconnaître!

GRANACCI.

Puis, j'ai vu, dans la foule, Baccio Bandinelli, le Beruguetta, André del Sarto...

MICHEL-ANGE, levant vivement la tête.

Qu'est-ce qu'il a dit, celui-là?

GRANACCI.

Ah! celui-là... comme il entendait quelques ignares déclarer un raccourci trop dur ou un nez trop long, il les a regardés froidement, a pris un escabeau, s'est assis, et, plaçant devant lui un carton, il a commencé à copier.

Michel-Ange se mord la lèvre, fait le signe de la croix et continue à travailler.

GRANACCI.

C'est, du reste, ce qu'a fait aussi le Sanzio.

MICHEL-ANGE.

Celui-là... celui-là... ce Raphaël... ce petit jeune homme... ce n'est pas un enfant de Dieu! Je ne l'aime pas beaucoup, Granacci... Pourtant, je ne voudrais pas dire... à la vérité, ce qu'il cherche, je n'en veux pas et... n'importe! Je ne dirai pas de mal de lui!

Il se remet à l'ouvrage.

GRANACCI.

Pour moi, je commencerai dès demain à faire comme André del Sarto et celui que tu appelles le petit jeune homme. Je ne serai pas content que je n'aie achevé une copie entière du chef-d'œuvre.

MICHEL-ANGE.

Il te faut aussi inventer quelque chose de toi-même.

GRANACCI.

Oh! moi, je ferai, comme par le passé, des décorations pour les fêtes; c'est mon lot;. je n'ai pas de génie, je le sais bien. J'aime la Beauté, voilà tout, et il me vaut mieux être un amoureux qu'un peintre.

MICHEL-ANGE, avec emportement.

Voilà comme ils sont tous! Quels chiens rampants que les hommes! S'il te faut absolument un esclavage, prends-en au moins un plus digne; mais quand une misérable femme t'aura menti, t'aura trompé, t'aura vendu et jeté finalement dans un coin, avec le cœur saignant... Par Dieu! tu me fais honte!

GRANACCI.

Il n'y aurait que des baisers dans l'amour que cela vaudrait encore...

MICHEL-ANGE.

Si tu es mon ami, pas de ces propos-là; tu sais que je ne les souffre pas.

GRANACCI.

Mais, sérieusement, que veux-tu que je tente? Je m'arrête devant tes œuvres. Tiens!... devant ta Pietà, par exemple! Eh bien! je reste frappé de stupeur; tu penses ce que je ne penserai jamais; tu aperçois clairement, tu contemples ce qui me sera à jamais voilé; tu imagines ce que je ne saurais concevoir, et je me sens si petit, si faible, si impuissant à côté de ce que tu sais concevoir et produire, que le découragement l'emporte, et je n'ai plus envie de rien essayer.

MICHEL-ANGE.

Es-tu jaloux de moi?

GRANACCI.

Pas le moins du monde!

MICHEL-ANGE.

Voilà le mal. Comment! toi, un artiste, tu te places devant l'œuvre d'un autre, tu l'admires, et tu n'es pas jaloux? Tu ne te déchires pas la poitrine avec rage, et tu ne maudis pas le jour où cet ennemi a trouvé et saisi ce qui est à toi? Tu es un artiste, et tu chéris si pauvrement la Muse que tu la vois accorder ses faveurs à celui qui n'est pas toi sans te sentir transporté d'indignation et de fureur? Mais quel miel, quel lait, quelle fade liqueur sucrée as-tu donc dans les veines au lieu de sang? Ne sais-tu donc pas que c'est avec la fureur, la colère, l'emportement, la véhémence que l'on escalade le ciel? Il s'agit bien de sourire! Je ne te dis pas de me courir après, la dague au poing, mais je trouverais concevable que tu me détestes, et moi, je t'en aimerais davantage. Roidis-toi, deviens un homme; je t'apprendrai tout ce que je sais, je te montrerai ce que je peux. Allons, Granacci! donne-toi à quelque fougueuse résolution! Assieds-toi là! Travaille! Il n'y a que le travail et l'enivrement de créer qui infusent de la saveur dans la vie. En elle-même, elle ne vaut rien!

GRANACCI.

Je ferai ce que tu voudras, sauf d'être jaloux de toi. Je me rirais au nez à moi-même. Sais-tu les nouvelles?

MICHEL-ANGE.

Je ne prends nul intérêt aux nouvelles.

GRANACCI.

On a élu un nouveau Pape, le Piccolomini. Il s'appelle maintenant Pie III.

MICHEL-ANGE.

Puisqu'il est Pape, il faut le respecter.

GRANACCI.

On dit que César Borgia...

MICHEL-ANGE.

Je ne me soucie ni des Borgia, ni des Sforza, ni de personne. Je suis un artiste, et ne vois dans le monde que mon travail, et surtout la sainte Religion. Je ne recherche pas pourquoi le Seigneur Dieu, que son nom soit béni! a mis sur la terre tant de princes, de capitaines et de podestats qui se mangent les uns les autres. Ils devraient n'avoir d'autre occupation que de faire des actions vertueuses, punir le vice et protéger les arts. Ils agissent tout au rebours... Dieu devrait les supprimer. Il est vrai qu'alors on tomberait dans les mains de la populace, la bête la plus immonde qui ait jamais rampé sur le sol. As-tu jamais remarqué qu'un homme sorti de rien soit devenu un bon artiste?

GRANACCI.

Je n'y avais pas songé.

MICHEL-ANGE.

Si ma famille n'était pas issue des comtes de Canossa,

je ne serais pas ce que je suis, et je voudrais qu'il fût interdit, sous peine de mort, à ces parvenus d'oser jamais placer son doigt sur un ciseau ou un crayon. Crois-moi! le monde est horrible. Je me perds dans l'amertume de mes pensées, quand je viens à l'envisager... Le jour baisse; on n'y voit plus clair. Allons nous promener au bord de l'eau, et nous passerons ensuite la soirée à lire Dante.

NAPLES

Le palais du Vice-Roi. — Une salle très-ornée de peintures et de dorures. Devant une table, couverte de velours rouge à crépines d'or, et assis sur des fauteuils de brocard à dossiers sculptés, le Vice-Roi, don Gonsalve de Cordova et don César Borgia, vis-à-vis l'un de l'autre. Ils se serrent les mains.

DON CÉSAR BORGIA.

Je mets toute ma confiance en Votre Excellence.

DON GONSALVE.

Elle est bien placée.

DON CÉSAR BORGIA.

Vous êtes un grand capitaine, la gloire de ce siècle. L'honneur de votre nom me garantit votre sincérité.

DON GONSALVE.

Vous me rendez justice.

DON CÉSAR.

Je n'ai trouvé, dans ces derniers temps, que des procédés infâmes. J'avais consenti à céder aux cardinaux du conclave le Vatican et le fort Saint-Ange, qui me rendaient le maître de Rome, et j'ai fait preuve ainsi d'une modération si éclatante que mes ennemis ne sauraient la nier. Oui, don Gonsalve, si je suis sorti de Rome, c'est volontairement. A la suite de cette action généreuse, les promesses qu'on m'a faites n'ont pas été tenues. Le cardinal d'Amboise s'est, d'ailleurs, conduit comme un sot en éloignant son armée devant les belles phrases de Julien de la Rovère. Celui-ci n'a pas manqué de faire élire Piccolomini qui n'a vécu que vingt-deux jours, et ensuite il a pris la tiare pour lui-même; vous et moi, nous avons l'ennemi le plus acharné dans cet ambitieux, violent, faux, perfide et rapace Jules II. Par les intrigues de cet homme, mes peuples de la Romagne se sont insurgés; les Vénitiens m'ont enlevé mes meilleures places; la fortune des armes m'a trahi; on m'a emprisonné, on m'a relâché. Les Français se sont indignement conduits à mon égard. Je les ai servis trop bien et trop longtemps. Aujourd'hui je suis à vous, au Roi votre maître, et vous devez compter sur moi comme je compte sur vous. En ai-je sujet ?

DON GONSALVE.

Je supplie Votre Altesse d'en être convaincue. D'ailleurs, vous avez ma parole, don César.

DON CÉSAR.

Cette assurance m'est bien douce et me console de tant de mécomptes. Encore une fois, je ne demande qu'à vous bien servir, et puisque vous me confiez des troupes pour agir en Toscane, en faveur des Médicis, vous ne devez pas douter que je m'y porte de tout mon pouvoir, ne tenant compte désormais que des intérêts du Roi Catholique.

DON GONSALVE.

Je vous suis extrêmement obligé de tant de zèle.

DON CÉSAR.

Mon intention est de m'embarquer aujourd'hui même

sur les galères de Sa Majesté qui sont dans le port, et je prends congé de vous.

DON GONSALVE.

Allez avec Dieu, Altesse, et que sa toute-puissance vous conduise !

DON CÉSAR.

Je remercie encore Votre Excellence d'avoir été pour moi un ami dans l'excès de mes disgrâces.

Ils se lèvent.

Faites état de moi, je vous prie, don Gonsalve, comme de votre plus passionné serviteur.

DON GONSALVE, l'embrassant.

C'est un honneur dont je suis profondément touché.

DON CÉSAR.

Que Dieu garde Votre Excellence !

La salle d'attente qui précède le cabinet du Vice-Roi. Au moment où don César sort de chez don Gonsalve, les courtisans, les officiers, les solliciteurs qui remplissent l'appartement, se lèvent et se découvrent.

DON NUNEZ CAMPEIO, CAPITAINE DES GARDES DU VICE-ROI,
à don César.

Monseigneur, je vous arrête au nom de Sa Majesté !

DON CÉSAR, reculant de deux pas.

Que signifie ?... Je suis l'ami du Vice-Roi !... J'ai sa parole !

DON NUNEZ CAMPEIO.

Voici son ordre ! Lisez !

DON CÉSAR, regardant le parchemin.

C'est une infernale perfidie !

DON NUNEZ CAMPEIO.

Vous devez vous y connaître. Votre épée !

DON CÉSAR, jetant les yeux autour de lui et ne voyant que des Espagnols.

On n'a jamais pratiqué infamie pareille !

DON NUNEZ CAMPEIO.

Hormis à Sinigaglia. Votre épée ! vous dis-je, Altesse, ou faut-il vous la prendre ?

<small>Don César jette son épée à terre avec violence ; on la ramasse. Le duc est entraîné par les soldats.</small>

UN COURTISAN, à un personnage vêtu de noir qui écrit assidûment sur son genou.

Que faites-vous là, seigneur Sannazar ? Cette scène vous aurait-elle mis en verve de poésie ?

SANNAZAR.

En considérant ce grand coupable, je me suis subitement rappelé sa devise : « *Aut Cæsar aut nihil* », et je viens de composer ce distique.

LES COURTISANS.

Voyons ! voyons !

SANNAZAR, lisant.

Omnia vincebas, sperabas omnia, Cæsar ;
Omnia deficiunt, incipis esse nihil.

LES COURTISANS.

Charmant ! charmant ! Que d'esprit !

ROME

Le palais Borgia. — Dona Maria Henriquez, veuve de Jean Borgia, duc de Gandia; sa fille dona Isabelle Borgia; un dominicain.

LE DOMINICAIN.

Oui, madame la duchesse, et, aussitôt, le Vice-Roi don Gonsalve de Cordova l'a fait embarquer sur les galères de Sa Majesté et envoyer en Espagne où l'on assure que, s'il n'est pas mis à mort, il sera condamné à un emprisonnement qui ne finira qu'avec sa vie.

LA DUCHESSE.

Que Dieu lui pardonne! lui pardonne ses crimes... Il n'y en a guère dans la triste nature humaine dont il ne se soit souillé... Je ne lui ai jamais connu ni une hésitation dans le mal, ni une tentation de repentir. Il n'a pas même senti jusqu'à cette heure l'unique vertu de l'Enfer : la certitude que Dieu l'emporte. Hélas! mon Père, je vous le demande... Avant d'être dans le cloître, vous avez connu la vie... Ce n'est pas un sang vulgaire qui coule dans vos veines... Je vous le demande : qu'est-ce qu'une famille comme la nôtre fait sur la terre? Elle la souille! Elle est sortie du crime, elle a été portée par le crime, roulée dans le crime, emportée sur les ondes les plus furieuses, les plus écumantes, les plus fangeuses du crime, et la voilà renversée! Où sont nos prospérités insolentes? Nulle part! Tout est décombres! Plus de fanfares, plus de triomphes, plus de blasphèmes... Nous sommes devenus le spectacle des multitudes; est-ce que notre exemple est un sujet d'édification ?

LE MOINE.

Oui, madame, bien que d'une autre manière que vous ne le pensez.

DONA ISABELLE BORGIA.

Madame et vous, mon Père, laissez-moi vous expliquer ce que j'éprouve. A la vérité, je n'ai que seize ans, et je devrais vous écouter sans rien dire, dans une convenable humilité; mais j'ai besoin de vous soumettre ce que je sens en ce jour où nous venons d'apprendre des choses si redoutables. Mon oncle, don César, a mis à mort mon père... Ce que, par ailleurs, il a fait, je ne le sais pas bien et n'ai nulle envie de l'apprendre. Il me suffit d'apercevoir sous une ombre lugubre une auréole rougeâtre et funèbre qui semble émaner de notre nom. Je ne sais comment vous expliquer, et je le veux pourtant, le sentiment que cette vue m'inspire... Cette vue, vous dis-je, car je le crois clairement, et l'impression que j'en reçois, et les larmes constantes de ma mère, tout cela ne me trouble pas comme il devrait me troubler, peut-être. Ma raison me pousse à être pénétrée de tristesse. Je ne le suis pas. Le seul effet produit sur moi par ces misères est de me détacher absolument, mais sans haine, sans mépris, sans irritation, de ce monde où se commettent de telles choses et où l'aspect des châtiments et l'expérience constante de la fragilité des victoires remportées par le mal ne sauraient arrêter ce mal et le porter à réfléchir. Je ne hais pas le monde; il ne m'effraye pas; il ne m'est rien!

Je ne le touche par aucun côté; je ne sais s'il m'entoure, mais il ne peut rien sur moi, et quand je songe à lui, je reçois comme une impression de joie bien pure, parce que je comprends que je n'ai rien de commun ni avec ce qu'il aime, ni avec ce qu'il veut.

LA DUCHESSE.

Et pourtant, nous sommes des pires enfants de ce mal; notre chair lui appartient, et il y enfonce à chaque instant ses épines.

LE MOINE.

Ainsi, l'une et l'autre, vous tirez de mêmes objets une nourriture morale bien différente. Vous, madame, les coups de la méchanceté sont tombés sur vous et y ont laissé, en empreintes ineffaçables, l'effroi et la douleur. Vous, dona Isabelle, vous avez entendu raconter, mais, par vous-même, vous n'avez point ressenti. L'écho de la méchanceté a seul agi sur vous. Voilà comme les actions des hommes, dans leur débilité, ne s'emparent que d'un cercle étroit; elles ne durent que le temps d'un éclair, laissant une vibration qui, graduellement, s'affaiblit et disparaît. Leurs ravages gagnent peu, et ce qui reste après elles..., ce qui reste, c'est..., le savez-vous?... l'éternelle splendeur de la vie! Cette clarté, il n'est pas d'excès satanique qui parvienne jamais à l'éteindre! Vous voilà toutes deux, l'une abattue dans ses renoncements, l'autre joyeuse dans ses détachements, toutes deux, en somme, allant d'un pas égal vers l'immuable région du bien et de la vérité.

LA DUCHESSE.

Nous, nous deux, mon Père? Vous oubliez de quelle effroyable caverne nous sortons!

LE MOINE.

Et c'est là le mystère le plus merveilleux de l'univers et l'axe même de son existence. La thériaque est extraite du venin de la vipère, et du terreau formé de matières immondes, s'élève la tête exquise des fleurs les plus rares ! Pour moi, pour tout ce peuple de Rome qui, depuis tant d'années, vous contemple, vous admire, vous vénère, croyez-vous que votre présence seule ne soit pas un bienfait ? En éprouvant les impressions si diverses que produit le nom que vous portez, méconnaîtrez-vous l'intention d'une Providence ? Et quand on crie avec rage et horreur : « César Borgia », est-il indifférent que l'on ajoute avec tendresse, avec des larmes d'amour dans les yeux : « Marie et Isabelle Borgia » ? Ah ! madame, ah ! ma fille, il ne manque pas de fous qui, voyant Alexandre VI coiffé de la tiare et Savonarole traîné au supplice, s'écrient qu'il n'existe pas de Dieu ! Si je leur répondais, moi, lorsque je vous contemple : Non ! mais il n'existe pas de mal ! est-ce que mon raisonnement ne vaudrait pas le leur ?... Il y a du mal, il y a du bien, et le bien l'emporte ; il ne fait pas tant de bruit, il ne se pavane pas, il ne s'étale pas, il ne hurle pas, il ne se guinde pas pour envahir les premiers rangs, mais il est présent, il agit, et la main qui, en dernier lieu, couvrira l'œuvre des sept jours, sera la sienne !

DONA ISABELLE, se mettant à genoux devant sa mère.

Ne pleurez pas, madame ! Madame, je vous en prie, ne secouez pas la tête ! Le père dit très-vrai ! Je suis bien triste de vous voir si peinée !... Pourtant, je vous l'avoue... j'ai le ciel dans le cœur !... Dieu est si grand !... Croyez-moi ! Le mal... c'est si peu de chose !

LA DUCHESSE, s'essuyant les yeux.

Il faudra prier pour ce malheureux, et nous répandrons, en son nom, d'abondantes aumônes.

DONA ISABELLE.

Elle embrasse sa mère, et détachant son collier :

Je donnerai tous mes bijoux.

LE MOINE.

Donnez-les, ma fille. Ce que je vois contre-balance, et au delà, tous les forfaits du coupable.

EN ESPAGNE

VIANA

Les troupes navarraises font le siége de la ville. — Il est nuit; il neige; il pleut. — A l'angle de la tranchée, vers la place, une sentinelle; le ciel est si noir qu'on l'aperçoit à peine. — Un enseigne, avec quelques soldats, relève les postes.

L'ENSEIGNE.

Est-ce fini ?

UN CAPORAL.

Il reste encore un factionnaire. Le voilà là-bas.

L'ENSEIGNE.

Diable de nuit ! Je n'y vois rien. Il fait un froid de loup. Avançons.

LA SENTINELLE.

Qui vive ?

L'ENSEIGNE.

Navarrais !... Halte !... Arrive à l'ordre !... Saint Jacques !

LA SENTINELLE.

Et Pampelune !... Vous ne me reconnaissez pas, don Michele !

L'ENSEIGNE.

Quelle voix !... Est-ce possible ?... Caporal, apporte la lanterne !... C'est donc vous, monseigneur ?

LA SENTINELLE.

Voilà César Borgia.

L'ENSEIGNE.

Que nous sommes tombés bas !... Et moi qui vous commande !... Quelle misère !

LA SENTINELLE.

Tant qu'on existe, on marche et l'on peut remonter !

L'ENSEIGNE.

Vous n'êtes pas découragé ?

LA SENTINELLE.

Enragé !... On m'a ouvert ma prison, me jugeant inoffensif. Comme on se trompe !... La France m'a abandonné et dépouillé !... L'Italie se vante de me croire mort !... Ah ! sainte vengeance !

L'ENSEIGNE.

Pour moi, je n'y songe pas. Je ne demande plus qu'à gagner mon pain et à le manger sans bruit. Faites-en autant ; croyez-moi, nous sommes vaincus.

LA SENTINELLE.

Cœur lâche ! Aussi longtemps que j'ai dans le corps un souffle, c'est un souffle de haine et d'appétit.

L'ENSEIGNE.

Grand bien vous fasse ! Vous y casserez vos dernières dents... En attendant, je vous relève ; venez vous chauffer. Voici le petit jour ; l'ennemi recommence à tirer sur nous.

<small>Un coup de fauconneau parti d'un bastion atteint la sentinelle en plein corps.</small>

Sangdieu! Le voilà par terre!... Don César!... Il est mort!... Écrasé dans la boue comme un ver, lui, le plus orgueilleux des démons!... Mille millions de diables!... Ne restons pas là... Allons nous chauffer!

<small>L'enseigne et les soldats s'éloignent; des valets d'armée se jettent sur le corps de la sentinelle, le dépouillent tout nu et le lancent dans le fossé.</small>

FIN DE LA DEUXIÈME PARTIE

TROISIÈME PARTIE

JULES II

JULES II

ROME

1503

Une chambre dans le Vatican. — Jules II; le Bramante.

JULES II.

Tu n'es qu'un artiste ; mais moi qui pénètre ce qu'il faut avoir d'énergie dans l'âme pour créer des êtres de pierre et leur souffler la vie, je te parlerai comme à mon égal.

LE BRAMANTE.

Moi aussi, Très-Saint Père, je comprends l'œuvre que vous imaginez.

JULES II.

Tu comprends la difficulté de mettre l'ordre au sein de ces ruines accumulées sur l'Italie par des siècles sauvages et les scélératesses de mon prédécesseur. Ce pays misérable est plus souillé que les étables pour lesquelles il fallut un Hercule. Au milieu des pierres écroulées, des ronces, des herbes vénéneuses, les serpents et les crapauds se complaisent, se gonflent, et pourtant, Bramante, ces décombres, ces fourrés impurs, ce sont les restes sacrés d'un passé magnifique! Je le veux transformer en un paradis aussi beau que celui des livres saints.

LE BRAMANTE.

Une telle œuvre couvrira de gloire son auteur.

JULES II.

Mais, toi et moi, nous sommes vieux. Pour accomplir la tâche, il est tard. Le temps nous est mesuré ; force est donc de nous hâter. Il faut concevoir nos desseins du premier jet, les réaliser d'un coup, sans hésiter, sans attendre, et avec ces mains que nous avons et que la sénilité fera bientôt trembler. Créons beaucoup, vite, des choses fermes, des choses bonnes, des choses fortes, écrasantes pour les choses mauvaises qu'il s'agit de supprimer. Aide-moi de tout ton cœur et de tout ton pouvoir.

LE BRAMANTE.

Je m'y donnerai entièrement. Le ciel me punisse si je plains ma peine !

JULES II.

Tandis que j'exterminerai ce qui reste des tyranneaux de la Romagne et fonderai à jamais le pouvoir du Saint-Siège apostolique, oui, tandis que je ne perdrai pas une occasion, je te le jure, de déraciner de chez nous les Barbares, repoussant les Espagnols comme les Français, les Allemands comme les Suisses, et cela avec le fer, le feu, l'excommunication et toutes les foudres de tous les anathèmes... Je n'y ménagerai ni les violences, ni les scrupules ! Car, entends-moi bien, mon fils ! Il est certaines époques où les scrupules sont bons pour le confessionnal et franchement coupables ailleurs, la vertu ne consistant qu'à réussir ; pendant, te dis-je, que je ne ménagerai rien, toi, Bramante, je te commets à faire en sorte que le feu de l'esprit devienne un bûcher si flamboyant que l'ignorance et la grossièreté des âges anciens s'y consument, et que la flamme en soit éclatante, à tel point que la postérité l'apercevra comme un phare sur lequel elle pourra se guider à jamais.

LE BRAMANTE.

Un monde déborde de votre tête dans la mienne. Vos idées me crient : Travaille, Bramante !

JULES II.

Obéis-leur, et comme je ne t'ai pas fait venir pour perdre le temps à des divagations, voici mes projets : le Vatican est trop petit ! Ce n'est plus là un palais digne du Souverain Pontife des chrétiens, de ce successeur de l'apôtre qui ferme et ouvre les portes des mondes. Il me faut une demeure propre à frapper les nations de surprise et de respect. Tu vas donc m'établir ici deux galeries longues et somptueuses, qui franchiront la largeur du vallon et iront me chercher le Belvédère. Tu accumuleras là toutes les beautés, toutes les élégances, toutes les inventions de ton art, et tu y mettras aussi toutes ses hardiesses. Ne crains pas d'en faire trop ! Ne plains pas la dépense. Rappelle-toi bien et ne perds jamais de vue que ton imagination, si forte qu'elle puisse être, ne saurait jamais figurer qu'avec une taille de nain à côté des grandeurs de ma volonté.

LE BRAMANTE.

Je tâcherai de me hausser de mon mieux. Ce sera un travail long et pénible.

JULES II.

Pénible? Je ne m'en soucie pas. Long? Je te le défends! Tu vas commencer tout de suite; tu t'appliqueras jour et nuit. Tu ne te donneras ni trêve ni tranquillité jusqu'à ce que je te dise: Arrête-toi, et je ne te le dirai pas! Avant de mourir, je veux contempler moi-même ce que j'exécute. Quand tu dormiras, quand tu mangeras, tu me voles! Écoute encore. Rome est déshonorée par quantité de ruelles sombres et infectes. Tu les feras disparaître. En leur place et de la façon que tu voudras, tu traceras une vaste, large et superbe avenue. Tu la borderas de palais et de somptueux bâtiments.

LE BRAMANTE.

Que je commence du moins les galeries du Vatican; pour le reste, nous verrons. Vous m'effrayez.

JULES II.

Lâche! Je te le répète, je suis vieux, je ne peux pas attendre. Il faut tout faire à la hâte. Est-ce ma faute si les hommes, les événements, les lenteurs du succès, les embarras des revers, cette interminable série de jours, de mois, d'années stériles dont la vie humaine est encombrée m'ont barré si longtemps le passage? Arrivé plus tôt, j'écouterais peut-être tes raisons, et encore... non! J'exécuterais davantage! Tu accompliras tout de suite ce que je te commande et qui n'est rien. Voici maintenant l'œuvre véritable que je t'impose.

LE BRAMANTE.

Quoi! Très-Saint Père, ce n'est pas tout?

JULES II.

J'ai affaire de tes œuvres et non de tes transes. En même temps que moi, oui, moi, ce Julien de la Rovère qui te parle, je ferai peser le pontificat si lourd sur les épaules des rois et le porterai si haut que l'héritage de Saint-Pierre vaudra, dès ce monde, l'héritage d'Israël dans l'autre, toi, tu fonderas ici le signe visible de cette suprématie. C'est toi, Bramante, qui vas construire un temple acceptable pour la sainte Église! L'antique basilique, comme l'antique Vatican, n'est plus digne de nous. Abats, détruis, brise, arrache, et montre-moi, en place de ce que tu auras effacé, tout ce que tu sais inventer.

LE BRAMANTE.

Je vais m'entourer des plus grands artistes de l'Italie. Si seulement Michel-Ange voulait revenir! Mais il a trop peur de vous après l'insulte qu'il vous a faite!

JULES II.

De gré ou de force il reviendra, c'est moi qui te le jure. Je n'entends pas que la Sixtine demeure inachevée.

LE BRAMANTE.

En tous cas, j'ai Raphaël d'Urbin, et si le Buonarotti devait s'obstiner...

JULES II.

Je m'obstinerais aussi, et ton Raphaël ne me le remplacerait pas. Allons, va, hâte-toi, presse-toi! J'ai d'autres affaires. Les Vénitiens et les Français sont aux prises. Allons, pars!

VENISE

La foule remplit les rues et les églises. Détonations d'artillerie dans le lointain. La salle du Sénat; des fenêtres on découvre la place Saint-Marc couverte de peuple. — Les sénateurs forment des groupes en attendant la séance, et s'entretiennent avec gravité.

JEAN CONTARINI, à ceux qui l'entourent.

La situation est telle : la bataille d'Agnadel perdue, six mille hommes restés sur la place, l'Alviane cruellement blessé et toutes nos provinces de terre ferme rivalisant de lâcheté.

PIERRE BEMBO.

Rien de plus vrai. Mais bourgeois et paysans, quand on en est réduit à se fier à eux, n'ont jamais défendu autrement une patrie malheureuse.

JEAN CONTARINI.

D'accord; aussi je ne leur reproche rien et considère seulement les faits. Caravaggio, Bergame, Crémone se sont rendues d'elles-mêmes. Brescia a fait mieux. Pour donner des gages aux Français, les habitants ont surpris la garnison et ouvert leurs portes. Bref, ce que nous avons mis des siècles à amalgamer, à gouverner, tout s'est dissous en un seul jour.

FRANÇOIS NANI.

Peut-être faut-il tenir compte de ces cruautés épouvantables auxquelles les Français se sont livrés. Les peuples étaient terrifiés.

MARC CONTARINI.

Supposez des vainqueurs débonnaires, le résultat eût été le même. Nos États d'Italie perdus ; l'Empereur entré dans le Frioul et jetant tout à l'envers ; l'armée du Pape nous menaçant de Ravenne; le Gonzaga maître de Lunato et d'Asola; le duc de Ferrare dans la Polésine et les Français eux-mêmes sous nos yeux, à Fusine, braquant sur nous leurs canons... Vous les entendez!... De quelques paroles qu'on se serve, voici les faits.

FRANÇOIS NANI.

Depuis la guerre de Chiozza, jamais péril si grand n'a atteint la République.

PIERRE BEMBO.

Par surcroît de malheur, nous ne valons pas nos pères. Ils se montrèrent indomptables, et je crains que nous ne perdions la tête.

JEAN CONTARINI.

Je ne suis pas de votre avis. Les Dix ont le sang-froid qu'il faut. Quel est ce bruit dans l'escalier ?

FRANÇOIS NANI.

C'est le procurateur Paul Barbo que l'on apporte dans un fauteuil.

FRANÇOIS NANI.

Il y a dix ans qu'il n'avait paru au Sénat; il est accablé d'années et à moitié paralytique.

JEAN CONTARINI.

Il a prévu vos soupçons, messire Bembo, et répond par

sa présence que les patriciens de Venise sont devant les Français ce que leurs aïeux, les sénateurs de Rome, furent devant les Gaulois.

JEAN CONTARINI.

Voici le sérénissime Prince et la Seigneurie. Prenons nos places, messieurs.

SUR LA PLACE SAINT-MARC

UN MARCHAND, arrêtant au passage un sénateur.

Monseigneur, puis-je vous parler ?

LE SÉNATEUR.

Faites vite, maître Antoine. J'ai peur d'arriver en retard à la séance.

LE MARCHAND.

Monseigneur, les marchands du Rialto ont appris que le sérénissime Sénat a offert à la République la fortune de tous ses membres; ils en font autant de la leur. Qu'on vienne enlever nos coffres; ils sont pleins, et nous les donnons de grand cœur !

LE SÉNATEUR.

Je vous remercie, maître Antoine, et la Seigneurie va être instruite de vos offres. Maintenant, croyez-moi, rentrez chez vous et engagez vos amis à en faire autant. Il faut laisser les curiosités vaines et les agitations sans utilité au menu peuple. D'honorables citadins ne doivent jamais cesser de vaquer à leurs affaires, quoi qu'il arrive.

Stationner sur les places, c'est du désordre, et le désordre est le dernier excès du mal.

LE BOURGEOIS.

Vous avez raison, monseigneur. Allons, maître Jérôme, et toi, mon neveu, rentrons chez nous. Le soin de sauver l'État appartient à de plus sages.

Ils sortent. Le sénateur entre au palais.

UN SBIRE (masqué), à un groupe de pêcheurs et de bateliers.

Allez, vous autres, à l'arsenal! On y enrôle pour la flotte.

UN MATELOT.

Nous voudrions bien savoir ce que l'illustrissime Sénat va décider.

LE SBIRE.

Il a déjà décidé que tu seras fouetté si tu restes ainsi à faire le fainéant au lieu d'aider la patrie. Allons! mes enfants! assez de bavardage! Partez!

LE PEUPLE.

Vive saint Marc!

Une barque arrive, faisant force de rames, et se range contre les degrés du débarcadère. Le provéditeur André Gritti et plusieurs hommes d'armes en descendent. On sort, en ce moment, du sénat.

JEAN CONTARINI.

Quoi! vous, André? Comment avez-vous pu traverser les lignes françaises?

ANDRÉ GRITTI.

Il fallait passer.

PIERRE BEMBO.

Quelles nouvelles?

ANDRÉ GRITTI.

Excellentes ! Vous construisez des moulins, je vois creuser des citernes ; le blé abonde ; les balises des canaux sont enlevées. Si le péril est extrême, la résolution n'est pas moindre ; Dieu est avec la patrie !

FRANÇOIS NANI.

Le Sénat va féliciter votre général qui n'a pas désespéré de la fortune.

ANDRÉ GRITTI.

C'est une mesure juste et sage. Le comte de Petigliano a fait ce qu'on pouvait à Agnadel, et ses troupes battues sont déjà ralliées. Nous tiendrons autant qu'on pourra tenir.

JEAN CONTARINI.

Les Dix sont en séance. Ils viennent d'envoyer des ambassadeurs auprès du Pape pour le supplier d'abandonner la ligue. Que font les Français à Fusine ?

ANDRÉ GRITTI.

Des pantalonnades. Ils s'amusent à tirer contre le Campanile, sachant que leurs boulets n'arrivent pas à moitié route. Ils appellent cela nous insulter.

JEAN CONTARINI.

Allons ! allons ! La patrie ne mourra pas ! Brave Gritti, vous voir debout, vivant, et vous serrer la main après les périls qui vous ont épargné dans ces derniers temps, c'est bien la marque de la protection divine.

ANDRÉ GRITTI, les larmes aux yeux.

Vive saint Marc !

Il entre dans le palais avec sa suite. Les sénateurs s'éloignent.

BOLOGNE

La chambre du Saint-Père. — Jules II, cardinaux, évêques, camériers, officiers des gardes suisses et italiennes.

JULES II.

Il est assis dans un fauteuil et tient à la main un bâton dont il frappe la terre chaque fois qu'il s'échauffe en parlant.

Ah! je me sens à l'aise ici! Voilà MM. les Bolonais réduits à la raison! Qu'ils essayent encore de regimber, et l'aiguillon leur entrera dans la chair un peu plus à fond! Désormais, ils appartiennent à l'Église. Qu'ils tâchent de ne pas l'oublier. Vous leur rapporterez mes paroles... Maintenant, faites entrer Michel-Ange Buonarotti... Ah! te voilà!... Enfin!... C'est heureux!... Si je n'avais pas menacé d'aller te chercher moi-même à Florence, tu ne serais pas revenu!

MICHEL-ANGE.

Très-Saint Père, je supposais que vous n'aviez pas besoin de moi.

JULES II.

Ah! tu supposais cela?... Je ne serais pas fâché de savoir ce qui te le faisait supposer. Explique-toi librement, sans crainte aucune! J'imagine que toi, tu n'as pas peur de moi!

MICHEL-ANGE.

J'ai peur de vous, Très-Saint Père, mais la vérité est la vérité.

JULES II.

Ah! tu as peur de moi?... Eh bien! fais comme s'il n'en était rien. Comment as-tu pu concevoir l'idée, seulement l'idée, de t'enfuir de Rome, quand tu savais fort bien que je voulais t'y voir rester?

MICHEL-ANGE.

Très-Saint Père, tandis que je travaillais à la fois aux peintures de la Sixtine et à vos statues, et que je venais de terminer le Moïse que la Sainteté de Monseigneur a paru approuver...

JULES II.

Ah! je t'ai paru approuver ton Moïse?... Je t'ai paru... Ah! je t'ai paru!... Mais, continue... va!

MICHEL-ANGE.

J'avais demandé des marbres; ils me sont arrivés. Il fallait payer les mariniers, et pendant que ces gens débarquaient les blocs à Ripa, je suis venu demander à Votre Sainteté l'argent nécessaire.

JULES II.

J'étais occupé à mes affaires de Romagne! Elles sont arrangées, et je ne lâcherai pas ce que je tiens. Il faut que tout le monde le sache; c'était bien le moins que les intérêts de l'Église passassent avant... Mais, non! va, va toujours! Explique-toi!

MICHEL-ANGE.

Très-Saint Père, vous êtes mécontent; j'aime mieux ne rien dire.

JULES II.

Il est un peu fort que quand je t'ordonne de parler, tu me fasses répéter deux fois !

MICHEL-ANGE.

Alors, donc, puisque j'y suis obligé, je dirai que vous ne m'avez pas reçu. J'ai payé vos marbres de mes propres deniers, et je n'en avais guère.

JULES II.

Suis-je responsable de vos folles dépenses, messire?

MICHEL-ANGE.

Je bois de l'eau et mange du pain. Mes habits ne valent pas dix écus. Vous me prenez pour votre Raphaël.

JULES II.

Je te prends pour... N'importe ! n'importe !... Continue !

MICHEL-ANGE.

Je suis revenu jusqu'à trois fois ! A la troisième fois, un valet m'a dit insolemment que je pouvais prendre patience, attendu qu'il avait l'ordre de ne pas me laisser entrer jamais, et comme on lui demanda s'il savait à qui il parlait, il répondit : Je le sais très-bien ; mais j'obéis à la Sainteté de monseigneur.

JULES II.

Et alors, toi, qu'est-ce que tu lui as répliqué? Voyons un peu ! Il t'est bien venu quelque riposte sur la langue ! Tu n'es pas tellement patient que quelquefois même... Mais... non ! Enfin, qu'est-ce que tu lui as répliqué?

MICHEL-ANGE.

Eh bien ! j'ai répondu que...

JULES II.

Tu as répondu : Quand le Pape aura besoin de moi, il saura que je suis allé ailleurs !

MICHEL-ANGE.

C'est vrai.

JULES II.

Ah ! c'est vrai ? Continue.

MICHEL-ANGE.

Je n'ai rien à continuer. Vous savez les choses aussi bien que moi. J'ai vendu tout de suite mes meubles aux Juifs, et suis parti pour Florence.

JULES II.

Et alors, qu'est-ce que j'ai fait, moi ? Car je n'ai pas trop l'habitude de subir les manques de respect, que je sache ! J'ai dû faire quelque chose.

MICHEL-ANGE.

Je ne conçois pas quel plaisir Votre Sainteté se donne en me tourmentant de la sorte. Elle sait mieux que moi ce qu'elle a fait.

JULES II.

En finiras-tu ?

MICHEL-ANGE.

Puisque vous me poussez à bout, voilà ce que vous avez fait ! Vous m'avez envoyé coup sur coup cinq courriers, m'ordonnant de revenir sans délai sous peine de disgrâce ; mais je ne suis pas d'avis d'être traité comme un homme de si peu. Je vous ai fait prier de chercher un autre sculpteur.

JULES II.

C'est pourtant vrai qu'il a poussé l'audace jusqu'à m'envoyer ce message en propres termes!... Mais va, va toujours!

MICHEL-ANGE.

Messire Pier Soderini m'a signifié que la Seigneurie avait reçu trois brefs ordonnant de me renvoyer à Rome, sous peine d'excommunication. Il m'a donc fallu partir. Je suis parti, et me voilà.

JULES II.

De sorte que tu n'es pas revenu de ton plein gré? Et, par-dessus le marché, des insolents vont racontant partout que tu as voulu me tuer en me jetant des poutres sur la tête du haut de ton échafaudage de la Sixtine où j'étais entré malgré toi! Je te demande maintenant de me dire à quel prince si mou, si débonnaire, si niais, on fera accepter de pareils outrages, et il ne s'en vengera pas?

Moment de silence.

UN ÉVÊQUE.

Très-Saint Père, Votre Sainteté daignera prendre pitié de ce pauvre homme. Il ne se rend pas compte de ce qu'il fait. De telles gens ont peu d'intelligence et ne comprennent que leur métier.

JULES II, se levant en fureur et tombant à coups de bâton sur l'évêque.

Impertinent! cuistre! idiot! Pourquoi te permets-tu d'insulter mon artiste? Est-ce que je lui ai dit quelque injure, moi? Allons! qu'on me jette à la porte ce misérable, cet âne! ce pleutre! Et toi, Michel-Ange, viens ici, approche! approche donc!... A genoux!... Voici ma bénédiction! Baise l'anneau du pêcheur! Ne te fâche plus, mon fils, va travailler! Je te donnerai tout l'argent que je pourrai. Fais-moi beaucoup de belles choses! Tu es un dieu créateur, toi! Va, mon fils! ne songe plus jamais à me quitter! Tu fais la gloire du Pape, et la gloire de l'Italie!

Michel-Ange se relève, fait le signe de la croix, salue et sort.

UN CAMÉRIER.

Les ambassadeurs de Venise sont revenus pour la troisième fois depuis ce matin. Ils supplient Votre Sainteté de les recevoir.

JULES II.

Ils sont hardis! Ne savent-ils pas que j'ai refusé?

LE CAMÉRIER.

On le leur a expressément dit, Très-Saint Père!

JULES II.

Ces Vénitiens! Italiens sans l'être, chrétiens sans le vouloir! Ils ont prétendu me disputer la Romagne et m'ont forcé malgré moi à m'unir aux Français! Les voilà réduits à toute extrémité; qu'est-ce qu'ils veulent maintenant?

UN CARDINAL VÉNITIEN, bas à l'oreille du Pape.

Très-Saint Père, les ambassadeurs sont chargés de toutes les soumissions possibles. Voici les points que vous avez exigés et qu'ils accordent: Pénitence publique pour vous avoir offensé; abandon des bénéfices dépendant de l'État... Nous vous cédons Ferrare et le droit de naviguer dans l'Adriatique sans plus subir de péage.

JULES II, de même.

Voilà de bonnes dispositions. Amenez-moi vos députés. Si nous pouvons nous entendre, non-seulement je quitterai l'alliance des Français, mais vous m'aiderez à en débarrasser l'Italie.

LE CARDINAL.

Oui, Très-Saint Père.

JULES II.

Que les ambassadeurs viennent me trouver cette nuit. Je refuse de les recevoir en public. Il n'est pas temps encore.

ROME

Un jardin, des cyprès, des massifs de rosiers; un banc de marbre au milieu des herbes et des fleurs; derrière le banc, une statue antique de Vénus. — Raphaël, une dame.

LA DAME.

Je vous aime plus et autrement que vous ne le croyez.

RAPHAEL.

Je crois que vous m'aimez bien. Si je vous le rends, ou plutôt si je vous le donne et si votre cœur ne fait que me renvoyer en éclats charmants, comme un miroir fidèle, la tendresse que je répands sur vous, n'est-ce pas juste?

LA DAME.

Raphaël, vous ne me comprenez pas. Je vous aime de moi-même, par moi-même et si complétement que je ne m'étonne pas du peu d'entente que vous en avez.

RAPHAEL.

Mon cher amour, pourquoi parlez-vous ainsi?

LA DAME.

Il me peine de voir une âme comme la vôtre ne pas apercevoir ce qu'on lui prodigue de réellement précieux et s'attarder à ce qui est le moins digne d'elle et de moi. Pourquoi ne me permettriez-vous pas cet orgueil de croire que mon affection vaut mieux que ma beauté?

RAPHAEL.

Je le pense autant que vous pouvez le souhaiter. Suis-je d'un cœur si bas que je n'aperçoive en vous que la grandeur et le feu de vos yeux splendides, la douce rondeur et l'éclat de vos joues, la grenade entr'ouverte de vos lèvres et la souplesse de cette taille qui ne se peut comparer? N'en croyez rien! Je comprends de même sorte et pour le moins aussi bien à quel point votre cœur est grand, généreux, et où monte l'élévation de cette intelligence comparée avec tant de raison par plus d'un poëte au vol hardi de l'oiseau qui emporte Jupiter au sein de l'Empyrée. Si j'avais à peindre une noble Sibylle, c'est vous que je choisirais; le laurier divin contourné autour de vos tempes n'aurait jamais serré un front plus digne! Qui ne reconnaît en vous l'élève brillante de la plus sublime philosophie, oui, la fille de Platon? Ne vous a-t-on pas contemplée, devant une assemblée de sages transportés d'admiration et de plaisir, en ce jour où vous commentiez le *Phédon* avec une éloquence digne des orateurs d'Athènes et de Rome! O la plus belle, la plus savante, la plus inspirée en même temps que la plus séduisante des femmes, pourquoi pensez-vous que je vous méconnais?

LA DAME.

Je ne suis pas ce que vous dites; je suis celle qui aime Raphaël et qui, peut-être, en est aimée.

RAPHAEL.

Peut-être?

LA DAME.

Nulle gloire n'est au-dessus de celle-là. N'est-ce pas naturel si parfois je crains que ce Raphaël que voilà, en ce moment, en ce moment égal à toute une éternité de bonheur, assis à mes pieds sur ce gazon brillant comme l'émeraude, son bras sur mes genoux, ses beaux cheveux, sa tête charmante si tendrement pressés entre mes mains que... tu sens, n'est-ce pas? trembler d'émotion et de la plus profonde félicité!... Oui, oui, je crois parfois que ce Raphaël, apercevant et estimant trop en moi seulement ce qui doit finir, ne songe pas assez à mon affection immortelle!... Regardez-moi... Regardez-moi bien... oui... regardez-moi ainsi... Que trouvez-vous, que prenez-vous dans la sincérité de mes yeux, sinon l'expression incessante de ma passion pour vos triomphes, votre gloire, l'agrandissement de votre génie?

RAPHAEL.

A Dieu ne plaise que je ne le comprenne pas! Les attachements frivoles, mon amie, les désirs inconstants, les caprices passagers sont des rayons d'un soleil oblique. Ils n'échauffent pas beaucoup, ils n'éclairent pas beaucoup; ils égayent gentiment les points perdus sur la trame de l'existence. Celui qui s'en réjouit n'a pas tort. Ce sont des fruits aussi, des grappes de raisin, des bouquets de cerises, des figues vertes et savoureuses, pendant au bout d'un cep, au bout d'une branche sous le feuillage frétillant. Le passant joyeux aurait tort de n'y pas goûter s'il peut les prendre et de ne pas les saluer du désir, s'il ne saurait y atteindre. N'imaginez pas, cependant, que je me donne à rechercher bien fort ces dons innombrables étalés partout devant le fugitif appétit des oiseaux du ciel! ma folie serait trop grande ou plutôt ma faiblesse de cœur.

LA DAME.

Voilà bien penser, Raphaël. Je craignais que ce ne fût pas votre avis.

RAPHAEL.

Vous me connaissez mal, si vous m'avez soupçonné d'une pareille étroitesse d'imagination et de cœur. Souffrez que je puisse être un enfant qui rit et qui rit...

LA DAME.

Comme un ruisseau en courant sur les cailloux jette aux échos les perles de son rire. Qui voudrait t'en blâmer? Est-ce moi, mon enfant chéri?

RAPHAEL.

Mais je sais aussi quelle différence sépare le plaisir du bonheur, et quand l'ange du pur dévouement vient s'asseoir, dans sa robe blanche, sur la pierre rompue du tombeau d'où il a fait jaillir la vie, je ne lui demande pas : Qui es-tu? car je sens en moi la puissance de ce qu'il a fait. Les imaginations vulgaires, les raisons plates croient peut-être quand il ne faut pas croire; elles doutent lorsqu'il ne faudrait pas douter. Elles prennent le petit pour le grand et le grand pour le difforme et... Toi! ne suppose jamais que je te méconnaisse! Ne va pas t'imaginer que la noblesse de ta nature est une splendeur invisible à mes yeux aveugles. Je connais ce que tu es, je sens ce que tu vaux, je touche ce que tu me donnes et dont je pèse à juste poids tout le bien qui m'en arrive... C'est ton amant, c'est bien ton amant qui te parle... mais c'est aussi ton ami! Oh! ma chérie! C'est ton compagnon, que puis-je te dire? C'est ton égal! Il écoute parler son égale et recueille ses conseils comme ils méritent de l'être.

LA DAME.

Mes yeux sont remplis de larmes... mais si douces! Et je ne sais comment vous en remercier! Qu'ai-je donc fait de si bien que le ciel m'ait donnée à vous? Qu'ai-je mérité? En vérité, je ne le sais pas.

RAPHAEL.

Moi non plus, je ne sais par quelles bonnes œuvres j'ai pu t'acheter, mon trésor; mais pourquoi chercher les causes? Est-on moins heureux sans les savoir?

LA DAME.

Tu l'as dit tout à l'heure. Je suis une fille de Platon, et je cherche volontiers l'origine des choses célestes.

RAPHAEL.

Les fleurs valent mieux que les germes, et les fruits mieux que les fleurs.

LA DAME.

Vous êtes l'homme de ce qui est éclos, de ce qui est mûr, de ce qui se voit, se goûte et qu'on savoure. Vous ne vous attachez pas à démonter la lyre pour trouver dans ses entrailles sonores l'endroit précis où se forme le son.

RAPHAEL.

C'est vrai. Le ciel ne m'a pas assigné cette tâche. Pourtant, ne m'accusez pas non plus de mépriser le par-dessous des choses. Quand cette science contribue à développer la vie elle-même, j'en fais le cas que je dois. Mais je ne suis pourtant pas très-enclin à ces études obscures destinées à poursuivre des secrets dont la compréhension finale n'est pas toujours bien utile. En réalité, j'aime ce qu'atteint et baigne la lumière du soleil; le reste ne m'importe que secondairement.

LA DAME.

Oui, dans cette tête adorée règne la lumière, partout et à flots. La vérité s'y voit sans peine, et l'erreur n'y a pas de place pour ses obscurités.

RAPHAEL.

Tu te trompes. Je n'ai jamais spontanément, par moi seul, reconnu ce qu'il fallait trouver. Quelqu'un m'a toujours montré ma route, et c'est uniquement lorsqu'une main étrangère a débarrassé les images que je dois contempler des vêtements qui me les cachent que moi, alors, je les aperçois, et, dès ce moment sans doute, je les vois bien.

LA DAME.

Que voulez-vous dire?

RAPHAEL.

Si je n'étais sorti un jour, pour n'y plus rentrer, de l'atelier du Pérugin, de ma vie je n'aurais compris que ce qu'il me montrait. Quand je fus à Florence, la vue du Masaccio me révéla ce que je n'aurais jamais deviné sans ce maître; ce n'était rien encore. Je n'abandonnai réellement les langes de l'enfance que lorsque je me trouvai dans l'atelier de Baccio d'Agnolo, vivant tout le jour avec de grands artistes, André Sansovino, Philippino Lippi, Benedetto de Majano, le Cronaca, François Granacci, écoutant de chacun ce qu'il savait, ce qu'il découvrait pour ainsi dire à chaque heure, dans le monde de ses rêves, soit qu'il fût sculpteur, peintre ou architecte, et, ainsi préparé, quand les ligatures du premier âge, je les eus détachées, secouées, et que mes membres se trouvèrent libres, alors je pus comprendre, mon amie, mais seulement alors, je pus comprendre les leçons offertes par le grand Léonard à moi, à chacun de nous, à tous les siècles futurs. Tu le vois : je ne suis pas sorti de moi-même, né de moi-même, et, sans compter les exemples de l'antiquité, bien d'autres ont servi de règle, de guide, de source à ce que tu appelles mon génie.

LA DAME.

Eh bien! soit! Tu n'es pas comme la Pallas d'Athènes, issue tout armée du cerveau d'un dieu. A peine es-tu maintenant un jeune homme; la beauté de ton visage conserve encore beaucoup de ces contours presque féminins, fleurs de l'adolescence. On ne saurait s'étonner si tu as dû écouter d'abord les avis de tes prédécesseurs et voir et juger leurs découvertes. Mais maintenant, tu sais tout. Achille n'a nul besoin des leçons du Centaure, ni mon Alexandre des admonestations du Philosophe. Ce qu'on t'a remis entre les mains y a fructifié; tu sais plus que le Pérugin, plus que le Masaccio, plus que Léonard, plus que tous les autres ensemble, et tu commences la vie. L'univers apprendra de toi, et tu n'apprendras plus rien de personne.

RAPHAEL.

Tu te trompes encore. J'apprendrai toujours, et de tout le monde. Veux-tu que je te confesse en quoi je me considère peut-être comme plus heureux que mes devanciers? C'est en ceci : chacun d'eux restait enfermé dans un cercle. Il connaissait les artistes de sa ville, et n'en fréquentait pas d'autres. Il croyait, comme toi, que le talent naturel n'a pas de limites et suffit à atteindre à tous les résultats. Rien n'est plus faux. Je serai grand, moi qui suis ton Raphaël, parce que j'apprends partout et de tous; je ne m'arrête jamais dans ma recherche. Il m'importe médiocrement de fouiller sous les racines de l'arbre à fruit que chacun possède, mais je veux l'arbre et je veux les fruits, et voilà pourquoi, ma bien-aimée, je suis moi...

LA DAME.

Tu es la grâce, tu es le charme, tu es tout...

RAPHAEL.

Non! je te le répète, je ne suis pas tout. Je suis la raison peut-être, je suis la modération, je suis le bon jugement, je suis, si tu veux, la sagesse et le goût éclairé; mais je ne suis pas la profondeur, et surtout je ne suis pas le sublime.

LA DAME.

Qui est donc l'un et l'autre?

RAPHAEL.

Michel-Ange.

LA DAME.

Michel-Ange? Cette âme sombre, triste, étroite, obscure, tourmentée?... Vous n'y pensez pas, Raphaël! Un tel homme vous être comparé! Il ressemble au démon des ténèbres, tandis que vous êtes l'image de l'archange dont vous portez le nom. Quelle fantaisie de modestie vous prend à cette heure?

RAPHAEL.

Si je descendais dans cette âme mélancolique, j'y trouverais bien des secrets enfumés dont il sait faire un or étincelant. Vulcain aussi était un dieu difforme, couvert de suie, vivant dans les scories rougeâtres de ses forges de Lemnos. Mais aucun des dieux promenés à travers l'azur, ni le Phœbus du soleil, ni Mercure le joueur de flûte, ne devinrent jamais d'aussi grands artistes que lui!

LA DAME.

Non! vous vous trompez! Rien n'est commun entre cet excès de vie qui de toute votre nature déborde dans vos œuvres, force aimable, inspiratrice, et la brutalité sauvage de celui que vous semblez envier.

RAPHAEL.

Si je n'avais copié comme son élève, comme le plus attentif et le plus humble des élèves, l'inimitable carton de Pise; si mon oncle Bramante, en me faisant pénétrer secrètement dans la Sixtine, ne m'eût donné ce bonheur inappréciable de contempler les créations de cet homme tout-puissant, je ne serais pas ce que je suis, je ne pourrais seulement rêver ce que je saurai faire. Pourquoi baisses-tu la tête? J'exécuterai de plus grandes, de plus nobles choses que lui, bien qu'il soit un plus grand inventeur que moi. Il trouve, il sait trouver; mais il ne lui est pas donné de séparer l'argent du plomb, ni mille souillures fuligineuses de la pureté de sa pensée. Pour moi, mon amie, je ne suis peut-être pas autant que lui, le Jéhovah d'un monde; j'ai pris de toutes parts et de toutes mains; ce qui est à moi a été à d'autres. Mais quoi! j'ai tout élargi, tout élevé, tout éclairé! Je suis un ordonnateur! Je ne me suis pas amusé, copiant l'un, volant l'autre, à ajuster mesquinement des lambeaux secrètement empruntés à chacun et que chacun eût eu le droit de réclamer plus tard. Non! j'ai tout fondu ensemble, et de ces éléments disparates, je me suis créé une force d'un seul jet. C'est d'une matière compacte et devenue mienne, bien mienne, que je m'apprête, désormais, à composer mes œuvres, y ajoutant toujours; cette matière est mélangée comme je l'entends, colorée comme il me convient, dure au point précis qui me plaît, et c'est ainsi que j'élèverai ces monuments sur lesquels j'imprimerai mon sceau et que nul ne me disputera! Tu vois, je me loue moi-même pour te rassurer et pour te plaire. Mais je te montre mon esprit tel que le ciel l'a fait, et non tel qu'une affection extrême l'imagine à tort. Je ne m'exalte pas, mais je ne me fais pas plus petit, et j'ai, par-dessus Michel-Ange et bien d'autres, une prérogative dont tu ne me parles pas et qui vaut mieux, à elle seule, que tout ce qu'ils possèdent.

LA DAME.

Je la connais, je la vois, je la respire!

RAPHAEL.

Et laquelle, donc, je te prie? Est-elle si apparente?

LA DAME.

Oh! comme elle l'est! Comme elle éclate dans tes regards, comme on la reconnaît dans ta contenance, dans cette grâce divine qui mesure ton moindre mouvement! Ta prérogative, mon Raphaël, c'est d'être heureux! Tu es heureux! Le bonheur a étendu son voile rose au-dessus de la couche maternelle au moment de ta naissance. Depuis ton premier pas, depuis ton premier sourire, on t'a aimé. Il semblerait que les années qui, s'enchaînant l'une à l'autre, forment ton âge, n'ont eu que des printemps. Tu as pensé, tu as médité, tu as travaillé, tu travailles toujours; mais, toujours, ce qui est peine pour les autres se transforme pour toi en plaisir facile. Tu ne connais pas de labeurs ingrats. On t'a aimé, disais-je? On t'aime! Les grands, les princes, les papes, les dames les plus honorées adorent Raphaël; âgées, elles le chérissent comme le fils le plus désiré, et sont-elles dans la fraîcheur de leurs années, elles font ce que je fais... elles l'idolâtrent! Je ne m'étonne pas de te voir exprimer si bien la candeur, la vertu, l'innocence, le charme... Il a été défendu au mal de t'approcher, et n'ayant jamais rien vu ni rien connu que l'affection, comment serais-tu différent de ce que tu es? Adieu... Adieu, mon ami; adieu, mon amant... Adieu, mon idole!

RAPHAEL.

Tu pars déjà?

LA DAME.

Déjà?... Oui, c'est déjà... c'est trop tôt!... Cependant, je suis ici depuis ce matin, et le soleil baisse, et l'or de ses rayons semble se noyer dans la pourpre étincelante de ses derniers feux. D'ailleurs, j'entends des voix au bout du jardin. Tes amis viennent te chercher. Je ne veux pas qu'ils me rencontrent.

RAPHAEL.

Reste un instant, mon amour adoré; je vais leur dire de m'attendre dans la maison. Ne pars pas encore, je t'en conjure!... Tu m'as fait parler de toutes choses, mais qu'avons-nous dit de nous-mêmes?

LA DAME.

Oh! pour cela, nous le savons assez. Adieu... J'aperçois la Bianchina! Elle me fait signe. Ma litière est depuis longtemps dans la ruelle. Que nous sommes imprudents!

RAPHAEL.

Que vous êtes peu tendre!

LA DAME.

Ingrat!

RAPHAEL.

A demain donc, n'est-ce pas? Ici?... chez toi?... au pont du Tibre?... Où?

LA DAME.

Non!... Demain... Comment faire?... Eh bien! risquons quelque chose! Viens à dix heures, le matin, aux Saints-Apôtres; j'irai y entendre la messe, et serai seule dans l'église avec la Bianchina. Adieu!

RAPHAEL.

Adieu! je t'idolâtre!

Béatrice sort.

FRANCESCO PENNI (IL FATTORE).

Maître, voici le Bramante! Il vient vous parler en grande hâte.

RAPHAEL.

Apporte-moi un carton et des fusains. Où sont mes élèves?

LE FATTORE.

Plusieurs dans les deux ateliers; le plus grand nombre

au Vatican : les uns exécutent ce que vous avez commandé aux fresques de la salle de la Segnatura, les autres avancent les ébauches de l'Héliodore. Plusieurs aussi sont partis de bonne heure, et travaillent chez le seigneur Agostino Chigi aux tableaux de la Psyché.

RAPHAEL.

Fais-leur dire à tous que je vais arriver tout à l'heure!... J'irai dans mes ateliers, au Vatican et chez le seigneur Chigi. Donne-moi les fusains.

Il commence le portrait de Béatrice d'Este.

LE BRAMANTE.

Bonjour, neveu. Le Pape veut te parler. Il trouve que les travaux n'avancent pas. Tu vas avoir à soutenir un rude assaut, mais n'y prends pas trop garde.

RAPHAEL.

Avant tout, je finirai cette esquisse. Je l'ai dans la tête; elle ne m'échappera pas. Asseyez-vous donc, mon oncle... ici, à l'ombre de ces lauriers-roses. Voilà un ombrage fait pour vous. Qu'on apporte une limonade au seigneur Bramante!

LE BRAMANTE.

Le fait est que je suis hors de moi de fatigue. Cette vie, à mon âge, n'est pas tolérable.

RAPHAEL.

La vie est admirable pour vous comme pour moi. Si elle nous violentait moins, comme tout languirait dans nos âmes !

LE BRAMANTE.

Tu as peut-être raison pour certains moments; mais il

y en a d'autres où l'on n'y tient plus! Jules II est un maître grandiose; son exigence est comme son génie.

RAPHAEL.

Il ne nous ménage pas; mais est-il facile pour lui-même? Assurément, non. C'est de quoi nous tenir en bonne humeur. Voilà une esquisse dont je n'aurai pas à rougir, je pense. Elle palpite dans mon âme et se presse vivante sous le crayon!... Quant au Pape, quant à moi, je fais de mon mieux. Qu'a-t-il à réclamer? La salle de la Sacrée Signature est presque achevée; ce qui reste à finir le sera promptement. Le tableau de la Théologie, comme je l'ai composé d'accord avec les idées du comte Castiglione et du seigneur Louis Arioste, est fini. Je laisserai reposer quelque temps celui de la Philosophie, parce que j'ai pris un goût pour la messe de Bolsena, et cette composition m'importe tellement que je n'aurai de repos qu'après l'avoir menée à bien. Je ne saurais aller plus vite; le Saint-Père a tort de se plaindre; nous lui faisons de belles choses.

LE BRAMANTE.

C'est précisément ce qui l'irrite, et lorsque je le lui dis, il se fâche en jurant que c'est parce qu'il le sait qu'il voudrait tirer de nous ce dont nous sommes capables. Il se plaint de toi, il se plaint de Michel-Ange, du Sansovino, de Sébastien del Piombo, de tous les artistes qu'il fait venir à Rome, de moi, de l'univers entier. Il ne voit dans tous les humains que des tortues; le globe terrestre ne tourne pas assez promptement sur son axe, et partout, et sur tout, et pour chacun, il voudrait doubler et tripler le mouvement. En attendant, prends garde!

son goût particulier le porte vers le Buonarotti. Je ne voudrais pas que, sous prétexte de négligence de ta part, il te retirât des travaux pour les donner à ce Caligorant.

RAPHAEL.

Oncle, je vous le répète, on fait ce qu'on peut. Mais voici des amis qui daignent nous visiter. Appelez les domestiques! Holà! Des limonades, des fruits, des gâteaux! Des siéges! des siéges! partout!

> Des domestiques richement habillés apportent des fauteuils, des chaises, des pliants; d'autres présentent des rafraîchissements de toute espèce. Entrent le seigneur de Bibbiena, Agostino et Sigismondo Chigi, les architectes Baccio Pintelli et Baldassare Peruzzi; Giacomo Sansecondo, le musicien; Tibaldeo, le poëte; Marc-Antonio Raimondi, le graveur, et d'autres.

AGOSTINO CHIGI.

Eh bien, maître, toujours au travail! Quelle ravissante figure!

RAPHAEL.

Révérendissime seigneur, magnifiques seigneurs, mes nobles amis, soyez les bienvenus! Tous gais, frais, contents! Prenez place, je vous prie! Me permettez-vous de continuer ce que j'ai commencé? Il me faut achever aujourd'hui, et je n'ai guère de temps, car Sa Sainteté me demande.

BIBBIENA.

Continuez, maître. Les moments qu'on vous enlèverait seraient un vol odieux fait à la postérité, comme à nos plus nobles plaisirs.

TIBALDEO.

Est-il vrai que Sa Sainteté est tellement ravie de votre tableau d'Héliodore, que, contre toute vraisemblance, elle veut se contempler elle-même au milieu de cette grande justice et de ce puissant tumulte d'autrefois?

RAPHAEL.

Très-vrai. J'ai fait le carton cette nuit. Apporte-le, Francesco. Vous allez le voir et m'en direz votre opinion.

AGOSTINO CHIGI.

Le potentat qui, réduisant à néant les petits princes, médite de réunir l'Italie sous la houlette de saint Pierre, et de nous délivrer à jamais des dévastateurs étrangers, ce potentat, notre Pontife, n'a pas dû se tenir de joie, en effet, quand il a obtenu de votre main, Raphaël, le spectacle des impies chassés du temple par l'épée de feu de l'ange du Seigneur! Il est lui-même cet ange!

BIBBIENA.

Ah! voici les cartons!

<small>Des domestiques déposent les cartons sur des chevalets sous la direction du Fattore.</small>

SIGISMONDO CHIGI.

Le Pape est frappant de ressemblance!

SANSECONDO.

Voilà bien son attitude fière et écrasante en face de ses ennemis!

PERUZZI.

Te reconnais-tu là, Marc-Antoine? C'est toi qui es un des porteurs de la chaise pontificale!

MARC-ANTOINE.

Je ne suis pas le seul à qui Raphaël ait fait un tel honneur. N'avez-vous jamais vu mon compagnon?

TIBALDEO.

Pardieu! n'est-ce pas le seigneur Giovanni Pietro de Foliari de Crémone?

BACCIO PINTELLI.

Quoi! le secrétaire des Mémoriaux?

RAIMONDI.

Lui-même. Le pauvre homme en est au comble du bonheur et va le racontant à toute la ville.

BIBBIENA.

Il a raison. Vous avez fait pour lui, maître, ce que Dieu nous a refusé à tous; vous l'avez rendu immortel.

LE BRAMANTE.

Emporte avec toi ces cartons au Vatican. Ce sera le vrai moyen de calmer le Pape. Avances-tu dans ton esquisse? Il serait temps de partir; le soleil baisse.

RAPHAEL.

Je suis prêt. Fattore, fais porter, je te prie, mon enfant, cette chère tête dans ma chambre à coucher. J'y travaillerai ce soir en rentrant. Mon manteau de velours bleu! ma barrette au cordon de perles! Dis à une douzaine de mes gens de m'accompagner! Tu viendras avec nous! Seigneur Bibbiena, vous tous, mes amis, restez à vous divertir. La maison est comme le maître, elle vous appartient. Seigneur Agostino, j'irai chez vous au sortir du Vatican, et verrai ce que font mes élèves.

AGOSTINO CHIGI.

Je cours vous recevoir. J'ai aussi à vous parler des travaux de ma chapelle à Santa Maria della Pace. Quand les commencerez-vous?

RAPHAEL.

Ce sera la semaine prochaine, sans faute. Vous n'oubliez pas, messire, qu'aujourd'hui est la Sainte-Anne! Nous soupons chez notre digne Allemand, Johannes Goricius.

AGOSTINO CHIGI.

La Signora Imperia doit s'y trouver. Il n'est donc pas à craindre que le seigneur Bibbiena fasse défaut.

BIBBIENA.

Assurément, non; je pense qu'on en peut dire autant de vous. L'Imperia a un aimant dans les yeux qui tire les gens après elle.

Entre un élève du Bramante.

L'ÉLÈVE.

Maître, accourez au Vatican. Un malheur est arrivé!

LE BRAMANTE.

Sang du Christ! que veux-tu dire?

L'ÉLÈVE.

Le mur de la nouvelle galerie du Belvédère vient de se lézarder tout du long, et menace ruine.

LE BRAMANTE.

Comment en serait-il autrement! Le Pape nous presse si fort! Il faut travailler de nuit, et à peine sait-on ce qu'on fait!

RAPHAEL.

J'en ai autant à vous dire. Les plâtres mal appliqués se détachent avec les peintures, ou, mal préparés, dénaturent les couleurs. Adieu, messires; je vous accompagne, mon oncle.

BIBBIENA ET LES AUTRES.

A ce soir donc, chez Goricius.

RAPHAEL, au Bramante, en sortant du jardin.

Avant tout, menez-moi encore, en passant, à la Sixtine. Il faut que j'y entre. Ce Michel-Ange a réalisé des miracles; les bien comprendre m'est nécessaire pour ne pas rester court. Quel enchanteur! quel maître que ce Buonarotti!

LE BRAMANTE.

En fait de prodiges, le plus grand qu'il me présente est, certes, d'avoir tellement assoupli le Pape que celui-ci ne ferait pas autant de prévenances à Dieu le Père!

RAPHAEL.

Nous n'avons pas à nous plaindre non plus, mon oncle. Les travaux ne nous manquent pas!

LE BRAMANTE.

Ils ne manquent à personne. Jules II n'a pas assez de bras, de jambes, de cœurs et de têtes à employer pour ce qu'il voudrait exécuter. Néanmoins, Michel-Ange reste le préféré. Rappelle-toi-le bien!

RAPHAEL, riant.

Allons réparer vos lézardes! Venez, mon oncle, et vous autres, suivez-nous!

Il sort, le bras passé sous celui du Bramante, entouré de ses élèves et de ses gens.

DEVANT BOLOGNE

Le camp français. — Un groupe d'officiers; on allume des feux de bivac; une partie des hommes d'armes restent en selle; d'autres sont descendus pour resserrer les sangles des chevaux; quelques-uns mangent un morceau sur le pouce. Les lignes d'infanterie sont sous les armes. Des bataillons marchent pour gagner leurs postes; ils achèvent l'investissement de la ville. Minuit. Le ciel est obscur et sans lune. — Le grand maître de Chaumont, gouverneur du Milanais, en armure complète, casque en tête; Annibal Bentivoglio, seigneur de Bologne, et son frère Hermès Bentivoglio, également armés; Ives d'Alègre, capitaine français.

LE GRAND MAÎTRE, à un officier.

Mes ordres sont-ils exécutés?

L'OFFICIER.

Oui, monseigneur; la ville est cernée. Un rat ne pourrait entrer ni sortir sans notre permission.

LE GRAND MAÎTRE.

A merveille. Faites battre la campagne par les chevau-légers. Que tout le monde reste prêt!

L'OFFICIER.

Oui, monseigneur!

LE GRAND MAÎTRE.

Ah! le vieux Jules! Ah! le vieux coquin! Nous le tenons, le vieux traître! Nous le prendrons, et je consens que la fièvre m'extermine si nous ne le réduisons à demander grâce.

ANNIBAL BENTIVOGLIO.

Il n'en mérite pas! Souvenez-vous comme il a trahi votre révérendissime frère le cardinal d'Amboise! C'est lui seul qui l'a empêché de devenir Pape!

LE GRAND MAÎTRE.

Pensez-vous que je l'ignore, et que je sois d'humeur à le lui pardonner?

ANNIBAL BENTIVOGLIO.

Et à moi il m'a volé Bologne, où il n'a pas un seul ami.

IVES D'ALÈGRE.

Pas un seul ami? C'est trop dire, seigneur Annibal. Dans vos villes d'Italie, n'importe qui a un ami et un compère pour l'aider à n'importe quoi.

ANNIBAL BENTIVOGLIO.

Je vous dis que la population va nous ouvrir les portes quand elle nous saura ici.

LE GRAND MAÎTRE.

Tant mieux. Le Roi sera fort content, et monseigneur de Ferrare de même. Ce qui peut arriver de moindre à Jules II, c'est d'être déposé comme son prédécesseur allait l'être s'il ne fût mort. Certes, il ne valait pas moins que l'Antechrist actuel.

ANNIBAL BENTIVOGLIO.

Il valait mieux. Celui-ci ne rêve que la spoliation et l'assassinat de tous les princes.

LE GRAND MAÎTRE.

J'y réfléchis! il faut pourtant faire un peu reposer les chevaux et donner à manger aux hommes.

A un officier.

Qu'on mette pied à terre! Les troupes vont rompre les rangs après avoir posé les sentinelles. Le capitaine Molard est-il arrivé?

L'OFFICIER.

Il arrive à l'instant. Ses aventuriers sont rendus de fatigue.

LE GRAND MAÎTRE.

Ce sont de braves gens; qu'on leur donne du vin. Vous arrivez à la bonne heure, capitaine Molard. Grand merci pour tant de diligence!

LE CAPITAINE MOLARD.

Je suis à mon devoir, monseigneur.

LE GRAND MAÎTRE.

Vous saurez que nous tenons notre maître Renard.

ANNIBAL BENTIVOGLIO.

Et nous allons lui couper la queue.

HERMÈS BENTIVOGLIO.

Ou la gorge.

LE GRAND MAÎTRE.

Quelles nouvelles apportez-vous de Ferrare?

LE CAPITAINE MOLARD.

Voici le seigneur de Bayart qui va vous en donner.

LE GRAND MAÎTRE.

Bonsoir, capitaine Bayart, soyez le bienvenu.

BAYART.

A Dieu vous commande, monseigneur, bien dévotement. Voici des gens qui valent mieux que moi, le baron de Conti, le baron de Fontrailles et le brave capitaine Mercurio avec ses deux mille Albanais.

ANNIBAL BENTIVOGLIO.

Est-il vrai qu'il ait si bravement décousu son cousin germain?

BAYART.

Il l'a fait couper en morceaux avec tous ses hommes, et l'on a porté les têtes à la pointe des lances. C'était pitié, et je n'aime point ces cruautés-là.

IVES D'ALÈGRE.

C'est de la scélératesse et non point de la guerre.

ANNIBAL BENTIVOGLIO.

C'est de la vengeance. Quand on risque sa peau, on a tous les droits sur celle des autres.

BAYART.

Je suis trop petit compagnon pour disputer avec un si grand seigneur que vous êtes. De son côté, le capitaine Mercurio est un brave, il n'y a pas de doute. Néanmoins, j'ai fait mettre à mort sans merci les pillards qui ont étouffé dans une caverne enfumée les pauvres habitants de Vicence, et partout où il me tombera des maraudeurs sous la main, je compte en faire de même. Mais sommes-nous ici pour raconter des histoires?

LE GRAND MAÎTRE.

Pas tout à fait. Nous comptons que demain matin, le peuple de Bologne m'aura livré le Pape. Le seigneur Annibal me l'a promis.

ANNIBAL BENTIVOGLIO.

Comme je vous promets que le roi Louis va être relevé

des excommunications, et le duc de Ferrare, moi et nos amis pareillement.

UN OFFICIER.

Une grand'garde fait annoncer que le comte Jean-François Pico se présente de la part du Pape pour parler à monseigneur.

LE GRAND MAÎTRE.

Ah! ah! on connaît donc notre arrivée, et le Saint-Père veut éviter les empressements de son peuple à lui sauter à la figure! Amenez le seigneur Comte; j'écouterai ce qu'il a à me dire.

DANS BOLOGNE

Une chambre du palais où demeure le Pape. — Jules II, malade, à demi couché dans un fauteuil, entouré de coussins qu'il renverse à toutes minutes et que des domestiques relèvent. Le cardinal Regino, légat de Bologne.

LE CARDINAL.

Il ne faut pas vous laisser prendre par ces scélérats de Français.

LE PAPE.

Je ne me laisserai pas prendre. C'est moi qui prendrai, qui étranglerai, qui piétinerai mes ennemis. Tu peux compter là-dessus! Qu'on me donne à boire!

Un camérier lui tend un verre de tisane.

Pouah! c'est amer comme fiel! Un verre de vin!

LE CAMÉRIER.

Très-Saint Père, les médecins l'ont expressément défendu!

LE PAPE.

A quelle heure sont partis les courriers pour m'aller avertir les Vénitiens et les Espagnols?

LE CARDINAL.

Il y a quatre heures; ce fut à la première nouvelle qui nous arriva de la marche des Français.

LE PAPE.

La question est que nos alliés soient ici à temps. Fais

écrire à l'évêque de Sion de hâter ses négociations avec les Suisses. Qu'on me jette au plus tôt ce qu'on pourra ramasser de ces barbares sur les campagnes du Milanais. Plus ils feront de mal aux gens de Louis XII, plus notre délivrance sera proche.

LE CARDINAL.

Les Suisses sont de braves butors; je compte beaucoup sur eux. Dévoués à l'Église, obéissants quand on les paye bien...

LE PAPE.

Des bandits comme les autres! Le comte Jean-François n'est pas encore de retour?

LE CARDINAL.

Pas encore. C'est une langue adroite.

LE PAPE.

Il n'est pas besoin de beaucoup de finesse pour tromper Louis XII. Ce niais se fait passer pour homme de bien, parce qu'il est grossier, jovial et faible de tête comme de cœur. Prince, il a trahi son Roi; mari, il a rendu sa première femme, une sainte, aussi misérable qu'il a pu; aujourd'hui, il obéit à la seconde, qui n'est qu'une mégère, et tuer, piller, personne ne le fait plus lestement que lui, toujours avec un gros rire, et l'on dit : Le brave homme que voilà! Pauvre Italie! pauvre Italie, être foulée aux pieds par de telles gens! Mais ce scandale ne durera pas. Il faut nécessairement détruire les petits princes et ces scandaleuses républiques : Florence, Sienne, Lucques; alors, on se sert des Aragonais, des Français, des Allemands, de ce qu'on a sous la main; mais, enfin, le jour va luire où la sainte Église, maîtresse de tout, enfermera sous double clef ces misérables dans les déserts que le ciel leur a donnés pour patrie.

LE CARDINAL.

La vérité est que Votre Sainteté a tout préparé à merveille : Henri VIII d'Angleterre déchaîné sur les côtes de France; Ferdinand menaçant les Pyrénées.

JULES II.

Et je négocie, je négocie toujours avec Louis; en le frappant, en le harcelant, je l'amuse, je lui fais croire que nous pourrons nous entendre; je l'excommunie d'une main, lui et ses alliés, les scélérats! de l'autre, je le caresse!... Je l'anéantirai !

LE CARDINAL.

Et voilà quinze mille Suisses qui vont arriver !

JULES II.

Et mon neveu Marc-Antoine Colonna s'est fait une armée; j'en ai levé une autre pour mon Francesco-Maria d'Urbin... Tout va assez bien... Oui, mais si tout à l'heure les Français me surprennent, c'est un accident capable de gâter bien des affaires ! Je suis venu ici un peu étourdiment.

LE CARDINAL.

Un peu imprudemment.

JULES II.

Où est le temps d'être prudent? Il faut que je fasse vite pour faire beaucoup. Si je ne dois pas compter sur ma fortune, autant ne me mêler de rien. Va voir si le comte ne revient pas.

DEVANT BOLOGNE

Nuit d'hiver, obscure et froide; le jour commence à naître. — Une maison de paysan; des troupes françaises campées à l'entour. Grand mouvement de patrouilles d'infanterie et de cavalerie; partout des postes et des sentinelles. La ville est entourée. On aperçoit des lumières aux étages supérieurs de quelques maisons dominant le rempart. — Auprès d'un grand feu, une table entre eux, le grand maître de Chaumont et le comte Jean-François Pico.

LE COMTE.

Enfin, monseigneur, soit, je veux admettre ce que vous dites. Le Saint-Père ne s'est pas montré aussi fidèle qu'il l'aurait dû à la Ligue de Cambray. Beaucoup de choses seraient à objecter, mais nous n'en parlerons pas. Le Saint-Père, j'en conviens, a abandonné le Roi Très-Chrétien après la bataille d'Agnadel; il a...

LE GRAND MAÎTRE.

Il a fait alliance avec nos pires ennemis, les Vénitiens; il les a arrachés de nos mains quand nous, les tenant à moitié morts, nous allions leur donner le coup de grâce; il a détaché de nous l'Empereur; il excite les Suisses à nous attaquer; bref, il nous fait du pis qu'il peut. Il sera châtié! Eh! par la mort-dieu, qu'il se rende sans tant barguigner!

LE COMTE.

Comment ferait-il autrement?... Quand vous l'aurez, qu'en ferez-vous?

LE GRAND MAÎTRE.

Une bonne prison! Croyez-vous que cela manque? et, plus tard, déposé comme il l'a mérité amplement!

LE COMTE.

Vous êtes dur. Le Pape en prison? Que dira, que fera la chrétienté? Et vous-même, monseigneur, le héros de ce beau scandale, vous chargerez-vous de donner à madame la Reine, dont la piété est si connue, les absolutions que le moindre prêtre lui refusera?

LE GRAND MAÎTRE.

Au diable! Croyez-vous me faire peur?

LE COMTE.

Je voudrais vous ouvrir les yeux. Que diriez-vous si, au lieu d'un Pape prisonnier gênant, je vous amenais un Pape ami dévoué?

LE GRAND MAÎTRE.

Vous me prenez pour une bête. Votre ami dévoué qui a volé la tiare à mon frère; pensez-vous qu'un pareil trait soit de ceux qu'on pardonne?

LE COMTE.

Sans doute; mais je prétendais seulement vous rendre attentif à cette vérité : quand on veut trop bien servir, et son maître et soi-même, presque toujours on s'égare. Je vous offre de nous entendre, je vous affirme que nous le pouvons à votre plus grand avantage. Vous me refusez, c'est bien; mais remarquez que vous me refusez.

LE GRAND MAÎTRE.

Je ne refuse rien. Je dis seulement, et je répète, que

l'on ne peut mettre en vous la moindre confiance... Ah! si vous étiez d'autres gens!... Alors...

LE COMTE.

Voici, par exemple, ce que je vous proposerais... Retrait de l'excommunication contre vous et vos alliés... Alphonse d'Este reconnu de nouveau comme duc de Ferrare, et rétabli dans sa charge de gonfalonier de la sainte Église... Ne serait-ce pas là une belle entrée en matière?... Nous abandonnerions les Vénitiens... On vous donnerait à vous-même deux cent mille écus d'or... Est-ce que sur des bases pareilles il n'y a pas d'entente possible?

LE GRAND MAÎTRE.

Il y a que vous êtes des fourbes avérés... sans quoi pensez-vous que pour le mince plaisir de me donner tant d'embarras, j'irais...

LE COMTE.

Je vous fais la proposition formelle au nom du Saint-Père!...

LE GRAND MAÎTRE.

Avez-vous des pleins pouvoirs?

LE COMTE.

Les voici!

LE GRAND MAÎTRE.

Cela ne me suffirait pourtant pas!

LE COMTE.

Corps de Bacchus! vous êtes difficile!

LE GRAND MAÎTRE.

Je voudrais encore le rétablissement du seigneur

Annibal Bentivoglio dans sa ville de Bologne, et que le Pape renonçât à la Romagne.

LE COMTE.

Je vous avoue franchement que, sur ces points-là, je n'ai pas d'instructions, et il est vraisemblable que le Saint-Père n'en voudra pas entendre parler.

LE GRAND MAÎTRE.

Vous plaisantez! S'il refuse, je serre les doigts. N'est-il pas pris? Est-ce qu'il a la liberté de vouloir ou de ne pas vouloir?

LE COMTE.

Nous souffrirons tout peut-être; mais je ne crois pas que Sa Sainteté renonce à Bologne ni à la Romagne.

LE GRAND MAÎTRE.

Alors, demain matin à l'aube, j'enfonce vos portes et je mets la main sur votre homme.

LE COMTE.

Vous êtes bien décidé?

LE GRAND MAÎTRE.

Si vous me connaissiez mieux, vous vous dispenseriez de cette question.

LE COMTE.

En ce cas et devant la force, je cède.

LE GRAND MAÎTRE.

Vous faites bien... Croyez-moi, et maintenant que nous sommes amis, votre maître va m'ouvrir les portes tout de suite. J'ai hâte de l'embrasser.

LE COMTE.

Mais, en ce cas, il serait votre prisonnier sous un autre nom !

LE GRAND MAÎTRE, riant.

Vous le prendrez comme vous voudrez ; je ne me départirai pas de cette condition.

LE COMTE.

Notre position est horrible. Je vais aller rapporter vos paroles au Saint-Père. Il décidera...

LE GRAND MAÎTRE.

Présentez-lui mes respects de fils soumis de l'Église.

LE COMTE.

Voyons, monseigneur de Chaumont, ne pourriez-vous être moins dur ?

LE GRAND MAÎTRE.

Je ne suis que précautionneur. Votre maître reconnaîtra mes intentions pour meilleures qu'il ne les croit. Vous avez dit trois cent mille écus d'or ?

LE COMTE.

J'avais dit deux cents.

LE GRAND MAÎTRE.

Ce sera trois cents, s'il vous plaît. Quand serez-vous de retour ?

LE COMTE.

Je vous demande jusqu'à midi.

LE GRAND MAÎTRE.

C'est impossible. Vous aurez deux heures, pas une minute avec. Nous avons déjà perdu beaucoup de temps à bavarder.

LE COMTE.

Monseigneur! monseigneur! je vous en conjure!... nous donnerons les trois cent mille écus! mais ne portez pas dans cette affaire des souvenirs d'animosité personnelle!

LE GRAND MAÎTRE.

Vous m'avez sourdement menacé de la Reine, tout à l'heure... Vous voyez si je suis intimidé!... Allons, seigneur comte, reprenez courage! Je vous concède tout le temps que vous demandez, et deux heures encore, pardessus le marché. Suis-je si diable?

LE COMTE.

Merci. Le Saint-Père appréciera ce qu'il vous doit. Nous n'en sommes pas moins dans une horrible position.

LE GRAND MAÎTRE.

Allons, allons, ne vous attristez pas. Notre alliance vaut bien celle de Venise. Vous y perdez la Romagne; mais qui sait si vous ne gagnerez pas autre chose? Il ne faut pas secouer la tête de cet air désespéré. Adieu; rappelez-vous d'être de bonne foi.

LE COMTE.

Adieu, monseigneur. Je serai fidèle au rendez-vous.

Il sort.

LE GRAND MAITRE, seul.

Au fond, il n'avait pas tout à fait tort. Madame Anne n'est pas tendre en fait de dévotion, et, surtout, depuis la mort de mon frère, je ne suis pas tellement solide... Il est vrai que le Roi est furieux contre le Pape et veut le détruire à tout prix... Trois cent mille écus d'or sont bons à recevoir, surtout quand le résultat est de nature à satisfaire le Roi, à ne pas choquer la Reine... Jules cherchera à me tromper... mais... il n'est pas dit que je me laisserai attraper par ces menteurs d'Italiens... Je les connais, Dieu merci, et...

IVES D'ALÈGRE.

Vous aviez l'intention de visiter les postes, monseigneur.

LE GRAND MAÎTRE.

J'allais vous envoyer chercher. Allons !

Près d'un feu de bivac. — Le capitaine Bayart, le bâtard du Fay, guidon de sa compagnie d'ordonnance, le capitaine Molard, le capitaine Sucker, chefs d'aventuriers français et allemands; le capitaine Jacob Zemberg, commandant les Suisses. Une table grossière est dressée auprès du feu et chargée de jambons, de saucissons, de poulets, de bouteilles et de tasses en fer-blanc, en étain, en corne ou en bois. Les convives sont assis sur des bancs et des escabeaux qu'on a enlevés dans des chaumières. Autour de la table, un paravent construit par les soldats au moyen de manteaux jetés sur des gaules. Des torches de résine brûlent au bout de longs piquets plantés en terre. Les gentilshommes soupent; des pages et des laquais les servent.

LE CAPITAINE SUCKER.

En guerre, je ne fais cas que de la bravoure. Le reste, je m'en soucie peu.

LE CAPITAINE BAYART.

Ce en quoi, mon compagnon, vous ne vous montrez pas homme très-sage. Je fais cas de la bravoure, mais tout autant de la raison, parce qu'avec la raison on a la discipline, dont on a trop peu parlé jusqu'à ce jour dans nos armées.

LE CAPITAINE MOLARD.

Quand un de mes hommes fait le diable, moi, je fais le Satan, et il n'y revient pas. Abandonnons, croyez-moi, monseigneur de Sucker, les vieilles façons sauvages de piller, d'incendier, d'éventrer. Ce sont folies qui ruinent ceux qui les font. Je suis de l'avis de Mgr de Bayart.

BAYART.

Voici un rôti de bonne mine, et il vient fort à propos à la suite d'une chevauchée aussi longue que celle d'aujourd'hui. Puisque Mgr de Molard veut bien approuver ma petite sagesse, je vous dirai que depuis mon arrivée aux guerres d'Italie, et cela date de l'an 1494, c'est-à-dire depuis quelque chose comme dix-sept ans, j'ai vu bien des changements notables s'effectuer en toutes choses chez les Italiens comme chez nous.

LE BATARD DU FAY.

Je ne porte pas votre guidon depuis longtemps, monseigneur, et pourtant, moi aussi, j'ai vu des changements.

BAYART.

Quand nous sommes venus avec le roi Charles, de victorieuse mémoire, nous étions comme de bons paysans, sortant de leurs villages, balourds, mal façonnés, et les Italiens se raillaient de nous, comme nous-mêmes nous rions aujourd'hui de nos lansquenets qui nous paraissent rustiques, soit dit sans vous offenser, monseigneur de Sucker.

LE CAPITAINE SUCKER.

Nous avons en Allemagne de plus grands savants que les vôtres! Les Italiens, qui font tant les renchéris, ne sont pas fâchés de s'adresser à nous pour obtenir des architectes. Nous leur bâtissons leur Dôme de Milan, et nos peintres, comme Albert Dürer, leur donnent des leçons.

BAYART.

Voyez-vous comme j'ai raison de dire qu'il y a bien des nouveautés depuis quelques années! Aux alentours de la bataille de Fornoue, vous n'auriez jamais entendu, à un bivac, un capitaine de lansquenets se vanter d'architectes et de peintres! On ne pensait alors qu'au vin, aux filles, à la maraude, et tableaux et statues n'étaient bons qu'à mettre en pièces.

LE BATARD DU FAY.

C'est pourtant vrai! Aujourd'hui, nous regardons comme sauvages et brutes ceux qui le font; ce sont tant seulement les nouveaux venus de France. Au bout de six mois de séjour, on commence à prendre plaisir à ces belles choses; et l'on devient raffiné.

BAYART.

Il est encore un autre point; dans ce temps-là, ni pour or ni pour argent, vous n'auriez décidé un homme d'armes italien à se battre. Aujourd'hui, je ne connais pas plus braves que le seigneur Alviane, le seigneur André Gritti et bien d'autres...

LE CAPITAINE MOLARD.

Et le pape Jules II.

On rit.

BAYART.

C'est vrai... Je voudrais voir le jour où l'on se combattra entre gens de guerre, et sans tourmenter ces pauvres habitants des villes et des campagnes; ils n'en peuvent mais aux discordes des princes.

LE CAPITAINE JACOB ZEMBERG.

Il me vient par-dessous ces manteaux un vent abominable! J'ai les pieds gelés! Gredins de soldats! vous ne pouvez pas m'arranger cette machine-là un peu mieux? Je vous donnerai sur les oreilles, pendards!

Arrivent le grand maître de Chaumont, Ives d'Alègre, officiers, hommes d'armes.

LE GRAND MAÎTRE.

Capitaines, bonsoir et bonjour! Avez-vous un doigt de vin à me donner? Merci, monseigneur de Bayart! A votre santé, messieurs!

BAYART.

A la vôtre, monseigneur, et que le ciel vous accorde ce que votre noble cœur désire!

Tous boivent.

LE GRAND MAÎTRE.

Le Pape n'a pas cherché à s'enfuir de votre côté?

BAYART.

S'il ne s'échappe pas du vôtre, soyez sûr que ce ne sera pas du mien.

On rit.

DANS BOLOGNE

Une rue près de Saint-Pétrone. — Le matin; concours de peuple, des artisans, des marchands, des nobles, des soldats.

UN BOUCHER.

S'il ne faut qu'une poussée pour jeter le Pape dehors, donnons-la-lui! Vivent les Bentivoglio!

LE PEUPLE.

Vivent les Bentivoglio! Vive Bologne! Liberté!

Entrent Francia et ses élèves, Francesco Caccianimici, Amico Aspertino, peintres.

Vive l'école de Bologne! A bas les Romains!

UN BOULANGER.

Maître Francia, que dites-vous de tout ceci?

FRANCIA.

Je dis que Michel-Ange est un insolent, et son maître ne vaut pas mieux que lui. Vivent les Bentivoglio!

LE PEUPLE.

Vive Bologne!

CACCIANIMICI.

Oui, mes enfants! vive Bologne! Est-ce que cette belle ville est moins digne d'être libre que Florence, que Lucques et tant d'autres cités?

LE PEUPLE.

Non! non! Vive Bologne! Vivent les Bentivoglio!

AMICO ASPERTINO.

Chacun chez soi! Ville libre! Pas de sujétion!

LE PEUPLE.

Liberté! liberté! Vivent les Bentivoglio!

UN BOULANGER.

Il nous faut un prince qui mange notre argent et le sien chez nous, et non ailleurs! qui nous bâtisse des églises et des palais, et non pas aux Romains! Vive Bologne!

LE PEUPLE.

Vivent les Bentivoglio! Liberté! liberté! Au palais! A bas le Pape!

ASPERTINO.

Allons casser la statue de Michel-Ange! Voulez-vous?

LE PEUPLE.

A bas la statue!

CACCIANIMICI.

C'est dit! allons!

Toute la foule le suit en poussant de grands cris.

LE PALAIS

Jules II, dans son fauteuil, son bâton sous la main; le cardinal de Pavie, le cardinal Regino, l'évêque de Gurck, Michel-Ange, le comte Jean-François Pico.

JULES II.

Cette sédition continue? Toujours des cris? Es-tu fou, Regino? N'ai-je pas déjà donné des ordres?

LE CARDINAL REGINO.

Très-Saint Père, les Suisses ont chargé deux fois et ont été repoussés.

JULES II.

De la cavalerie et deux bombardes! Courez! Si le tapage dure, j'irai moi-même.

Le cardinal Regino sort.

Il est un peu mou, le pauvre homme. Comte Pico, bien qu'il ne soit pas encore l'heure de donner réponse à M. de Chaumont, tu vas retourner près de lui.

LE COMTE.

Oui, Très-Saint Père.

JULES II.

Tu lui diras que je consens à tout, n'étant pas en situation de rien discuter, et que, pour preuve de ma bonne foi, je le prie de m'envoyer le traité conçu et rédigé comme il l'entendra. Tu auras soin de te récrier sur chaque article et de traîner les choses en longueur. Ensuite, tu m'apporteras le traité pour que je le signe. De cette façon, nous avons devant nous jusqu'à ce soir, et même jusqu'à demain matin, si nous voulons.

LE COMTE, à voix basse.

Votre Sainteté sait-elle où sont les Espagnols... les Vénitiens?

JULES II.

Ils arriveront, les uns et les autres, vers une heure après midi. Caresse ton Grand Maître, retiens-le; tâche qu'il ne parte pas. J'aurai le plaisir de le surprendre à mon tour, de l'envelopper, de le serrer, et l'on verra ce que je ferai de ce scélérat ultramontain qui prétend mettre sa main ignoble sur l'épaule du vicaire du Christ!... Va, mon enfant!

Le comte Pico s'agenouille; le Pape le bénit brusquement.

Allons, va donc! Michel-Ange, mon fils, où sont tes dessins de forteresses?

MICHEL-ANGE.

Très-Saint Père, les voici.

LE PAPE.

Va sur le terrain, trace-moi immédiatement les fondations et commence les travaux. Il me faut aussi des mines, et tu t'occuperas dès aujourd'hui de m'installer la fonderie de canons dont tu m'as montré le plan.

MICHEL-ANGE.

Si je fais l'ingénieur et le fondeur, je ne peux pas faire le sculpteur et le peintre. Vous allez vous plaindre, au premier jour, que les travaux de la Sixtine et les statues de votre tombeau n'avancent pas.

JULES II, *frappant de son bâton par terre.*

Certes, je me plaindrai, et je n'ai que trop sujet de me plaindre! Fainéants que vous êtes tous! Au lieu de m'ennuyer de tes observations, tu aurais déjà dû finir la besogne! Va-t'en!

Michel-Ange sort.

Cardinal de Pavie, est-ce que tu ne viens pas de me dire que l'Empereur prétendait être Pape à ma place, et prenait le titre de *Pontifex Maximus?*

LE CARDINAL DE PAVIE.

Oui, Très-Saint Père; Louis XII lui a mis cette sottise en tête.

JULES II.

C'est une insolence. J'ordonne aux secrétaires des brefs de m'intituler désormais « César ». Aussi bien je suis de droit l'Empereur universel comme représentant Dieu sur la terre.

On entend une décharge d'artillerie.

Bon! voilà les Bolonais qui reçoivent ma mitraille à travers les jambes!

Plusieurs prélats et des évêques s'approchent et saluent profondément.

Qu'est-ce que vous voulez?

UN ÉVÊQUE.

La personne de Votre Sainteté est dans un danger cruel. Les Français, le peuple, tout vous menace. Ne serait-il pas temps d'user de prudence et de modération? Je suis incité à vous tenir un tel langage, Très-Saint Père, par nos vénérables frères ici présents... Considérez que votre santé est gravement altérée, et, en outre, nous sommes des vieillards sans défense, et s'il nous faut subir les violences de la soldatesque ou celles d'une populace mutinée...

JULES II.

Que veut cet imbécile?... Qu'est-ce que tout ce verbiage?... Appelez mes porteurs, je veux qu'on me hisse au sommet de la cathédrale, afin de voir ce qui se passe dans la campagne. Mais, non... attendez... Cardinal de Pavie, donne-moi le bras... Toi, ici, capitaine, approche... Ton bras!... Ma foi, je peux aller!... Allons donc!

ROME

Chez Janus Corycius de Luxembourg. — Une grande salle avec un plafond peint d'un sujet mythologique; fresques sur les murailles; pavés de mosaïque; de grands vases pleins de fleurs, les fenêtres sont ouvertes sur un jardin, et, dans le fond, on voit les maisons d'un quartier de la ville mêlées d'arbres. — Agostino Chigi et son frère Sigismond Chigi, prêtre; le Bramante; Bernard de Bibbiena; l'Imperia; Raphaël; le dataire Bartolommeo Turini da Pescia; Giacomo Sansecondo, le musicien; autres invités. — Toute la société est répandue par groupes dans la vaste salle, les uns causant et riant debout, les autres assis sur des fauteuils, des pliants ou des coussins.

LE BRAMANTE, à Raphaël.

Quitte un moment madame Imperia, et écoute ce que j'ai à te dire. Michel-Ange...

RAPHAEL.

Laissez-moi m'amuser un instant. Je suis mort de fatigue et hébété de travail. Si Michel-Ange intrigue contre moi, vous faites le diable contre lui, partant quittes.

LE BRAMANTE.

Je crois que ta légèreté d'esprit est au moins l'égale de ton talent. Michel-Ange dit partout que ce que tu sais, tu l'as appris de lui.

RAPHAEL.

Il m'a appris quelque chose, c'est vrai; mais je ne crois pas qu'il avance la sottise que vous lui prêtez. C'est un homme d'humeur malencontreuse, mais non un coquin. Après tout, il est à Bologne avec le Pape; laissons-le tranquille. Il a fait des insolences incroyables à maître Francia, mon ami, qui ne peut les lui pardonner.

LE BRAMANTE.

Malheureusement, le Buonarotti est tout-puissant auprès du Saint-Père, et comme il ne manque pas une seule occasion de te nuire, il arrivera un jour où...

RAPHAEL, avec impatience.

Il arrivera un jour où, à force de nous exciter l'un contre l'autre, nos meilleurs amis à chacun de nous nous auront transformés en ennemis mortels, ce qui sera une honte, et j'y résisterai de tout mon pouvoir.

LE BRAMANTE.

J'aurais voulu qu'on te donnât au moins à faire la moitié du plafond de la Sixtine. Mais Michel-Ange accapare tout!

RAPHAEL.

N'avez-vous rien de plus à me dire?

LE BRAMANTE.

Va t'amuser, puisque tu n'as pas de sang dans les veines.

RAPHAEL.

Il m'est impossible de m'exaspérer contre personne, et surtout contre un homme que j'admire. N'ai-je pas des travaux plus que mes forces n'y suffisent?

JANUS CORYCIUS.

Maître Raphaël, avez-vous vu le groupe de la Très-Sainte Vierge et de sainte Anne exécuté pour moi par maître André Sansovino, dans l'église de Saint-Augustin?

RAPHAEL.

Je l'ai admiré aujourd'hui même, et c'est une des plus belles œuvres de ce temps. Je n'oublie pas que vous désirez de moi une figure dans cette même église.

JANUS CORYCIUS.

Je vous en conjure, maître Raphaël, réalisez vos bonnes promesses; quand allez-vous commencer?

RAPHAEL.

Écoutez! je vous ferai une sibylle avec un laurier autour de la tête. Cela vous plaît-il?

JANUS CORYCIUS.

Oui, mais sera-ce une sibylle jeune ou une vieille sibylle?

BIBBIENA.

Fais attention, cher Raphaël, que le seigneur Corycius a la passion de la beauté.

RAPHAEL.

Ma sibylle, c'est tout ce que la nature a créé, tout ce que l'esprit peut concevoir de plus aimable et... Mais voici le révérendissime cardinal Jean de Médicis.

Entre le cardinal. Il embrasse Raphaël.

LE CARDINAL.

Toi, je t'aime comme si tu étais l'enfant de mes entrailles, et si bien que je suis presque jaloux de ton amitié pour le seigneur de Bibbiena.

BIBBIENA.

Monseigneur, Raphaël aime tant de choses, aime tant de monde et a le cœur si bien meublé de tous sentiments propres à l'affection, qu'il n'est pas besoin de se disputer son amitié.

SIGISMONDO CHIGI.

Pour moi, je lui demande en ce moment de le remercier pour avoir placé dans son tableau de la Théologie la figure du grand, du saint, du vénérable martyr Frère Jérôme Savonarole. Un jour viendra où tout le monde rendra justice à ce grand homme, et je bénis maître Raphaël d'avoir été un des premiers à préparer son triomphe.

RAPHAEL.

Ce mérite ne m'appartient pas. Il revient tout entier au seigneur comte Balthazar Castiglione et à mon autre guide, Louis Arioste; tous deux m'ont donné des avis sur les saints et les sages docteurs à introduire dans ma composition.

IMPERIA.

Révérendissime seigneur cardinal, n'avez-vous donc des yeux aujourd'hui que pour maître Raphaël?

LE CARDINAL DE MÉDICIS.

Ah! madame, que je suis confus! j'ai de si mauvais yeux, en effet! Je ne vous avais pas aperçue encore!

IMPERIA.

On n'a pas besoin de vous, monseigneur; seulement, n'empêchez pas Giacomo de chanter. Vous voyez, il accorde son luth.

LE CARDINAL.

Ne me permettrez-vous pas, cruelle que vous êtes, de m'asseoir au moins une minute à côté de vous?

IMPERIA.

Ah! monseigneur, vous ne songez qu'aux statues, aux tableaux et aux livres!

LE CARDINAL.

Et jamais à l'Aphrodite vivante?

<small>Ils parlent à voix basse. Sansecondo commence à chanter Entre Michel-Ange.</small>

JANUS CORYCIUS.

Seigneur Buonarotti, soyez le bienvenu.

MICHEL-ANGE.

Ne vous dérangez pas. Ma mission remplie, je me retire. Je salue le révérendissime cardinal. Bonsoir, maître Raphaël. Le Très-Saint Père m'envoie de Bologne exprès pour avertir Mgr de Bibbiena d'avoir à l'y rejoindre à l'instant... Il a dit à l'instant, sans perdre une minute.

LE CARDINAL DE MÉDICIS.

Qu'est-il donc arrivé?

MICHEL-ANGE.

Les Français et les Bentivoglio nous ont surpris à Bologne...

TOUS.

Ah! grand Dieu! le Pape est prisonnier?

MICHEL-ANGE.

Il a amusé les Français, il a écrasé les Bolonais. Les Vénitiens et les Espagnols ont eu le temps d'accourir à notre aide; les Français se sont enfuis à Milan. Seigneur de Bibbiena, venez-vous? Je dois retourner, sans perdre une heure, pour diriger le siége de la Mirandole.

LE DATAIRE BARTOLOMMEO TURINI.

Le Pape ne revient pas ici?

MICHEL-ANGE.

Après la Mirandole, nous irons enlever Ferrare; ensuite, on verra. Partons.

JANUS CORYCIUS.

Quel homme que ce Pape! A son âge!

AGOSTINO CHIGI.

Lui? il n'a pas d'âge; c'est purement un foyer inextinguible d'énergie. Il en sort, en tourbillons, des flammes, des étincelles et de la fumée.

LE CARDINAL.

Et des explosions de volcan! Je plains la pauvre ville de la Mirandole et la malheureuse comtesse Françoise Trivulzio. Elle sera mise hors de chez elle avec ses enfants, comme une mendiante. Partez, monseigneur de Bibbiena, le Pape n'aime pas à attendre.

BERNARD DE BIBBIENA.

Je vous suis, maître Michel-Ange. Bonsoir, Raphaël, mon enfant; amuse-toi bien!

RAPHAEL.

J'y ferai de mon mieux. Bonsoir, maître Buonarotti; donnez-moi votre main.

MICHEL-ANGE.

Quand je reviendrai! Bonsoir, monseigneur et messieurs.

Bibbiena et lui sortent.

IMPERIA.

Quel homme malplaisant!

JANUS CORYCIUS.

Songeons à nous divertir! Le souper est prêt.

LA MIRANDOLE

Une salle dans le château. La comtesse Francesca Trivulzio, ses enfants, ses femmes, officiers de la garnison; un parlementaire du duc d'Urbin, général des troupes de l'Église.

LA COMTESSE.

Je vous ai répondu, monsieur. Je ne rendrai pas ma ville au Saint-Père. C'est le patrimoine de mes enfants. Je défends leurs droits et la justice.

LE PARLEMENTAIRE.

Madame, Mgr le duc d'Urbin a de bonnes artilleries et plus de troupes que vous. Si vous l'obligez à donner l'assaut, il ne répond pas des conséquences.

LA COMTESSE.

Je suis la fille de Jean-Jacques Trivulzio; mon sang ne se refroidit pas aux menaces. Vous avez mon dernier mot. Retournez auprès de votre maître.

LE PARLEMENTAIRE.

Madame, daignez considérer...

LA COMTESSE.

Reconduisez ce capitaine.

MILAN

Le palais ducal. — Gaston de Foix, duc de Nemours, capitaine général des troupes françaises en Italie; le Grand Maître de Chaumont, gouverneur du Milanais; le seigneur de Clermont-Montoison, commandant les forces auxiliaires françaises données au duc de Ferrare; le prince d'Anhalt, général des troupes de l'Empereur; Louis de Brézé, grand sénéchal de Normandie, commandant les gentilshommes de la maison du Roi; les capitaines Ives d'Alègre, Bonnet, Maugiron; le bâtard de Clèves et autres officiers. Conseil de guerre.

GASTON DE FOIX.

Messeigneurs et capitaines, la volonté du Roi est de ne pas laisser les choses traîner en longueur. Il entend mettre fin aux entreprises du pape Jules II. Ce prétendu Pontife, plus rude aux princes chrétiens que ne le serait le Turc, veut dépouiller chacun de son bien et s'enrichir aux dépens de tous. Allié méchamment aux Espagnols qui ne sont que perfidie, et aux Vénitiens qui se pourraient dire les pères du mensonge, le soi-disant Saint-Père ne cache pas sa volonté de nous renvoyer au delà des Alpes, en nous arrachant le Milanais. Il veut tout prendre, tout garder. Dans ce beau dessein, excitant le Turc contre l'Empereur et l'Anglais contre nous, il fait ravager les côtes atlantiques, en même temps que les campagnes hongroises. Jusqu'ici nous avons temporisé de notre mieux, et opposé patience et douceur à cet excès de rage. Procédant par voie de raison, nous avons réuni un concile, peu nombreux, il est vrai, mais composé des docteurs les plus dignes de confiance. Jules II ne s'est pas fait scrupule de soulever la populace de Pise contre cette sainte assemblée, que nous avons dû transférer ici pour la mettre en sûreté. Désormais, il est bien avéré que la guerre à outrance peut seule venir à bout de la malice du Pape. Ainsi, je vous le répète, nous ne ménagerons plus rien, et le Roi entend que les résultats ne se fassent pas attendre. C'est pourquoi je vous ai réunis. Veuillez donc me faire savoir, messeigneurs et capitaines, si vos troupes sont préparées à faire campagne, et ce que vous pensez de la situation où nous sommes.

IVES D'ALÈGRE.

Puisque tant de seigneurs plus considérables que moi ne soufflent mot, je m'enhardis à vous remontrer que si vous avez l'intention de combattre, il le faut faire bien, fortement, vivement, sans perdre une minute, car l'ennemi que vous avez en tête est tel qu'il vous a donné et vous donnera du fil à retordre. Quand Mgr le Grand Maître a fait faute de le prendre à Bologne, le lendemain il était en campagne comme un pauvre aventurier de vingt ans. Le capitaine Bayart s'est mis sur sa route pour le surprendre; il n'y est pas parvenu, et Jules II, de ses propres mains, a aidé à lever le pont-levis du château de Saint-Félix qui le dérobait à notre brave chevalier. Maintenant, ce terrible adversaire doit être de sa personne devant la Mirandole. Son neveu, le duc d'Urbin, a pris la Concordia; les Espagnols avec le vice-roi don Raymond de Cardonne et une infanterie admirable s'avancent contre nous; les Vénitiens menacent Brescia, et, comme ils y ont de grandes intelligences, je crois qu'ils le prendront. Enfin, les Suisses s'amassent là-haut, sur les montagnes au-dessus de notre tête, et le Pape, avec un levier d'argent, va les faire rouler sur nous. Hâtons-nous donc, et si nous voulons sauver Ferrare, prenons Bologne.

LOUIS DE BRÉZÉ.

Vous raisonnez pertinemment, capitaine d'Alègre; mais Bologne n'est pas facile à prendre. Le cardinal Regino a été remplacé par le cardinal de Pavie; celui-là est un soldat qui ne se laissera pas enlever. En outre, le duc d'Urbin est en état de nous donner assez de tablature pour que les Espagnols aient le temps d'accourir. En ce cas, il faudrait lever le siége.

IVES D'ALÈGRE.

Bologne a la révolte flambant dans les entrailles, et si nous faisons mine seulement de donner l'assaut, à l'instant les bourgeois nous ouvriront les portes; le cardinal devra s'enfuir et gagner pays.

GASTON DE FOIX.

Messieurs, je pense comme le capitaine d'Alègre, et je vous demande d'être prêts d'ici à quatre jours.

DEVANT LA MIRANDOLE

La brèche. — Les fossés sont pris par la glace. Les hommes d'armes et l'infanterie pontificale sous les armes; deux batteries tirent encore pour agrandir l'entrée. Jules II, le duc d'Urbin, les cardinaux Raphaël Riario, del Carretto, Galeotto della Rovere, Francesco Romolino, et Louis Borgia; le capitaine Jean-Paul Baglione; les secrétaires, les camériers, les suisses de la garde; le Pape et toutes les personnes de sa suite, couverts de fourrures et de manteaux à capuchon; il fait grand froid.

JULES II.

Eh bien! est-ce fini?

LE DUC D'URBIN.

La ville est rendue. On va enfoncer une des portes murées, afin de donner passage à Votre Sainteté.

JULES II.

Point! J'entrerai par la brèche. Où est la comtesse Françoise?

LE DUC.

Elle attend Votre Sainteté dans le château.

JULES II.

Qu'elle se retire où elle voudra. Marchons! Et, ce soir, nous partirons pour Ferrare.

Entre un messager.

UN MESSAGER.

Très-Saint Père, Bologne est aux mains des Français.

JULES II.

Le cardinal a rendu la place?

LE MESSAGER.

La population s'est insurgée et a ouvert les portes.

JULES II.

Vous aviez donc laissé une garnison insuffisante, Francesco-Maria?

LE DUC D'URBIN.

Très-Saint Père, je vous avais obéi de tous points.

JULES II.

C'est-à-dire que, selon vous, le cardinal de Pavie, cet Alidosio en qui j'ai toute confiance, est un sot, un lâche ou un traître? Répondez!

LE DUC D'URBIN.

Il me semble que si quelqu'un doit avoir tort, c'est plutôt lui que moi.

LE PAPE.

J'éclaircirai cette affaire... Elle m'est sensible... vous pouvez le croire, et aucune considération ne retiendra ma juste colère. Où est Michel-Ange?

MICHEL-ANGE.

Ici, Très-Saint Père.

LE PAPE.

Donne promptement tes ordres pour qu'on relève les défenses de la place et les mette en état de résister. Fais l'ouvrage dont nous avons parlé ensemble, et retourne à Rome en toute hâte pour avancer mon tombeau. Quand je vois ce que je vois et souffre ce que je souffre, je voudrais déjà y être descendu. Non! c'est trop de misères!

ROME

Un atelier de petite dimension. — Des meubles sculptés, de belles étoffes pourpre, bleu, or, argent; une statue antique de Pallas; un buste de Psyché; des vases pleins de fleurs, dont l'odeur rafraîchit et parfume la chambre. — Raphaël devant son chevalet travaillant au portrait de madame Béatrice de Ferrare.

RAPHAEL.

Ce n'est pas souvent qu'il m'arrive d'être seul... seul... longtemps... pouvant, à mon gré, penser et sentir... n'étant sous le poids d'aucune idée immédiate qui me commande et me traite en esclave... Non! aujourd'hui, je suis à moi-même, je suis mon seul compagnon... je jouis à mon gré, et sans que rien me le dispute, de chaque bouffée du plaisir qui m'arrive, de cette volupté de la solitude si pénétrante, si vive que les sens irrités ne sauraient la supporter longtemps. L'imagination de l'homme est si faible! Il lui faut constamment des secours extérieurs pour se soutenir dans les airs, et quand ces secours sont trop rares et ne se renouvellent pas sans cesse, alors la pauvre oiselle retombe alanguie et ne bouge plus. Quel malheur!... car elle se sent beaucoup plus vivante dans ces courts instants où elle se suffit à elle-même! C'est alors que j'ai conçu ce que j'ai pu créer de plus beau. Oui, c'est alors que je me suis rapproché davantage du Créateur qui m'a fait ce que je suis, des objets célestes que je puis exprimer, de la tendresse plus divine encore que je puis ressentir!... La nature est profonde; mais l'âme

qui la pénètre est une flamme si joyeuse et si gaie!
En vain toutes les calamités de la terre et des enfers
pèsent sur l'homme, pèsent sur nous surtout, Italiens,
tourmentés par les barbares, les princes, les républiques,
les factions et tant de variétés de criminels! La joie,
la vie, la fécondité nous enlèvent ; nous nageons,
nous autres, dans un éther olympique! Et les savants,
et les poëtes, et les littérateurs, et les antiquaires, et les
imprimeurs, et les peintres, les sculpteurs, les architectes, les graveurs, les tailleurs d'images, les enlumineurs, tout, tout, tout ce qui dans une forme, d'une
manière quelconque, est devenu capable d'exprimer une
pensée, une nuance de la pensée, un atome tout mince
et tout réduit d'une idée, tout est à l'œuvre, travaille, ne
se laisse pas déranger, accumule les effets sur les effets,
et traverse les désastres, la lumière du génie sur le front,
le sourire aux lèvres et son œuvre à la main! Qui nous
donne une telle valeur, une telle vertu, cette puissance
qu'on ne vit jamais? Athènes ne connaissait que les
inventions grecques, une architecture admirable, une
sculpture incomparable, mais une peinture esclave de sa
glorieuse sœur, et les sciences limitées là où la poésie ne
l'était pas. C'était son lot! Nous, quelles richesses supérieures nous comblent, et comme une lice bien autrement
vaste est ouverte à nos efforts! Ce que possédait l'antiquité, ne l'avons-nous pas, et de plus ce que nos pères se
sont appris à eux-mêmes? Nous sommes tenus de représenter, comme Polyclète et Zeuxis, les dieux des temps
païens, mais aussi les Saints de la Jérusalem céleste, et les
philosophes, mais aussi les docteurs... Eh bien! nous
suffirons à tout, nous arriverons à tout, et l'univers trans-

formé par nos mains sera renouvelé; nous aurons réussi à expulser, sinon tout le mal, au moins ce qu'il y en a de plus hideux! N'est-ce pas vrai, ce que je sens? La passion qui me transporte pourrait-elle me tromper? A quoi servirait-il de la ressentir? pourquoi le ciel, d'où certainement elle émane, me l'enverrait-il, si elle devait demeurer stérile?... Que ce portrait prend de réalité!... comme c'est ma Béatrice!... comme le sang circule dans ce visage adoré!...

<small>Il se retourne, et aperçoit Béatrice sur le seuil de la porte.</small>

Ah! te voilà toi-même! Vous voilà, ma chérie! ma lumière, mon étoile!

BÉATRICE.

Travaille, Raphaël, mon Raphaël! c'est ainsi que je t'aime le mieux!

RAVENNE

Une chambre dans le palais. — Jules II, le cardinal Riario; Léonard de Bibbiena, des secrétaires. Le Pape dicte des dépêches.

Entre Matthias Scheiner, cardinal de Sion.

JULES II.

Par le corps de Dieu! j'ai défendu qu'on m'interrompe! Toi, scelle cette lettre, et que le courrier parte à l'instant pour l'Angleterre. Qu'y a-t-il, Matthias?

LE CARDINAL MATTHIAS SCHEINER.

Un malheur!

JULES II.

Quel malheur?

LE CARDINAL SCHEINER.

Le cardinal de Pavie se rendait ici et venait se justifier auprès de Votre Sainteté d'avoir perdu Bologne.

JULES II.

Si j'ai perdu Bologne, je le reprendrai. Faites entrer le cardinal! Il peut avoir été faible; je ne le crois pas traître. Qu'il vienne!

LE CARDINAL SCHEINER.

Mgr le duc d'Urbin, craignant que le cardinal ne rejette la faute sur lui...

JULES II.

Pas de pareilles bourdes! Suis-je un barbon ridicule à

qui l'on fait passer la plume par le nez?... Francesco Maria se moque-t-il de moi? Que le cardinal se dépêche. Je l'écouterai, et si le duc d'Urbin a eu tort, il sera châtié... Eh bien! qu'est-ce que cela signifie?... Pourquoi ce silence?... Parleras-tu?... Va me chercher Alidosio.

LE CARDINAL DE SION.

Mgr d'Urbin vient de le rencontrer dans la rue, devant le palais; il est allé à lui...

JULES II.

Bon! Il lui a dit des injures? C'est un étourdi! J'arrangerai cela...

LE CARDINAL DE SION.

C'est que, Très-Saint Père, ce n'est pas... Il l'a...

JULES II.

Par tous les saints! Aurait-il osé le frapper?... Porter la main sur un prince de la sainte Église romaine?... Tu ne veux pas dire?... Il ne l'a pas frappé?...

LE CARDINAL DE SION.

Très-Saint Père!...

JULES II.

Sang de la Madone! Parle donc!...

LE CARDINAL DE SION.

Il l'a... il l'a poignardé!

JULES II.

Poignardé... Ce n'est pas possible... ce...

LE CARDINAL DE SION.

Il l'a poignardé, et le cardinal de Pavie est là, en bas, mort sur le coup, et la foule autour de lui... J'ai vu qu'on allait emporter le cadavre.

JULES II, anéanti, tombe dans son fauteuil. Il se couvre les yeux... puis relève la tête, regarde à la ronde et dit d'une voix sourde :

Sortez tous!... oui, tous!... Non... Reste là... toi... Matthias!

Les assistants s'éloignent, sauf le cardinal de Sion.

JULES II.

J'ai eu bien des fortunes dans ma vie... J'ai éprouvé bien des misères... et bien des contre-temps... et des malheurs... de grandes infortunes; pourtant, je n'avais pas senti le dégoût de la honte, de l'avilissement, de la bassesse... je n'avais rien senti casser en moi! Et c'est mon propre neveu, ce qui est le plus près de ma chair, de mon sang, de ma personne, de ma volonté, de mon âme; c'est cette partie de moi-même qui vient m'infliger un abaissement que... Je ne dis pas que j'hésite, que je sois disposé à rien céder... Mais, j'avoue pourtant... Oui, mon ami... Tu m'as donné un terrible coup... je me sens faible, Matthias... je n'ai plus de force... je ne sais pas ce qui se passe en moi...

LE CARDINAL DE SION.

Dieu se sert de nos affections les plus chères pour nous envoyer nos afflictions les plus rudes.

JULES II.

Celle-là... celle-là est un peu forte. Elle aurait pu venir, en tous cas, dans un autre moment, car, aujourd'hui, tu sais comme notre édifice craque de toutes parts. Je ne cherche que la plus grande gloire du pontificat, tu le sais, toi, Matthias. Je manie un grand pouvoir, il est vrai. Mais je veux beaucoup plus que je n'atteins. Je suis dévoré de désirs par delà le possible... Voilà ce que je suis... je le comprends bien à cette heure : tout s'écroule, s'efface...

Je butte à chaque pas. Des obstacles, et de mille espèces! pullulent sous mes pieds. C'est la méchanceté, c'est la bassesse, c'est l'arrogance, tous les vices de l'enfer s'entrelacent et se soudent les uns aux autres ; ils forment un réseau inextricable. J'en suis enveloppé, garrotté, et, pour dernier coup, voilà maintenant que la frénésie furieuse et sanguinaire sort du voisinage de mes reins, sort de mon sang même pour m'arrêter! Tu comprends que, désormais, je suis déshonoré... Tu le comprends?... tu le vois? tu l'avoues!... Toi, un Suisse brutal et sans scrupules!... Mes ennemis ont à leur dévotion ce soi-disant concile, ridicule assemblage de vils pantins... Ce Santa-Croce!... Ils m'accusent déjà d'être un ivrogne... parce que je suis vieux, que mon visage est rougi par le travail, que mes mains tremblent quelquefois, bien que le poids de ma volonté soit encore trop lourd pour leurs crânes épais... Et ce Louis de France, un manant, un paysan vulgaire, dira que j'égorge les cardinaux à l'exemple du simoniaque empoisonneur balayé avant moi de la chaire des Apôtres! Que veux-tu que je fasse? Ma perte est consommée!... J'ai envie de me coucher par terre et de tout abandonner à la scélératesse de mes ennemis!

LE CARDINAL DE SION.

C'est un grand malheur... Mais quand on a quelque énergie, on peut, cependant, se relever de tout.

JULES II.

Donne-moi un verre de vin... là... dans cette crédence... (Il boit.) N'importe!... le coup est dur... Alidosio a rendu Bologne, c'est vrai... mais c'était, pourtant, un bon serviteur... Et que mon neveu... mon neveu?... Le misérable ne m'est plus de rien! Mon neveu? Un scorpion qui se dresse contre moi!... Quelque considération au monde m'empêcherait de l'écraser?... Non! non! non! Je ferai un exemple terrible! Si le crime épouvante, le châtiment va terrifier bien davantage! Il ne se sera rien vu de tel depuis la condamnation des fils de Brutus, et nous verrons ce qu'on en dira!

LE CARDINAL DE SION.

Je crois que vous n'auriez pas tort. Cependant, considérez...

JULES II.

Voyons! voyons! Tout périra, mais non pas moi, ni l'intérêt de l'Église... Écoute! Je retourne à Rome à l'instant; un tribunal inexorable va s'y former. Le duché d'Urbin sera réuni au domaine ecclésiastique. L'assassin... qu'on l'arrête! qu'on l'enchaîne! qu'on le traîne dans la prison du Saint-Office! Il n'en sortira plus vivant! Écris aux cardinaux que je leur donne l'ordre de venir au consistoire...

LE CARDINAL DE SION.

Je le ferai.

JULES II.

Prends ceci en note : Un concile, un vrai concile, est convoqué sans retard au Vatican, pour aggraver et réaggraver les excommunications fulminées contre Louis de France, Alphonse d'Este et leurs fauteurs. As-tu écrit?

LE CARDINAL DE SION.

C'est fait.

JULES II.

Écris encore. Le siége de Ferrare, il faut le presser!

Écris à Marc-Antoine Colonna, aux Vénitiens, aux Suisses, que ma volonté est inébranlable. J'ai de l'argent; dis-le-leur!... Il faut aussi en finir avec le gouvernement de Florence et son chef imbécile, Soderini! Prends ceci en note... Bon... Le cardinal Jean de Médicis commandera l'armée de l'Église dans cette occurrence... Nous aurons pour nous les partisans de sa maison... Mais... écoute-moi bien... je ne veux pas que, la seigneurie actuelle une fois renversée, les héritiers de Laurent reprennent jamais le pouvoir... On les amusera de paroles... Florence et la Toscane doivent appartenir à l'Église... Tu diras à Bibbiena de s'entendre avec moi sur ce sujet.

LE CARDINAL DE SION.

J'ai écrit, Très-Saint Père.

JULES II.

Je me sens mieux. Holà, quelqu'un!

Entre un camérier.

Qu'on prépare ma litière, et que tout soit prêt! Nous partons pour Rome ce soir. Faites rentrer mes secrétaires. Qu'on travaille!

BRESCIA

La ville est prise par les Français et mise à sac. Des bandes de soldats, hommes d'armes, lansquenets, aventuriers, l'épée au poing, transportés de fureur, encombrent les rues; une partie des maisons brûle; les portes sont enfoncées; on traîne les femmes par les cheveux sur le pavé; on égorge partout. Les trompettes et les tambours sonnent et battent à l'étendard et à l'assemblée. Aucun soldat n'y prend garde; presque tous sont ivres. Le vacarme, les cris, les hurlements, les décharges d'arquebuse sont incessants. — Gaston de Foix, le capitaine Hirigoye, le capitaine Molard, l'épée à la main; les capitaines Bonnet, Maugiron, de Clèves, de même; tous, casque en tête et très-échauffés.

LE CAPITAINE MOLARD.

On vient de blesser vilainement Mgr de Bayart!

GASTON DE FOIX.

Quel malheur!... Est-il mort?

CAPITAINE HIRIGOYE.

Presque! Je l'ai vu étendu sur quatre piques, et on l'a porté dans une maison.

UN HOMME D'ARMES, arrivant au galop.

Monseigneur, le capitaine d'Alègre vous fait dire qu'il a rabattu dans la ville les gendarmes vénitiens! Ils voulaient s'enfuir par la porte Santo-Nazaro! Nous les avons rembarrés sur la place; entourés, ils se sont rendus. Nous les tenons!

TOUS LES CAPITAINES.

Bonne prise! A merveille!

GASTON DE FOIX.

Avez-vous quelques prisonniers de marque?

L'HOMME D'ARMES.

Nous tenons les provéditeurs André Gritti, Contarini, le podestat Justiniani, des capitaines de la République et le comte Avogadro.

LE CAPITAINE MOLARD.

Excellent! L'auteur damné de la révolte de Brescia, l'homme qui nous vaut cette rude journée!

GASTON DE FOIX.

Dites au seigneur d'Alègre que le comte Avogadro sera décapité à l'instant sur la grande place, et son corps coupé en autant de morceaux qu'il y a de quartiers dans la ville.

LE CAPITAINE MAUGIRON.

Admirable justice! Chaque quartier aura sa part! Ah! le double traître! le voilà récompensé dignement!

LE CAPITAINE HIRIGOYE.

Monseigneur, je ne peux plus tenir mes Gascons! Si l'on ne trouve moyen de mettre fin au pillage, c'en est fait de mes bandes; je défie qu'on les rallie!

Arrive en courant le capitaine Jacob d'Empser.

LE CAPITAINE JACOB.

Monseigneur, monseigneur, je ne puis plus tenir mes lansquenets! Ils se battent avec les Gascons!

LE CAPITAINE HIRIGOYE.

Cap de Diou! Monseigneur Jacob, vous m'en répondez, et je me soucie autant de votre peau...

GASTON DE FOIX.

Êtes-vous fou, capitaine Hirigoye? Provoquer un de vos compagnons? Vous moquez-vous de nous?

LE CAPITAINE JACOB.

La vérité est qu'il faut séparer ces coquins, sinon ils vont s'entre-détruire.

GASTON DE FOIX.

Capitaine Maugiron, prenez cinquante cuirasses de ma compagnie, et faites rage sur les Gascons et les lansquenets jusqu'à ce qu'ils lâchent prise. Tuez, tuez tout ce qui tiendra!

LE CAPITAINE JACOB.

J'y vais aussi, pour tâcher de simplifier les choses.

LE CAPITAINE HIRIGOYE.

Cap Saint-Antonin! Ventre Saint-Quenet! Ah! mille millions de bélîtres! Mes Gascons sont en train de tout dévorer! Allons voir ce que c'est, mon cher capitaine Jacob!

Ils sortent en hâte; les cinquante hommes d'armes prennent le galop.

UN SERGENT DE BANDES.

Monseigneur! du renfort! Le capitaine Jacquin m'envoie vous avertir qu'on assomme les aventuriers du haut des maisons avec des pierres, et on les brûle avec de la poix bouillante.

GASTON DE FOIX.

Seigneur de Clèves, allez-y avec vos fantassins!

LE BATARD DE CLÈVES.

Je ne sais où ils sont! Il n'y en a pas dix réunis! J'y cours moi-même.

GASTON DE FOIX.

Gendarmes! suivez-moi!

<small>Il part avec le reste de sa compagnie d'ordonnance; une pluie de tuiles, de meubles, de poutres, tombe sur eux du haut des toits.</small>

UN COUVENT DE RELIGIEUSES

<small>L'église pleine de femmes et d'enfants; cris de terreur.</small>

LES LANSQUENETS.

A sac! à sac! Pillez! A nous les femmes!

<small>Massacre et violences.</small>

L'INTÉRIEUR D'UNE MAISON

<small>Le capitaine Bayart blessé, posé sur le plancher. Soldats de la compagnie du capitaine Molard qui l'ont apporté; un écuyer du capitaine, son valet de chambre, le bâtard de Cordon; la dame de la maison, ses deux filles en larmes, toutes trois à genoux.</small>

BAYART.

Pas de crainte! pas de pleurs! Madame, et vous, mesdemoiselles, je réponds de votre salut! Vous n'aurez pas la moindre égratignure! Compagnons, mettez-vous en faction à la porte! Dites à ceux qui voudraient entrer que je suis ici! La maison m'appartient! Ferme!

LA DAME.

Ah! monseigneur, sauvez-nous la vie! sauvez-nous l'honneur! Nous payerons grande rançon!

BAYART.

Je ne me suis pas fait gendarme pour gagner! Tenez-vous en repos! Je perds mon sang! Qu'on me mette sur un lit! Compagnons! je vous donnerai l'équivalent de votre part de pillage!

LES SOLDATS ET LES ÉCUYERS.

Merci! grand merci, capitaine, nous ne vous quitterons pas! Personne n'entrera céans!

LES FEMMES.

Gloire à Dieu! nous sommes sauvées!

BAYART.

Pas de crainte!... Ah! sainte benoîte Vierge, que je souffre!

Il s'évanouit.

FLORENCE

Le palais Ruccellaï. — Une salle. — Le gonfalonier Pier Soderini, Nicolas Valori, Nicolas Machiavel, Agostino Capponi, Palla Ruccellaï.

MACHIAVEL.

Je ne sais pas si ce que je vous dis conserve sa clarté en passant par ma bouche, mais rien ne me paraît plus évident. L'État est perdu; nous tombons dans une révolution.

PALLA RUCCELLAÏ.

Je le crois aussi, et n'y comprends rien. On ne saurait en accuser que la perversité de l'esprit public. Florence possède toutes les libertés.

MACHIAVEL.

Elle ne sent pas que ce lui soit un grand bien.

AGOSTINO CAPPONI.

Nous avons la république de nos pères.

MACHIAVEL.

Les enfants ont pris d'autres habitudes.

PIER SODERINI.

Rendez-moi cette justice que je cherche, dans ma façon de gouverner, à satisfaire tous les intérêts. Oui, certainement!

MACHIAVEL.

Mais vous n'excitez aucun enthousiasme. Tant que le Frère Jérôme Savonarole nous a conduits, notre population s'intéressait à quelque chose; elle était excitée, animée, enflammée, et, dans un pareil état, on est capable de sacrifices. Aujourd'hui, la torpeur est universelle. Je souhaite de me tromper; mais, je vous l'avoue, mes seigneurs, mes amis, je crains que le temps des Médicis ne soit revenu.

AGOSTINO CAPPONI.

Prenez garde alors, si l'on doit retrouver les Tarquins, de retrouver les Brutus.

MACHIAVEL.

Il faudrait se garder des étourderies.

PIER SODERINI.

Les événements nous pressent. Le congrès de Mantoue que le Pape a suscité contre nous... ah! mon Dieu, quel mal cet homme nous fait!

NICOLAS VALORI.

Je le croyais perdu après l'infâme action de son neveu; il a pardonné au meurtrier, et personne n'y prend plus garde. Je le croyais perdu après la bataille de Ravenne. Ce niais de Français, ce Gaston de Foix, la gagne, mais il se fait tuer, et sa victoire devient pour les siens pire qu'une défaite! Jules II en tire parti! Je le croyais perdu devant le concile de Milan; il discrédite celui-là! il en invente un autre; il reprend Bologne, on ne sait comment! Il tient le pied sur la gorge du duc de Ferrare et va le détrôner, et les Français, hier triomphateurs, nous abandonnent et s'enfuient chez eux, parce que ce misérable Pape, du fond de sa détresse, surgit comme Satan du fond de l'abîme et secoue sur eux des foudres de dangers! Voilà les Suisses qui roulent en torrents furieux sur le Milanais. Enfin, pour ce qui nous concerne, ce n'est pas assez que nous perdions à cette heure la protection de Louis XII, il faut que les soldats en déroute de ce triste Roi laissent, dans la retraite, échapper leur prisonnier de Ravenne, le cardinal Jean de Médicis! Maintenant, Jules II nous le renvoie à la tête de l'armée pontificale. La situation devient insoutenable!

MACHIAVEL.

Les plans de Jules II sont plus à craindre que ceux de feu M. de Valentinois.

PALLA RUCCELLAÏ.

En quoi, je vous prie?

MACHIAVEL.

M. de Valentinois ne travaillait que pour lui; son œuvre aurait, dans tous les cas, fini avec son existence, puisqu'il n'avait pas d'enfants. Mais le Pape travaille pour l'Église, et, à tout le moins, il laissera des traditions très-fâcheuses pour l'indépendance des États italiens.

NICOLAS VALORI.

Il est déplorable de penser que la plupart de nos concitoyens s'imaginent qu'avec le gouvernement des Médicis le commerce marcherait mieux. Puis nous commençons à avoir contre nous les artistes. Ces gens veulent des fêtes, du luxe et des dépenses.

AGOSTINO CAPPONI.

Un coup de poignard bien placé a souvent produit un grand bien.

MACHIAVEL.

Ou un grand mal. Bonsoir, messeigneurs. Je rentre chez moi fort affligé.

BARBERINO

La ville dans le fond. A travers la contrée, au pied de l'Apennin, l'armée espagnole et les troupes pontificales sont en marche vers Florence par la plaine qui mène à Prato. — En tête d'une compagnie d'hommes d'armes, marchent don Raymond de Cardonne, vice-roi de Naples, général de la Ligue, le cardinal Jean de Médicis, légat du Saint-Siége en Romagne et en Toscane, le duc d'Urbin, les capitaines Vitelli et Orsini, d'autres officiers.

LE DUC D'URBIN.

Certainement, monseigneur révérendissime, le Saint-Père ne demande pas mieux que de voir votre famille rétablie à Florence, et en possession de ses droits. Mais vous prétendez aller trop vite, vous précipitez les choses, et j'ai l'ordre exprès d'agir avec prudence et circonspection.

LE CARDINAL JEAN DE MÉDICIS.

De la façon dont vous procédez, tout échouera. Le parti populaire sera renversé sans doute. Les intrigants, héritiers de Savonarole, disparaîtront; mais qui sera mis à leur place? Voilà ce que vous ne voulez pas dire et ce que je voudrais pourtant savoir.

LE DUC D'URBIN.

Je ne saurais désobéir à Sa Sainteté, ni vous non plus, ni personne. Rentrez dans Florence avec vos parents, mais en qualité de personne privée.

UN OFFICIER, à don Raymond de Cardonne.

Excellence, les Florentins viennent de renforcer la garnison de Prato de deux mille fantassins et cent lances fournies, sous le commandement de Luca Savelli.

DON RAYMOND DE CARDONNE.

J'en suis fâché. L'artillerie et même les vivres nous manquent.

LE DUC D'URBIN.

Il faut négocier. J'ai ordre de négocier avec les Florentins. S'ils veulent renvoyer Soderini et admettre les Médicis sur le pied de simples citoyens, il m'est commandé de me déclarer satisfait.

LE CARDINAL JEAN DE MÉDICIS.

Puisqu'il n'y a pas moyen d'obtenir mieux, envoyons un parlementaire, et, en attendant, prenons un peu de repos sous ces arbres.

DON RAYMOND DE CARDONNE.

Je vous obéis, monseigneur; mettons pied à terre, et faisons comme il vous plaira.

<small>Ils arrêtent leurs chevaux, descendent; des domestiques étendent un tapis sous un arbre; les chefs y prennent place.</small>

VENISE

Le palais Gradenigo. — Luigi Malipiero, Leonardo Mocenigo, Luigi Gradenigo. Une grande salle dont les fenêtres donnent sur la lagune.

GRADENIGO.

Soyez les bienvenus, magnifiques seigneurs. Je m'attendais presque à l'honneur de vous recevoir aujourd'hui, car le temps est superbe.

MOCENIGO.

Nous venons vous chercher, comme nous en sommes convenus hier, pour aller ensemble faire une promenade dans les ateliers de nos peintres.

LUIGI MALIPIERO.

Je vous proposerai également de visiter l'imprimerie de notre ami Manuce. Il a fondu de nouveaux caractères grecs, et on les dit de toute beauté.

GRADENIGO.

Je les verrai avec un plaisir extrême. Le seigneur Alde est un héros d'érudition. Les connaissances accumulées dans cette savante tête suffiraient pour la gloire d'une brigade entière d'hellénistes et de latinisants. A ce propos, je viens de recevoir une lettre du seigneur Navagier.

MALIPIERO.

Est-il toujours à Pordenone chez le vaillant et spirituel seigneur Alviane?

LUIGI GRADENIGO.

Sans doute. Il me fait le plus grand éloge de la société de gens polis et de grande instruction réunis par notre capitaine général dans cet élégant sanctuaire des Muses.

LEONARDO MOCENIGO.

Son poëme avance-t-il ?

LUIGI GRADENIGO.

Ce beau travail tire à sa fin, et le seigneur Navagier en a fait la lecture à ses amis, avec toutes sortes d'applaudissements. Mais, illustrissimes seigneurs, je crois que ma gondole est au bas du traghetto, et nous allons partir. Rendons-nous d'abord chez maître Titien, nous visiterons ensuite le Robusti et les autres.

MOCENIGO.

A vos ordres, magnifique seigneur, et trop heureux, pour ma part, de consacrer une si belle journée à contempler des chefs-d'œuvre en compagnie d'un connaisseur aussi fin que Votre Excellence illustrissime.

FERRARE

Une salle du palais dans les appartements de la duchesse. Riches tapisseries de Flandres à sujets mythologiques, meubles d'ébène sculptés, tableaux, statues. — Madame Lucrèce Borgia, duchesse de Ferrare; Luigi Bembo.

LE BEMBO.

Vous êtes inquiète ?

MADAME LUCRÈCE, souriant.

Pas absolument... mais préoccupée. Tenez ! je ressemble assez bien à ce qu'on doit penser de l'Italie. Quand vous êtes arrivé, je lisais ce manuscrit ouvert ici sur mes genoux. Ce sont les premiers chants du poëme de Louis Arioste. Cet homme, vraiment sublime, me l'a remis ce matin. Je me laissais aller à une admiration enthousiaste. Mais, en même temps, il me passait dans l'esprit que les affaires de monseigneur ne sont pas en aussi bon état que je voudrais les voir; le Pape a voulu l'assassiner dernièrement, et Sa Sainteté ne répond à nos avances que par la menace. Mon mari, je le sais, n'est pas homme à s'intimider. Néanmoins, le souci me tient par instants; car, vous le savez bien, Louis, il s'agit de l'avenir de mes enfants, de l'état de notre maison; cela vaut la peine qu'on y songe; et quand je vois où en sont réduits les Florentins, je me dis que la liberté des princes et des républiques est bien précaire en face du plus ambitieux des Pontifes. Notre tour de ruine finirait par venir si le ciel n'y mettait ordre. Ainsi, vous le voyez, ami de ma vie, j'ai la tête enivrée par la poésie, la raison tourmentée d'inquiétudes politiques, le cœur soucieux pour mon mari et pour mes enfants, et l'âme...

BEMBO.

L'âme ?...

MADAME LUCRÈCE, souriant.

L'âme, peut-être, un peu distraite et s'en allant de votre côté... En somme, n'est-ce pas là l'Italie ? De la poésie, de la crainte, des intérêts... et de l'amour ?

BEMBO.

C'est bien parler, et comme vous restez maîtresse de la crainte, des intérêts et de l'amour ! Quant à la poésie, je ne vous ai pas dit assez combien votre chanson d'hier au soir est admirable ! J'ai passé la nuit à la lire, à la relire, à la couvrir de baisers comme eût fait un écolier de vingt ans... Mais pourquoi avez-vous écrit en espagnol ?

MADAME LUCRÈCE.

L'espagnol est ma langue naturelle, et le sentiment que je voulais exprimer est fort comme la passion espagnole. Qu'avez-vous fait des cheveux dont s'accompagnait la chanson ?

LE BEMBO.

Ils sont dans une enveloppe de vélin avec des nœuds de rubans. Je ne crois pas que jamais berger de Théocrite, jamais amant d'Amaryllis ait été plus heureux que moi !

MADAME LUCRÈCE.

Savez-vous que les Florentins ont fait bien des sottises ? Le gonfalonier Soderini n'a su ni traiter ni se défendre.

On l'a expulsé. Les Médicis sont rentrés, et on les traite comme des citoyens ordinaires.

LE BEMBO.

Compromis chimérique ! Il en résultera une nouvelle expulsion ou la toute-puissance !

MADAME LUCRÈCE.

Le Pape tient à prendre la Toscane pour lui-même.

LE BEMBO.

Assurément. Si les Français avaient su se maintenir à Milan ! Mais tout gagner en un jour et tout perdre en une heure, ils n'ont jamais rien fait d'autre !

MADAME LUCRÈCE.

Ce sont nos alliés et nos soutiens. En ce moment, leur malheur est le nôtre; mais, en somme, je vous le dis en confidence : je souhaiterais que Louis XII ne revînt jamais; alors, nos compatriotes, les Vénitiens seraient obligés de prendre garde aux empiétements du Saint-Père. Ils rompraient avec lui et s'uniraient à don Alphonse pour garantir la liberté commune. C'est ce que je voudrais arranger, et les Médicis ne seraient pas éloignés d'entrer dans cette combinaison.

LE BEMBO.

Elle me paraît, en effet, pleine de sagesse et digne de la tête de Pallas, d'où elle est sortie. Laissez-moi y réfléchir, et lorsque j'en aurai apprécié les côtés forts, si cela vous agrée, je pourrai en écrire à Venise.

MADAME LUCRÈCE.

Pourquoi perdre le temps ? Mettez-vous à cette table.

Je vous expliquerai par le menu mes idées, ce qui m'est connu des intérêts secrets et des velléités des princes... ce que j'en devine... Nous allons en raisonner, et, de votre beau style cicéronien, vous rédigerez tout de suite un mémoire que nous enverrons à la Seigneurie de Venise et au cardinal Jean de Médicis ! Le voulez-vous ?

BEMBO. (Il va à une table.)

Travailler pour l'arbitre de ma vie, que puis-je souhaiter de meilleur ?

MADAME LUCRÈCE.

Connaissez-vous quelque chose de plus aimable que ces vers du Roland ? Lisez vous-même.

BEMBO, lisant.

La prima inscrittion ch'a gli occhi occorre,
Con lungo onor Lucretia Borgia nòma :
La cui bellezza et onesta preporre
Deve a l'antica la sua patria Roma...

Ce n'est que la vérité, mais elle est bien dite. Pourquoi Mgr le cardinal Hippolyte affecte-t-il de traiter l'Arioste comme un petit compagnon ?

MADAME LUCRÈCE.

Parce que mon beau-frère est un sot. Mettons-nous à l'ouvrage, et comprenez-moi bien.

LE BEMBO.

Un mot encore... Vous n'avez pas l'air de vous apercevoir que votre pensée va à l'encontre des maximes répétées depuis vingt ans ? Savonarole voulait l'unité de l'Italie ; votre frère, M. de Valentinois, ne prêchait pas un autre thème, et le Pape Jules II est peut-être, dans son genre, plus formel encore sur ce chapitre. Vous, au contraire, vous avouez ne prétendre qu'à la continuation du morcellement.

MADAME LUCRÈCE.

Il n'est utile ni aux Vénitiens, ni aux Florentins, ni aux Napolitains, ni à nous, que l'Italie soit jamais réunie sous une seule main, car cette main ne pourrait être la nôtre. Tant qu'on n'a pas su comment le hasard disposerait des choses, vous autres, avec vos entreprises d'agrandissements sur la terre ferme, les Sforza, mon frère et le magnifique Laurent, ont tour à tour répété le même langage et voulu, à leur profit, concentrer la Péninsule en un grand État. Savonarole lui-même y songeait au profit de son idée. Maintenant, nous savons à quoi nous en tenir; nous avons tous échoué. Devenir des mendiants prosternés aux pieds du Saint-Père, ce n'est pas désirable. Désormais, on ne parlera plus, croyez-moi, de la grandeur de l'ensemble, mais uniquement de l'indépendance des partis. Comme phrase, c'est tout aussi sonore. Écrivez, cher Louis, je vous prie.

LE BEMBO.

Votre système m'est nouveau, je l'avoue; il ne m'agrée pas trop... Toute ma vie, j'ai professé le contraire.

MADAME LUCRÈCE, avec un sourire.

Et même très-éloquemment. Qu'en concluez-vous?

LE BEMBO.

Mais, pensez-y donc! Si les forces de l'Italie doivent rester éparpillées, il ne pourra même être question de chasser les barbares.

MADAME LUCRÈCE.

Espériez-vous sérieusement y réussir jamais?

LE BEMBO.

Il est évident que je croyais...

MADAME LUCRÈCE.

Depuis dix ans, je ne crois rien de semblable... si, toutefois, je l'ai jamais fait... D'ailleurs, vous parlez à une Espagnole, ne l'oubliez donc pas; les gens de ma maison et de mon sang ne peuvent partager chacune de vos fantaisies. Qu'avez-vous? Quoi! vous semblez tout ému de ma confidence! Je vous croyais quelque goût pour la société des barbares?

LE BEMBO.

Ne raillez pas trop fort... J'en conviens, vous m'avez comme étourdi... Si nous ne devenons jamais libres, nous autres Italiens, si nous devons toujours subir les caprices, les violences des étrangers, malheureuse race que nous sommes, que dirons-nous au ciel dans nos prières, sinon des reproches cruels et des plaintes trop justifiées?

MADAME LUCRÈCE.

Ingrat! Ces étrangers qui viennent chez vous, est-ce que vous ne les dominez pas? N'êtes-vous pas, dans l'univers, le foyer des connaissances, des réflexions, des philosophies, des grandes pensées, et l'atelier où les Muses se sont assises pour produire leurs magiques créations? N'est-ce pas de vous que se détache l'étincelle de génie parcourant le monde et le vivifiant? Quelle gloire égale la vôtre? quelle puissance lui est supérieure?

LE BEMBO.

D'accord ; mais quand on est un géant d'une certaine manière, on désire l'être de toutes les façons. Ne souriez pas ainsi, je m'incline devant votre sagesse, et je prends la plume pour vous obéir. Je vais travailler avec vous et pour vous, et comme vous le souhaiterez, et je m'efforcerai de faire réussir vos plans, parce que je vous appartiens; mais, pourtant, je l'avoue aussi : je ne veux pas perdre l'espérance de ma jeunesse, l'idéal de ma vie. Je souhaite passionnément une Italie unie, forte, dominatrice dans tous les genres, et fût-ce sous la règle et au bénéfice du Saint-Siége apostolique, je m'en accommode et j'en bénirai le ciel; et après tout, que faut-il pour arriver au succès? Seulement quelques années encore accordées à ce Jules II, fort gênant, je le confesse, mais en bien des choses digne d'admiration... Vous-même en convenez quelquefois ! Et si le bonheur veut que la France et l'Allemagne restent gouvernées par des princes incapables, voilà notre rêve réalisé. Laissez-moi mes espérances.

MADAME LUCRÈCE.

Vous êtes un grand enfant. Je ne dispute pas contre vos illusions, certaine qu'elles ne vous empêcheront jamais de me bien servir. Vous m'aimez plus qu'elles !... Réfléchissez pourtant que ce sont des folies dont la réalisation ne vous rendrait pas heureux ni personne avec vous. Il n'existe de grand dans ce monde que l'amour des arts, l'amour des choses de l'esprit, l'amour de ceux qu'on aime, et quand, en outre, la vie, dans son cours, vous a porté sur un de ces plateaux où les fleurs deviennent plus rares et les horizons plus sévères, peut-être trouvera-t-on encore du plaisir à considérer sagement certaines choses éternelles dont on a moins de souci dans la première jeunesse. J'ai plus appris que vous, mon ami; j'ai plus agi, j'ai plus senti, j'ai plus souffert par les autres et par moi-même... mais c'est assez! occupons-nous de nos affaires, et maintenant écoutez-moi de tout votre sérieux.

ROME

Au Vatican. — La chambre à coucher du Saint-Père. — Jules II, dans son lit. Bernard de Bibbiena; le cardinal de Sion; le dataire Laurent Pucci.

JULES II.

C'est fini... je meurs... et je n'ai rien achevé de ce que j'ai entrepris.

BERNARD DE BIBBIENA.

Rien n'est fini, Très-Saint Père, Votre Sainteté a beaucoup de force.

JULES II.

Plus assez. Je n'ai pas terminé le Vatican, ni la reconstruction de Rome, ni mon tombeau, ni rien... Mes artistes vont se disperser quand je ne serai plus là... Voilà les Médicis de nouveau maîtres dans Florence, et je perds la Toscane... Maximilien Sforza a repris Milan... Le petit désordre recommence... Il faudra ramener les Français, les Allemands, les Suisses, les Espagnols; bref, le grand désordre, pour étouffer celui-là et reprendre toute la reconstruction sur nouveaux frais... Je souffre horriblement... Je m'éteins...

UN MÉDECIN.

Votre Sainteté devrait ne pas tant s'agiter.

JULES II.

J'ai vécu renfermé dans un cercle fatal. Pour effacer le

fractionnement, il fallait détruire les tyranneaux... Pour détruire les tyranneaux, il fallait les étrangers... Avec les étrangers, il n'y a pas d'Italie... Sais-tu cela, face noire?

LE MÉDECIN.

Le pouls de Sa Sainteté s'affaiblit sensiblement, et la tête se prend.

JULES II.

Me voilà dans mon lit... cloué... Michel-Ange... Raphaël... L'un travaille... mais l'autre?... Il est avec quelque femme... Et le Bramante, qu'est-ce qu'il fait?... Alphonse de Ferrare... le traître!... Tout se brouille dans ma tête... Je ne suis pas sûr des Vénitiens...

BERNARD DE BIBBIENA.

On ne comprend plus distinctement ce que dit Sa Sainteté...

LE MÉDECIN.

Ce n'est qu'une affaire de quelques minutes.

JULES II.

De l'esprit... du génie... de la vie... de la férocité... rien qui tienne ensemble... c'est l'Italien!... Que sera la fin?

LE CARDINAL DE SION.

Donnez-lui quelques gouttes fortifiantes.

JULES II, se dressant sur son lit.

A mort, les Français! à mort, Alphonse d'Este! Chassez-les de l'Italie, de toute l'Italie!

Il retombe sur son lit et meurt.

BERNARD DE BIBBIENA.

Le Pape est mort!

FIN DE LA TROISIÈME PARTIE

QUATRIÈME PARTIE

LÉON X

LÉON X

ROME

La chapelle Sixtine. — D'immenses échafaudages en encombrent une partie. Sur les murailles et sur le plafond sont commencées des fresques. Certaines parties se montrent achevées ; dans plusieurs endroits, le dessin apparaît nu, plus ou moins préparé. Michel-Ange, debout ; il travaille avec ardeur. Le Granacci assis à quelques pas de lui sur un escabeau, au milieu des monceaux de chaux, des pots de couleur, des poutres et des ustensiles de tous genres.

GRANACCI.

Vos réflexions ne sont pas gaies, maître.

MICHEL-ANGE.

Je vois les choses ainsi.

GRANACCI.

Les arts n'ont jamais été si florissants ! On n'a jamais mis au jour de si belles œuvres ! Que de peintres, de sculpteurs, d'architectes illustres, plus qu'humains !...

MICHEL-ANGE.

Je ne connais pas d'hommes plus qu'humains. Ce sont des paroles ridicules. Ne blasphémez pas.

GRANACCI.

Blasphème, si vous voulez ; je vous tiens pour un demi-dieu ; d'autres pensent comme moi. Ne froncez pas le sourcil, et laissez-moi continuer. Chaque jour, presque, on assiste à des fêtes telles qu'on n'en avait jamais contemplé de semblables. Ici, à Rome, comme à Florence, comme à Venise, à Milan, à Bologne, à Naples, les inventions grandioses des anciens, dans ce genre de magnificence, sont dépassées de beaucoup. Pour des savants, des poëtes, des écrivains, on n'en manque pas. Il s'en produit sans cesse de nouveaux : c'est le Sannazar, c'est le Sadolet, c'est le Bembo, le Navagier, l'inimitable, le sublime Arioste, c'est le Bibbiena avec sa *Calandria* et maître Nicolas Machiavel avec sa *Mandragore*. Que dirai-je de mieux ou de plus? Le pape Léon X et ses cardinaux apparaissent à mon imagination ravie comme les égaux du grand Jupiter et des dieux du Panthéon, et encore habitent-ils dans un Olympe infiniment plus beau que celui de leurs fabuleux précurseurs, attendu que cet ancien Olympe, c'était le vieux Cœlus qui l'avait arrangé, un pauvre dieu sans goût et sans malice; tandis qu'aujourd'hui, c'est nous autres artistes qui avons créé le firmament, qui l'embellissons, l'enluminant à chaque heure de nuances admirables, le faisant resplendir d'étoiles étincelantes, et je vous dis, moi, que là où vous mettez la main, là où maître Raphaël, André del Sarte, le Sansovino, le Titien, et tant d'autres, travaillent, l'ouvrage est immortel.

MICHEL-ANGE.

Vous êtes un bavard, Granacci, et un aveugle, incapable de comprendre la mesquinerie de ce qui vous charme, et la profonde débilité de ces gens qui vous ravissent et qui valent si peu.

GRANACCI.

Alors montrez-moi que j'ai tort, puisque vous êtes si décidé à blâmer tout.

MICHEL-ANGE.

Ce ne sera pas malaisé. Proposez-moi vos folies, et je vous répondrai.

GRANACCI.

Le Pape est le protecteur le plus passionné de l'art que le monde ait jamais connu. Vous ne pouvez pas nier que ses bienfaits ne pleuvent sur nous comme une manne incessante et très-savoureuse.

MICHEL-ANGE.

Le pape Léon X n'aime pas les arts. Il aime le luxe, et c'est fort différent. Tout ce qui brille et lui attire des louanges lui semble digne de sa protection, et, pour lui, les arts sont des instruments de vanité. Quant à ce qu'ils expriment, il ne s'en soucie guère. Le premier des mortels qui pratiqua le luxe a peut-être commencé à aplanir la route par laquelle les arts sont venus dans le monde; mais le second a renversé les arts pour mettre à leur place la boursouflure et le mensonge.

GRANACCI.

Ah! cher maître, comme vous aimez à accuser! Ce pape, notre grand pape Léon, comme vous le jugez avec rudesse! Préféreriez-vous donc l'esprit farouche de son prédécesseur?

MICHEL-ANGE.

Jules II est le seul vrai prince que mes yeux aient contemplé! Ce n'était pas l'homme des satisfactions charnelles. Il ne concevait que l'imposant et n'admettait que la force. Son unique préoccupation, en toutes matières, était de créer et de laisser après lui la sainte Église triomphante et brisant sous son pied nerveux la résistance des impies. Il aurait voulu ramener au bien toute la cléricature; il prétendait que les barbares fussent chassés de l'Italie; s'il réprimait les révoltes des barons, des Colonna, des Vitelli, des Orsini, il ne souffrait pas davantage que la police de la ville fût troublée, et, de son temps... ce qu'on n'avait vu jamais! pas un voleur, pas un coupeur de bourses n'osait risquer sa face ignoble dans les rues de Rome! A ses artistes, ce qu'il demandait, c'étaient de grands monuments, de vastes fresques, des toiles immenses; il ne pensait qu'au gigantesque, comme il convenait à une âme impérieuse telle que la sienne. J'ai tout perdu en perdant ce noble maître; mais l'art, je dis, le céleste, l'art qui est la Vénus Uranie, et non la déesse Libertine des carrefours, cet art-là a plus perdu encore!

GRANACCI.

Je ne vois nullement sur quoi vous vous fondez pour prétendre de pareilles énormités. A peine le Conclave a-t-il remis à Léon X les clefs de Saint-Pierre que le Pontife s'entoure de littérateurs et de poëtes excellents; il appelle et choisit pour secrétaires l'aimable Sadolet, dont je parlais tout à l'heure, l'élégant Bembo. A vous, il fait continuer les travaux commencés...

MICHEL-ANGE.

Il m'a arraché des mains le tombeau de Jules II, mon œuvre de prédilection, à laquelle je travaillais avec mon âme entière et qui ne verra jamais la lumière du jour.

Elle restera là, dans ma tête... un enfant mort-né... Crois-tu que ce soit un médiocre chagrin?

GRANACCI.

J'en conviens, c'est un grand malheur; mais cela prouve seulement que comme tous les gens qui payent les artistes, le Pape a ses fantaisies. Il aime mieux vous occuper de sa gloire et de son agrément que de l'apothéose de son prédécesseur auquel il ne portait assurément qu'un amour fort médiocre... Mais un visiteur vous arrive.

MICHEL-ANGE.

Encore un importun!... Je vais le rembarrer de la bonne sorte... Messire, qui que vous soyez, ne prenez pas la peine de grimper à cette échelle. Outre qu'elle est rude et peu solide, je n'ai le temps de causer avec personne.

MACHIAVEL, élevant la voix du bas de la chapelle.

Très-excellent seigneur Michel-Ange, ne permettrez-vous pas à un ancien ami, compagnon et compatriote, de venir vous embrasser?

MICHEL-ANGE, regardant du haut de l'échafaudage.

C'est le seigneur Nicolas Machiavel... Montez, puisque vous voilà. Vous souffrirez, je pense, que je continue mon travail, et vous vous épargnerez, ainsi qu'à moi, les compliments oiseux.

MACHIAVEL.

Je ne suis pas si sot que d'en risquer; je connais votre humeur.

MICHEL-ANGE.

D'où venez-vous?

MACHIAVEL.

De Florence... Je sors de prison; vous avez pu l'apprendre.

GRANACCI.

En effet... vous avez été compromis dans la conspiration de Boscoli.

MACHIAVEL.

Par suite de la calomnie la plus atroce ; je suis serviteur dévoué de la maison de Médicis.

MICHEL-ANGE.

Dévoué?... Hum!... dévoué!... Je vous en félicite... vous avez été aussi dévoué à d'autres.

MACHIAVEL, levant les épaules.

Qui de nous n'a été jeune? Je me suis laissé prendre à la glu des divagations de Frère Jérôme Savonarole, tout le monde le sait.

MICHEL-ANGE.

Divagations, tant que vous voudrez. On divague quand on recommande l'honneur, la probité et la continence; pourtant, ce qu'il y aura eu de meilleur dans votre vie, messire Nicolas, ce sera votre erreur de jeunesse.

MACHIAVEL.

Peut-être avez-vous raison, peut-être avez-vous tort; ce qui est assuré, c'est que ce genre de mérite, l'humanité étant ce qu'elle est, ne pouvait rien produire de bon ni pour moi ni pour les autres.

MICHEL-ANGE.

Ainsi vous vous reprochez d'avoir une fois cherché le bien de la Religion? J'ai quelque forte envie de clouer quelque part sur ce mur votre ressemblance sous la physionomie d'un diable ricanant.

MACHIAVEL.

Ce serait bien de l'honneur pour moi. En saine théologie, nous devons croire que les plus madrés de tous les diables travaillant aujourd'hui à la gloire de l'enfer ont été, à leurs débuts, de bons petits anges ne voyant pas plus loin que le bout de leur nez. Qu'est-ce qui les a pervertis? L'expérience. En somme, j'ai cru comme vous, comme Granacci, comme tant d'autres, à la possibilité de vivre à Florence en gardant l'honnêteté. Ce fut un grand malheur pour moi, et je me suis préparé là une boisson de disgrâce dont, de temps en temps, il me faut avaler des gorgées. C'est justement ce que je viens de faire. Néanmoins, j'ai terminé le troisième acte de ma *Mandragore*.

MICHEL-ANGE.

Ce sera une belle œuvre, messire Nicolas; car si vous êtes un pauvre politique, vous êtes un lettré excellent, et c'est de quoi vous consoler.

MACHIAVEL.

Un pauvre politique? Le jugement me semble sévère; mais peut-être avez-vous raison, à tout prendre. Eh quoi! je n'aurais tant médité sur l'histoire, tant commenté Tite-Live, tant feuilleté nos Annales florentines et examiné les caractères et les gouvernements de tous les peuples que pour reconnaître, à la fin, et m'avouer à moi-même que je ne suis qu'un pauvre politique?...

Il s'assied sur un escabeau dans un coin et reste pensif, les jambes et les bras croisés, regardant fixement devant lui.

Un pauvre politique! Il m'est arrivé, en effet, de me tromper, et le pis, c'est qu'ayant raison, je n'ai pas su inspirer confiance dans mes idées. J'alléguerais pour mon excuse qu'il n'est pas une science plus conjecturale que la politique, pas une dont les prévisions soient aussi susceptibles d'être dérangées par les incidents imprévus, par le moindre souffle d'air. Tenez! si la sûreté du coup d'œil, la fermeté dans l'exécution, le génie dans l'agencement, suffisaient à assurer le succès, M. de Valentinois aurait, sans nul doute, fondé un royaume italien et déterminé notre avenir.

MICHEL-ANGE.

C'eût été de quoi faire rougir Dieu le Père.

MACHIAVEL.

Dieu le Père a vu régner Héliogabale et n'a pas rougi le moins du monde; il voit tous les jours les pires drôles et les derniers faquins se passer de main en main le succès; il n'en est pas d'un grain moins gaillard. Le feu pape Jules II, après l'homme que je viens de nommer, n'a été dépassé par personne, quant à l'importance des intentions et à l'énergie des actes.

MICHEL-ANGE.

C'est vrai.

MACHIAVEL.

Il n'avait, pour lui tenir tête, que des fous et des pieds plats; j'en excepte le duc de Ferrare; mais, par hasard, il était vieux, et il a dû mourir.

MICHEL-ANGE.

On ne reverra jamais son pareil.

MACHIAVEL.

Soit! Il n'en reste pas moins vrai que le monde continue à tourner et s'accommode de ce qu'il trouve. C'est aujourd'hui le triomphe des sots. Sforza de Milan ne vaut pas une noix creuse; Frégose, à Gênes, est un intrigant de bas étage, la trahison dans la main, l'oreille à tous les bruits, ne visant ni haut ni loin. Francesco-Maria d'Urbin, un pauvre plagiaire de M. de Valentinois, donne le coup de dague aussi lestement, mais c'est tout; il vacillera sur ses jambes jusqu'à ce qu'il tombe; les Médicis de Florence ne dureraient pas trois jours s'ils ne régnaient à Rome avec le Pape; les Vénitiens vivent, vivront, seront forts, glorieux, puissants, mais ce ne sont pas là des chrysalides destinées à prendre des ailes assez fortes pour s'élever dans l'atmosphère au delà de la région moyenne; de sorte qu'en définitive rien ne demeure en Italie que trois puissances : le Pape, les Français et les Espagnols.

MICHEL-ANGE.

Je vous entends discourir avec une vive satisfaction. Eh bien! exposez-nous maintenant comment vous considérez chacune de ces puissances et à qui vous estimez que restera le sceptre.

MACHIAVEL.

Je vous le répète, j'ai appris à mes dépens que si l'astrologie est peu sûre, la politique ne l'est guère davantage. Je ne tiens pas à jouer au prophète. En ce qui est des Français, les voilà, pour le moment, matés, chassés; sauf la citadelle de Milan et trois ou quatre bicoques, ils ont perdu pied chez nous. Leur nouveau roi, M. d'An-

goulême, semble plus pressé de fanfaronner et de se
donner du bon temps que d'exécuter de vertueuses entreprises; je crois donc que le pape Léon X, qui hait ces
gens-là, tant pour avoir été leur prisonnier à la bataille
de Ravenne, que pour bon nombre d'autres menues raisons, doit se considérer comme en étant débarrassé.

GRANACCI.

Tant mieux ! Je suis bon Florentin et déteste ces
criards vaniteux. Ils n'ont jamais été franchement ni
avec les républicains, ni avec le parti contraire. Maintenant, que pensez-vous des Espagnols ?

MACHIAVEL.

Leur roi Charles est tout jeune ; qui sait ce qu'il
vaudra ? Il est le fils d'un beau garçon assez nul et d'une
pauvre folle. Malheureux présage ! Pour surcroît de difficulté, plus Flamand que Castillan; et en outre, Bourgui-
gnon, Autrichien; ses intérêts sont dispersés partout. A
considérer la somme de ses forces, il semblerait qu'il y a
là grosse affaire; mais les membres n'en tiennent pas
ensemble et s'entre-nuisent. Si le possesseur de tels lambeaux veut soigner un peu diligemment ses intérêts, il
lui faudra passer sa vie à courir d'un lieu à un autre.
Encore ne lui sera-t-il pas facile d'arriver toujours à temps.
Pour se rendre de Valladolid à Bruges, il a besoin de la
permission du roi François. Puis, un autre écueil s'élève
dans son ambition même, s'il en a. Quand l'empereur
Maximilien, son grand-père, va mourir, le jeune Charles
prétendra sans doute à la couronne impériale. Vous voyez
d'ici le conflit : le Français, lui aussi, tourne la vue de
ce côté; l'Anglais en caresse l'espérance; les Électeurs

ont leurs projets... Ces gens vont se dévorer ; le roi Charles, déjà si occupé dans chacune des innombrables chambres de sa propre maison, deviendra la quintaine d'une bande de rivaux ; en conséquence, il n'aura qu'une petite autorité en Italie, et, dès lors, je conclus que le pape Léon X y régnera à son gré. Je ne sais si mes calculs me trompent, ce ne peut être de beaucoup.

MICHEL-ANGE.

Mais si, par hasard, François Ier valait plus qu'il ne vous semble, et que Charles, de son côté, ne manquât ni d'esprit ni de cœur ?

MACHIAVEL.

Avec ces deux suppositions, il ne faut plus rien présager. Tout dépendra de la force de tête et de l'appétit de ces deux seigneurs. L'impossible peut devenir le fait courant de tous les jours... Ce n'est pas souvent que les grands princes se produisent.

GRANACCI.

Vous avez raison. Toutefois, en ce temps, les faibles mêmes ont de la force ; tout pousse au grand, et les rois doivent y arriver plus facilement que les autres.

MACHIAVEL.

J'ai rencontré plus d'incapables dans ma vie et plus de propriétaires de petits cerveaux que je n'avais sujet de l'attendre. Vous me permettrez donc de ne pas trop compter sur l'éclosion du mérite et de vous répéter que, pour le moment, celui qui est le plus près de tout posséder ici, c'est le Pape.

MICHEL-ANGE.

Je n'ai pas de lui une grande opinion.

MACHIAVEL.

Ni moi non plus; je le crois bonnement un honnête grand seigneur, de mœurs faciles, soignant son esprit comme il soigne ses mains. Mais, de même qu'avec les susdites mains si admirables, il possède, dans son corps, une paire d'yeux gros, saillants, à fleur de tête et qui n'y voient goutte, ce qui le fait ressembler à Néron, avec lequel il a, d'ailleurs, en commun, le trait d'être un amateur de toutes les curiosités; de même, dans son esprit, si cultivé et avec tant de soin, on aperçoit des défectuosités déplaisantes pour l'ensemble. Il étale un goût exquis en toutes choses, et il a le cœur bon. Il cause d'un aussi fier courage avec les plus vils bouffons qu'avec Sadolet ou l'Arioste; il vous commande des fresques et des statues et fera faire des tableaux à Raphaël, parce que ce sont là des jouets dispendieux, et que pour étaler plus de gloire, le Saint-Père se ferait volontiers un bilboquet d'une étoile; mais, soyez-en convaincu, dans son for intérieur, il préfère à la contemplation de vos chefs-d'œuvre une partie de chasse au lièvre dans sa maison de Magliana ou un souper fin au Vatican. On y servira des boules de crin rôti et de paille empâtée qui feront faire la grimace aux convives, à l'immense joie du Souverain Pontife, tandis qu'un assaut vigoureux d'invectives burlesques mettra dans tout leur jour les talents d'Evangelista Tarasconi et de l'Arétin.

MICHEL-ANGE.

C'est à peu près ce que je viens de dire à Granacci. Il n'y a rien à attendre d'un pareil homme.

MACHIAVEL.

Pardonnez-moi. Tout considéré, les événements s'arrangent de façon à s'assouplir si bien sous ses mains que, sans avoir l'enthousiasme de Savonarole, ni l'ambition résolue de M. de Valentinois, ni l'énergie de Jules II, et tout en se jouant et soufflant des bulles de savon, il finira par nous donner une Italie unie. Il reprendra Naples, fief de l'Église, à ce pauvre Charles d'Espagne qui ne sait comment retenir son bien, et il ne pourra manquer, tant l'effort est facile, de coller si bien contre les flancs de la France ce roi d'Angleterre, pédant, écrivassier, aveuglément dévoué au Saint-Siége, que jamais François Ier n'osera quitter son pays pour venir mettre les doigts dans le nôtre. Alors, Léon saisira le Milanais et le gardera comme Jules a fait la Romagne.

MICHEL-ANGE.

D'une certaine façon, c'est une assez belle perspective; mais elle ne me réjouit pas.

MACHIAVEL.

Ni moi non plus. Je sens et sais pourquoi! L'Italie n'a jamais été si brillante qu'aujourd'hui. Cependant, cet éclat n'est pas pur. Il y a trop de vices, trop de corruption, et si nous tombons dans les mains du plus corrompu de tous les pouvoirs et à la discrétion de la cour la plus rapace qui fut jamais, l'Italie sera sans doute délivrée de l'étranger et rassemblée en un faisceau; mais, avant peu d'années, on la verra aussi épuisée moralement que physiquement. Les moines et les prêtres l'auront énervée à n'en jamais revenir.

MICHEL-ANGE.

Je vous crois; je suis fils dévoué de la sainte Église; mais tant que les clercs seront ce qu'ils sont, je ne les souhaite guère pour gouvernants. En résumé, nous voilà dans un temps fort misérable.

MACHIAVEL.

On ne peut pas plus misérable, et je n'espère plus dans rien.

GRANACCI.

Que le ciel vous prenne en pitié tous deux ! A vous en croire, nous glissons dans la décadence. Voyons, messire Nicolas, parlez-vous pour tout de bon ? Et c'est devant mon maître et dans la chapelle Sixtine que vous nous tenez de ces discours-là ? Vous avez connu une plus grande époque ? Allons donc, messire Nicolas, vous n'y pensez point ! Quant à moi, je bénis chaque jour le ciel d'être né dans un pareil temps. Quand je cause avec quelqu'un, il m'arrive de ne pas prendre garde à ce qu'il me réplique ; je considère les traits de mon interlocuteur, et je me dis : Voilà un personnage dont le nom restera sur quelque page de l'histoire ! Je sens un parfum d'ambroisie et d'immortalité dans les airs ; je le respire de tout mon pouvoir. Partout j'admire, je me réjouis, et vous, vous venez l'un et l'autre prétendre... Allons donc ! Vous êtes des esprits moroses, des imaginations malades, des ingrats, et, certes, les pires des ingrats, car vous devriez vous montrer plus reconnaissants envers Dieu des belles choses qu'à chacun, dans votre genre, il vous a donné les moyens d'exécuter !

MACHIAVEL.

Je ne sais si j'exécute de belles choses ; mais ce que je n'ignore nullement, c'est que si le révérendissime cardinal de Bibbiena ne m'avait ce matin mis dans les doigts une demi-douzaine d'écus, je n'aurais pas de quoi dîner. J'en reste sur ce dernier mot, et, là-dessus, maître Michel-Ange, et vous, mon aimable Granacci, je vous quitte, heureux de vous avoir vus et vous souhaitant à tous deux le maintien de votre santé.

MICHEL-ANGE.

Adieu, maître Nicolas, mon ami. Veillez à finir la *Mandragore :* c'est votre plus bel ouvrage.

SUR LE MONTE PINCIO

Au milieu des groupes de platanes et de cyprès, sur le gazon, sont répandus au loin des rassemblements de personnes de différents états, venues pour se promener et jouir des beautés de la soirée. On voit des bourgeois, des prêtres, des moines, des femmes, des jeunes gens, des enfants; les uns sont assis ou à demi couchés sur des tapis; les autres se promènent; ceux-ci mangent des fruits ou des gâteaux; ceux-là conversent gravement. On entend des éclats de rire. Le temps est magnifique, l'horizon immense.

Au milieu de plusieurs jeunes filles et de jeunes hommes, la plupart couronnés de fleurs et élégamment habillés, un garçon de vingt ans lit des vers.

LE GARÇON.

Étoile de mon ciel, divine enchanteresse,
Vos regards pleins des feux allumés par l'amour,
Vos lèvres dont Bacchus eût dévoré l'ivresse,
Votre front aussi pur que l'aurore du jour,

Vos cheveux dont l'ébène arrondit chaque tresse,
Votre pied, votre main, admirés tour à tour,
Ce corps dont les sculpteurs les plus fiers de la Grèce
Auraient dû copier jusqu'au moindre contour,

La candeur répandue en ta joie enfantine,
Ce charme qui s'étend, poussière adamantine,
Sur la moindre action de ton être adoré,

Que vaudraient ces trésors, faciles à décrire,
Devant ce petit mot, éclairé d'un sourire :
« Je t'aime ! » si jamais tu l'avais proféré ?

<small>On applaudit en riant; une jeune fille se lève, frappe des mains et s'élance vers le poëte.</small>

LA JEUNE FILLE.

C'est pour moi, Troïle, que vous avez écrit cela ? Pour moi, pour moi, pour moi toute seule ?

LE GARÇON.

Sur mon âme, Jacinte, assurément, c'est pour vous et pour nulle autre !

LA JEUNE FILLE.

Eh bien ! tenez, voilà votre récompense !

<small>Elle se jette dans ses bras, l'embrasse et lui met une couronne sur la tête.</small>

AUTRE JEUNE FILLE.

Vous, Émilio, puisque vous ne savez pas m'adresser le moindre vers, vous aurez au moins ce talent de nous raconter une histoire. Mettez-vous là, et parlez, on vous écoute.

ÉMILIO.

Je ne sais trop que vous dire.

TOUS, en battant des mains.

Allons, pas d'excuses, racontez, racontez !

ÉMILIO.

Puisqu'il le faut, sachez donc qu'autrefois vivait à

Vérone un vieux marchand, nommé Ser Jacopo, qui avait une très-jeune et très-jolie femme. Son voisin, un cavalier des plus aimables de la ville, s'était accoutumé à regarder par-dessus le mur, dans le jardin de Ser Jacopo, et...

L'histoire continue.

Passent trois bourgeois se promenant côte à côte.

PREMIER BOURGEOIS.

Je suis parfaitement sûr de ce que j'avance. Mon fils Giulio n'a que dix ans, et il sera une des lumières du siècle. C'est l'opinion du Frère Philippe. Il ne s'en cache pas et le répète à tous ceux qu'il rencontre.

DEUXIÈME BOURGEOIS.

Mon fils Thomas est complétement pareil à votre fils Giulio, et il n'a que neuf ans, pas un jour avec... ou plutôt, si! il a huit jours de plus, car il est né le 14 juin, il y a précisément neuf ans, et nous sommes aujourd'hui le 22. Il a donc neuf ans et huit jours, et le Père Roberto me crie tous les matins : Messire Pompeo, votre fils... Comment dites-vous cela, messire Annibal?

PREMIER BOURGEOIS.

Sera une des lumières du siècle!

DEUXIÈME BOURGEOIS.

C'est exactement ce que me crie le Père Roberto.

TROISIÈME BOURGEOIS.

Messieurs mes compères et bons voisins, je vous fais mes plus sincères compliments. Le Frère Philippe et le Père Roberto doivent être des gens fort entendus.

PREMIER BOURGEOIS.

Le Frère Philippe est le confesseur de ma femme,

depuis que celle-ci a commencé à commettre son premier péché! Nous avons en lui toute confiance. Je vous demande un peu s'il pourrait se tromper en un sujet pareil!

DEUXIÈME BOURGEOIS.

C'est absolument comme chez nous. Quand je me suis marié, le Père Roberto était déjà comme le maître de la maison. Ma femme n'achèterait pas un œuf avant d'avoir demandé son avis, et quand elle a de l'humeur, ce qui lui arrive assez souvent, je ne sais ce que je deviendrais si le Père Roberto n'était là pour la calmer. Vous pensez, dès lors, que quand il dit de mon fils ce qu'il en dit, je peux me tenir pour assuré que c'est vrai.

TROISIÈME BOURGEOIS.

Je conçois votre tranquillité. Quant à moi, j'ai deux garçons bien ordinaires; l'un a dix-huit ans, l'autre seize. Je ferai du premier un marchand, et du second un notaire.

DEUXIÈME BOURGEOIS.

Pardonnez-moi, je vous désapprouve tout à fait! Le Père Roberto lèverait les épaules s'il vous entendait.

PREMIER BOURGEOIS.

Et le Frère Philippe ferait de même. Je suis bien aise qu'il se rencontre encore sur ce point avec le Père Roberto. Il ne voudrait consentir pour rien au monde à ce que notre fils devînt marchand ou notaire. Cette idée seule le mettrait au comble de la fureur!

TROISIÈME BOURGEOIS.

Mais quelles sont donc les idées de vos bons religieux, au sujet de vos enfants?

PREMIER BOURGEOIS.

Ce sont des idées pleines de sagesse. Mon fils sera peintre.

DEUXIÈME BOURGEOIS.

Et le mien sera sculpteur. Il n'y a, dans ce temps-ci, que les artistes pour gagner de l'argent gros comme eux, devenir de grands personnages et se moquer de tout le monde.

TROISIÈME BOURGEOIS.

Il est vrai qu'en ce moment les artistes tiennent le haut du pavé. Ce n'était pas ainsi dans ma jeunesse. On les considérait comme des gueux et des meurt-de-faim.

PREMIER BOURGEOIS.

Des gueux? des meurt-de-faim? Regardez, je vous prie, là-bas, sur la route, au pied de la colline!

TROISIÈME BOURGEOIS.

Eh bien! je regarde!

PREMIER BOURGEOIS.

Que voyez-vous?

DEUXIÈME BOURGEOIS.

Ah! oui... Tiens!... c'est vrai!... Dites-nous, que voyez-vous?

TROISIÈME BOURGEOIS.

Je ne vois rien... sinon deux seigneurs montés sur des chevaux richement caparaçonnés et suivis d'estafiers. Qu'y a-t-il de curieux là dedans?

PREMIER BOURGEOIS.

Vous prenez ces gens-là pour des seigneurs? Essuyez

les verres de vos lunettes! C'est maître Marc-Antoine Raimondi, graveur, et maître Giulio, un des élèves de maître Raphaël. Ni l'un ni l'autre ne sont de meilleure ni même d'aussi bonne famille bourgeoise que moi, et, certes, si leurs parents les avaient faits marchands ou notaires, ils ne mèneraient pas si grand train.

DEUXIÈME BOURGEOIS.

Savez-vous bien ce que gagne maître Valerio Belli à représenter des petites figures sur les pierres fines? Et les maître Bridone et Marchetto, chanteurs et pinceurs de guitare? Et le Père Mariano, qui mange dans un seul repas quatre cents œufs et vingt carpes? Je vous dis que, pour faire figure en ce monde, il n'est que d'être artiste!

TROISIÈME BOURGEOIS.

Sans doute; mais chacun ne peut pas se donner à un pareil métier; il y faut quelque chose comme un talent naturel, et, pour moi, je le reconnais bien franchement, si l'on voulait me contraindre à avaler à mon dîner vingt carpes ou à bâtir une cathédrale, on me mettrait dans l'embarras.

PREMIER BOURGEOIS.

C'est uniquement parce que l'habitude vous manque. Le Père Philippe m'a répété cent fois que si, dans ma jeunesse, on me l'avait appris, je ferais certainement d'aussi gros bonshommes en marbre que maître Buonarotti lui-même.

DEUXIÈME BOURGEOIS.

C'est parfaitement exact. Mon fils sera sculpteur et dînera chez le Pape. Il n'est pas un père de famille un peu sensé qui ne considère aujourd'hui les choses comme nous; mon opinion est que les arts sont la plus belle chose qui soit, et je suis décidé à mépriser les anciens préjugés et à marcher avec mon siècle.

Assis sous un arbre, deux Dominicains et un moine augustin ; passent deux cardinaux causant et riant, montés sur des mules magnifiquement harnachées; à côté d'eux, sur un genet d'Espagne, un noble vénitien vêtu de velours noir; force gentilshommes servants et domestiques avec de belles livrées.

PREMIER DOMINICAIN.

Je ne connais pas ces révérendissimes seigneurs. Savez-vous leurs noms?

L'AUGUSTIN.

Vraiment, vous ne connaissez pas le cardinal Sadolet et le cardinal Bibbiena? Le gentilhomme à barbe noire qui les accompagne est le seigneur André Navagier, patricien de Venise, non moins fameux littérateur qu'ils le sont eux-mêmes.

SECOND DOMINICAIN.

Je serais curieux de savoir ce que le Sadolet et le Bibbiena ont mis au monde de pieuses œuvres pour mériter leurs chapeaux.

L'AUGUSTIN.

Le premier, mon Père, il faut lui rendre cette justice, n'a du moins pas fait grand mal. Il est bon latiniste; on admire les rondeurs de sa phrase latine presque à l'égal des élégances du Bembo. Bonhomme et sans fiel; pourvu qu'on le laisse s'amuser, il ne nuit à personne.

PREMIER DOMINICAIN.

Le Bibbiena, je le connais par ce que des gens bien

instruits m'en ont rapporté. De ses mœurs, il n'y a rien à dire d'avantageux. Il aime la vie gaie et facile, et a écrit la *Calandra*; c'est une belle comédie, mais non pas œuvre de théologien. Le pape Jules II avait mis cet homme dans ses confidences; le pape Léon l'a toujours eu dans les siennes, de sorte qu'il n'est guère de négociations et d'affaires d'État où il ne place le doigt. Quand il a du temps de reste, il le passe dans l'atelier de maître Raphaël, son grand ami, où il se fait et se dit plus de choses scandaleuses que de choses édifiantes.

SECOND DOMINICAIN.

Quel faste! quel orgueil! quel étalage de somptuosités! Où peuvent aller ces mondains, entourés de leurs esclaves? Que méditent-ils, ces braves satrapes babyloniens, au milieu de leurs gais propos et de leurs éclats de rire? Assurément, ils ne vont pas chanter l'office!

L'AUGUSTIN.

Pardonnez-moi, mon Révérend Père, c'est précisément ce qu'ils vont faire. Ils vont chanter l'office... Je dis leur office. Une brillante assemblée de beaux esprits, de poëtes, d'artistes, de dames, de prélats et de seigneurs se réunit aujourd'hui chez le banquier de Sienne, Augustin Chigi; et là, on se propose de célébrer un sacrifice à la déesse Vénus, avec des colombes, du laitage, des fleurs, des sonnets, des madrigaux, force vers sapphiques et adoniques en grec, latin et langue vulgaire, et il n'y aura pas un des rites accomplis en cette circonstance qui le soit sans l'autorité de quelque bon auteur. Le seigneur Gabriel Merino, que l'on vient de faire archevêque de Bari pour l'excellence de sa voix, chantera les épodes et jouera de la lyre à sept cordes; François Paolosa, le nouvel archidiacre, se fera entendre sur la viole d'amour; Pierre Aaron, Florentin, chevalier de Saint-Jean et chanoine de Rimini, accompagnera de son rebec les louanges de la déesse; il y aura quantité de flûtes tibicines pour le concert, et les assistants seront couronnés de roses. L'autel est en marbre blanc veiné de jaune; c'est Girolamo Santa-Croce de Naples qui, le sculptant, a produit une merveille. Le festin, conclusion de la fête, sera d'une abondance et d'une somptuosité dignes des plus insignes gourmands de l'antiquité. Léon X doit être présent à la cérémonie, mais sous un masque. J'espère que vous êtes maintenant rassurés quant à la dévotion de nos cardinaux?

PREMIER DOMINICAIN.

Que de scandales! Il est certain que l'ancien paganisme, aidé de la dépravation commune, nous ressaisit de toutes parts. On n'entend parler que de faits semblables à celui que vous nous dénoncez. Ici, on sacrifie à Apollon; plus loin, c'est à Pomone; à Venise, on n'a pas eu honte de descendre jusqu'à l'hermès du dieu des jardins. C'en est fait de tout ce qui est honnête, et je ne sais ce que va devenir la foi.

L'AUGUSTIN.

Elle fera comme l'étoile obscurcie par les nuages pluvieux, et qui, néanmoins, brûle au ciel.

SECOND DOMINICAIN.

L'éclipse, j'en ai peur, durera des temps bien longs. Notre Père Savonarole a voulu combattre le fléau; il y a péri. Qui triompherait là où ce grand saint a trouvé la défaite?

L'AUGUSTIN.

Peut-être un beaucoup plus petit. Il ne faut pas se décourager; il ne faut pas cesser la lutte. Le bien ne doit pas se taire devant le mal.

PREMIER DOMINICAIN.

Et, pourtant, il se tait. Depuis la mort de notre bienheureux, personne n'élève la voix, et l'Antechrist l'emporte.

L'AUGUSTIN.

Qu'il prenne garde!... Approchez vos oreilles, mes Pères, et parlons bas; je sais une nouvelle importante. Venez sur ce banc, à l'écart... Là... nous voici tous trois en sécurité.

SECOND DOMINICAIN.

Avant de nous rien dire, et comme une préface aux espérances que vous semblez vouloir rallumer en nous, regardez, je vous prie, quelle scène honteuse s'étale à quelques pas! Voyez-vous, dans l'herbe, ces Franciscains s'ébattant avec des portefaix et les malheureuses dont ceux-ci s'accompagnent? Si je ne me trompe, on entend un de ces infâmes religieux célébrer, en rimes aussi grossières que lui-même, les mérites du vin de Montefiascone.

L'AUGUSTIN.

L'excès du mal rapproche l'instant de la revendication. Écoutez-moi.

SECOND DOMINICAIN.

Mon âme est peu ouverte à l'espérance.

L'AUGUSTIN.

Nous avons reçu, au couvent, de singulières lettres de nos Frères d'Allemagne.

PREMIER DOMINICAIN.

Qu'est-il arrivé ?

L'AUGUSTIN.

Dans notre maison de Wittenberg (c'est une grande ville de Germanie où se tient une université assez savante) vit un docteur, un certain dom Martin Luther, professeur en droit canon, un des hommes les plus versés dans les saintes lettres que l'on connaisse à notre époque. Ce grand personnage vient de s'élever publiquement et avec un courage admirable contre la vente des indulgences, et, ce qui est fort sérieux, il a si doctement cité les textes et tellement ému ses auditeurs par la hardiesse de son langage, au sujet des perversités dont nous gémissions tout à l'heure, que ses collègues, d'abord, le peuple à leur suite et, ce qui est bien grave, Sa Grâce Électorale le duc de Saxe, se sont mis sous sa conduite. Voilà ce que je voulais vous confier.

PREMIER DOMINICAIN.

Est-ce que les Franciscains, collecteurs du produit des indulgences, n'ont pas réclamé ici ?

L'AUGUSTIN.

Ils l'ont fait. Nous avons naturellement soutenu notre confrère, et l'on m'assure que le Saint-Père, plein d'estime pour les talents de dom Martin, n'est pas enclin à lui donner tort. J'en conclus que le ciel parle au cœur du Souverain Pontife, qu'il pourra l'amener à réflexion, et ces espérances me font tressaillir.

PREMIER DOMINICAIN.

Puissiez-vous réussir dans vos efforts, chers fils de Saint-Augustin ! Les liens les plus étroits nous unissent à vous ! Votre glorieux père fut l'inspirateur de notre saint Thomas, et si, après la mort funeste de Savonarole, martyrisé par les gens de Saint-François, il nous faut voir votre digne Luther en butte aux malices de ces mêmes persécuteurs, jugez combien nos cœurs souffriront à l'unisson des vôtres !

SECOND DOMINICAIN.

Non, mon Père ! ne vous abandonnez pas au découragement ; même au milieu de la plus horrible tempête, Dieu soutient son Église. Espérons que les Augustins procureront le salut de la religion, et consolons-nous de n'y avoir pas réussi nous-mêmes en songeant qu'au moins nous l'avons tenté.

L'AUGUSTIN.

Le sang de votre martyr aura fécondé la moisson.

PREMIER DOMINICAIN.

L'*Angelus* sonne !

<small>Toutes les cloches de Rome se mettent à tinter ; les groupes nombreux réunis sur le Monte Pincio s'arrêtent dans leur entretien ; les femmes à genoux, les hommes tête nue, font le signe de la croix et récitent la Salutation angélique.</small>

L'AUGUSTIN.

Prions comme cette foule, et, avertis de ce qu'il faut demander au ciel, ajoutons cette courte supplique : « Faites, très-sainte Mère de Dieu, que la réforme ecclésiastique nous soit donnée, car, sans ce remède, c'en est fait du peuple chrétien ! »

<small>Les trois moines se mettent à genoux et restent absorbés dans leur prière.</small>

MILAN

Le palais ducal. — Une salle richement ornée de bahuts sculptés, de panoplies, de vases d'or et d'argent; assis à une table somptueuse, soupe gaiement le roi François I*er*, en compagnie de son amie madame Marie Gaudin, de Florimond Robertet, de Clément Marot, avec M. de Piennes, M. de Lautrec et quelques autres courtisans. Des écuyers tranchants, des pages à la livrée royale, circulent de côté et d'autre, présentant les plats aux convives et servant à boire.

LE ROI.

Non! le Pape ne s'attendait pas à me voir arriver si tôt! Je suis tombé sur l'Italie aussi rapidement que mes prédécesseurs; mais eux, ils sont repartis vite, et moi, je ne me laisserai pas mettre dehors.

M. DE LAUTREC.

Je bois à l'invincible Mars, au chevalier des chevaliers!

LE ROI.

Merci, Lautrec. D'ailleurs, les temps sont autres; je ne veux plus qu'on nous traite, nous autres Français, de barbares et d'ignorants. Pourquoi ne pourrions-nous, tout aussi bien que ces gens de ce côté des monts, prendre de belles habitudes, nous interdire les façons vulgaires et nous accoutumer à l'étude des lettres?

CLÉMENT MAROT.

Savoir mener une épée et jouter de la lance n'est pas une raison pour garder toute sa vie le rôle de brute!

LE ROI.

Assurément ; mais, foi de gentilhomme ! nous aurons du mal à faire pénétrer cette vérité dans les cerveaux épais de nos compagnons. Sauf vous autres, ici réunis ce soir, et quelque peu de gens encore, nos Français sont autant de butors maladroits à rien apprendre ! Ils s'estiment d'autant plus qu'ils sont ignorants. Le comte Castiglione me le disait l'autre soir, et il n'avait pas tort.

FLORIMOND ROBERTET.

Il n'avait que trop raison. Votre Majesté a-t-elle remarqué le sourire qui a passé sur les lèvres de madame la duchesse de Ferrare, quand vous lui avez présenté, l'autre jour, ce seigneur de Picardie, empressé à lui raconter pourquoi le saint Maclou de l'église de son village était bien autrement beau que le chef-d'œuvre de Ghiberti, offert à notre admiration ? — Mort-Dieu ! s'écria ce brave soudard en tordant sa moustache, notre monsieur saint Maclou est tout peint en couleur de la tête aux pieds, et votre figure n'est rien qu'une pierre blanche !

LE ROI.

Je t'avoue, Robertet, qu'en entendant ces paroles et en voyant la mine de madame Lucrèce, je me suis senti rougir jusqu'aux yeux. En vérité, nous ne sommes que des ignares ! Mais je changerai tout cela ! Foi de gentilhomme ! j'entends que France devienne aussi belle qu'Italie et non moins bien parée. Ce qui a existé jusqu'à cette heure dans notre royaume, nous le détruirons de fond en comble, et Paris et mes bonnes villes, les unes autant que les autres, étaleront, sous les regards du soleil, d'aussi beaux édifices, autant de chefs-d'œuvre des arts qu'on en compte de ce côté-ci des Alpes ! Foin de nos vieilles cathédrales, de nos châteaux de l'ancien temps, de toutes les pratiques grossières de nos ancêtres ! Si Dieu me prête vie, nous ne serons pas, je vous le promets, moins considérables dans le monde par nos mérites envers Apollon et ses neuf belles compagnes que nous avons pu l'être jusqu'à présent envers le dieu de la guerre, et peut-être aussi la déesse de l'amour. Qu'en pensez-vous, madame?

MARIE GAUDIN, à demi-voix.

Mon Dieu ! Sire, comme Votre Majesté sait tourner les mots agréablement, et que ce qu'elle dit tombe dans l'oreille comme une friandise délicieuse pour l'esprit !

LE ROI.

Flatteuse !... Quel était donc ce galant si bien atourné qu'on a vu entrer chez vous ce matin?

MARIE GAUDIN.

Tremblez, Sire, c'était un ennemi des infidèles !

LE ROI.

Alors, je n'ai rien à en redouter... Mais qui était-ce?

MARIE GAUDIN.

Je vous le dis... Un chevalier de Saint-Jean.

LE ROI.

Ce brave champion trouve plus agréable de visiter les belles dames que d'aller chercher les Turcs.

MARIE GAUDIN.

Vous prétendez quelquefois que c'est beaucoup plus dangereux... Qui vous dit que la cruauté soit moins grande?

LE ROI.

Foi de gentilhomme! vous me mettez l'esprit à l'envers.

MARIE GAUDIN.

Monsieur de Lautrec!... monsieur de Lautrec!... Le Roi est jaloux!... Savez-vous de qui?

LE ROI.

Dieu me damne, si je suis jaloux!

M. DE LAUTREC.

On pourrait l'être pour une moins belle cause.

MARIE GAUDIN.

Oui, le Roi est jaloux d'un chevalier de Saint-Jean, venu ce matin chez moi, et même le galant m'a laissé deux gages!

LE ROI.

Deux gages?... Son cœur et...

MARIE GAUDIN.

Le cœur était, je pense, par-dessus le marché; il n'en a pas été question; et comme je suis en humeur indiscrète, je vous avouerai tout : le beau messager ne me venait pas pour son compte, mais bien de la part d'un autre.

LE ROI.

De la part de qui?

MARIE GAUDIN, riant.

De la part d'un autre, vous dis-je, curieux indiscret que vous êtes! Pensez-vous que je veuille tout raconter?

M. DE PIENNES.

Voilà notre maître sur un brasier d'inquiétude.

LE ROI.

Du diable si tu dis vrai! Je me soucie autant de l'envoyeur que de l'envoyé... du maître que du valet... Qui a jamais eu l'idée de faire porter des billets doux par un chevalier de Saint-Jean?

MARIE GAUDIN.

Je ne vous ai pas dit que j'eusse reçu un billet doux... Vous devinez juste, pourtant, ce qui prouve la subtilité de votre esprit... Mais je n'ai pas encore tout avoué!... Tenez! ne languissez pas!... Regardez!

Elle met sur la table un écrin et retient dans sa main un papier qu'elle agite en l'air.

TOUS LES CONVIVES, à la fois.

Voyons! voyons!

LE ROI, prenant la boîte.

Vous permettez bien, messieurs, que je regarde le premier? J'y suis un peu intéressé, ce me semble, et me montre débonnaire. Pour commencer, l'écrin est charmant... ivoire sculpté et niellé en argent et en or... Ces turquoises et ces rubis font très-bien... Une clef fort gentiment ciselée... Il faut ouvrir?

MARIE GAUDIN.

Que vous êtes timide!... Ouvrez, on vous le permet!

LE ROI.

J'obéis... Ah! Ventre Mahom! C'est très-galant!... Non! non! non!... C'est très-galant, il faut l'avouer! Il n'y a que les Italiens pour faire les choses de cette façon et offrir les présents aux dames d'une manière si fine! Considérez, messieurs! c'est le portrait du Saint-Père entouré de gros diamants.

MARIE GAUDIN.

Je suis sensible au portrait; mais je ne suis pas de bronze non plus pour la monture.

CLÉMENT MAROT.

Soyez certaine, madame, que M. le Pape l'avait prévu!

FLORIMOND ROBERTET.

A quoi servent, mon Dieu, les lumières du Saint-Esprit?

LE ROI.

C'était là ce qu'apportait le chevalier de Saint-Jean?

MARIE GAUDIN.

Avec le billet que voici... Vous mériteriez qu'on ne vous le donne pas... Vous n'avez pas même daigné être inquiet une minute!

LE ROI.

Est-ce mal de croire aveuglément à la loyauté de ce qu'on aime?

MARIE GAUDIN,

Je ferais un beau métier de dupe si je m'affublais de cette vertu-là... Tenez!... lisez!

LE ROI, ouvrant le billet.

« A noble et illustre dame, madame Marie Gaudin... notre chère fille en Jésus-Christ... » Ah! attendez que je lise d'abord!... Le Saint-Père loue votre beauté... puis votre prudence...

MARIE GAUDIN.

Il aurait pu se dispenser de ce dernier point.

LE ROI.

Puis il vous fait part de son désir de recouvrer Parme et Plaisance, et vous prie de me demander de les lui rendre... Ne vous déplaise, l'entremise ne lui servira pas à grand'chose.

MARIE GAUDIN.

Je l'espère ainsi ; mais les diamants sont beaux, n'est-ce pas, maître Clément?

CLÉMENT MAROT.

Hélas! madame, moins que vos yeux!

LE ROI.

Veux-tu bien te taire, serpent?... Enfin, notre pauvre Pape cherche à raccommoder, au moyen des plus ravissantes mains qui soient au monde, les mailles rompues de son filet... Il sait que ces petits doigts-là tiennent mes bras captifs.

MARIE GAUDIN.

Vrai? les bras qui ont tant battu de l'épée, l'autre jour, à Marignan?

LE ROI.

Oui, ce seul petit doigt que je baise avec votre permission pourrait me mettre plus vite à bas et mieux que la hallebarde des cantons suisses, et pourtant...

MARIE GAUDIN.

Et pourtant j'attends de la courtoisie de mon paladin qu'il ne voudra pas désavouer ce que j'ai déclaré ce matin à l'envoyé du Saint-Père.

LE ROI.

Qu'avez-vous donc déclaré? Vous me faites peur.

MARIE GAUDIN.

J'ai dit au chevalier de Saint-Jean : Monsieur, si le Roi, dans son respect filial pour l'Église, se sentait disposé à condescendre au vœu du Pape et à lui rendre Parme et Plaisance, ce à quoi son prédécesseur, le roi Louis, n'a jamais voulu entendre, et que, par accident, le Roi m'accordât cet honneur de m'en demander mon avis, je me jetterais aux pieds de mon maître et le supplierais de ne jamais rien céder des droits de sa couronne... — Et comme il était un peu étonné de la vivacité de mon propos, je lui ai tendu l'écrin et la lettre, mais il n'a pas voulu les reprendre, et il est parti après force salutations.

LES CONVIVES.

Très-bien répondu! très-bien agi! Vive madame Marie Gaudin!

LE ROI, tout bas.

On vous portera demain matin les perles dont vous avez envie, et je me charge de payer la terre que vous achetez en Touraine.

MARIE GAUDIN.

Ah! Sire, c'est bien inutile... Je ne saurais vous aimer de plus tendre amour! Avez-vous acheté la *Joconde* du Vinci?

LE ROI.

Oui, et j'ai chargé à Florence maître André del Sarto d'acquérir tous les chefs-d'œuvre dont il aura connaissance. Le roi d'Espagne, je le sais, a les mêmes désirs que moi; mais, voyez-vous, mes amis, je ne lui céderai pas plus sur ce terrain que sur les autres. Après la mort de Maximilien, et c'est un événement qui ne saurait se faire beaucoup attendre, Charles voudra la couronne impériale; foi de gentilhomme! c'est moi qui l'aurai! Toutes mes mesures sont prises. Le fils de Jeanne la Folle prétend de même la haute main en Italie; je lui tordrai le poignet! Il veut se donner un renom d'aimer les savants et de mériter leurs louanges; j'en ferai bien plus que lui dans ce genre, et l'honneur m'en restera. Ah! ah! il serait beau de voir Salamanque plus docte que l'Université de Paris!

CLÉMENT MAROT.

J'en pleure de joie! La France n'a jamais eu pareil monarque! Votre nom, Sire, sera dans la gloire jusqu'à la dernière génération des hommes!

LE ROI.

Ah! mes amis, Dieu vous entende et me fasse monter sur tous mes rivaux! De la gloire! Oui, je veux de la gloire! Beaucoup de gloire et beaucoup de joie, et beaucoup de gaieté, et beaucoup de plaisir, et plus que beaucoup de tout ce qui rend la vie charmante! De la magnificence, de l'esprit, de l'éclat, du bruit, de l'amour, de l'amour plus que le cœur n'en peut tenir, à l'infini, bien haut, bien haut, par-dessus la tête!

MARIE GAUDIN.

Vive le Roi!

TOUS.

Vive le Roi!

LE ROI.

Quant à monsieur du Pape, ma belle enfant, mes chers amis, qu'il en soit pour ses avances! Les jours sont finis, où il pouvait, en effrayant les peuples, courber les princes!

FLORIMOND ROBERTET.

N'avons-nous pas vu votre prédécesseur, le roi Louis, excommunié comme serpe par le feu pape Jules, et ne s'en porter que mieux?

LE ROI.

Nous l'avons vu! aucun de nos sujets n'a bronché. Personne ne se soucie plus du Pape dans le monde. On sait ce que vaut la cour de Rome, et en quoi ses prélats ne ressemblent guère aux apôtres! Léon X ne demande aux chrétiens ni la foi, ni l'espérance, ni la charité, mais la bourse, et j'ai résolu d'arrêter ses extorsions.

M. DE LAUTREC.

J'aime mieux voir l'argent dans les poches du Roi et de ses serviteurs que dans celles des cardinaux.

FLORIMOND ROBERTET.

Pas un homme raisonnable ne pense autrement.

MARIE GAUDIN.

Ni une femme raisonnable non plus.

LE ROI.

Foi de gentilhomme! nous sommes tout aussi bons pour faire sauter les écus de mes peuples que les Borgia, les Rovère ou les Médicis! Mais savez-vous que les Allemands commencent aussi à se fâcher tout rouge contre les collecteurs pontificaux? Je suis curieux de savoir ce que pense mon frère Charles des remuements de Wittenberg!

M. DE LAUTREC.

Des sottises, s'il ne prend pas conseil de Votre Majesté!

LE ROI.

Je ne serais nullement fâché de voir l'Église ramenée au train modeste recommandé par l'Évangile.

MARIE GAUDIN.

Le Pape devrait vous donner les belles choses dont il n'a, au fond, nul besoin. Vous nous en feriez part, n'est-ce pas, Sire?

LE ROI.

Foi de gentilhomme! je ne garderais jamais rien pour moi! Tout à vous, ma belle! et à mes amis!

MARIE GAUDIN.

Je ne veux que le cœur! A votre santé, mon maître!

TOUS.

Vive le Roi! mille et mille années! et davantage!

ROME

Une salle dans le Vatican. — Léon X assis près d'une fenêtre; le cardinal de Bibbiena, le cardinal Bembo, le cardinal Sadolet. Dans le fond de la salle, près de la porte, le seigneur Charles de Maltitz, gentilhomme saxon, attendant qu'il lui soit dit d'approcher.

LÉON X.

Je me mêlerai moi-même de cette affaire de Wittenberg, et je prétends la diriger de façon à mettre fin aux sottises par lesquelles on l'a embrouillée. Ce Lutherus, contre lequel les Franciscains réclament si fort, n'est pas un sot; ce n'est pas un moine illettré, comme la plupart d'entre eux. Il a de l'esprit, du savoir, de la raison. Il m'a écrit sur le ton le plus convenable, et je le soutiendrai contre les Tetzel, les Eccius, et cette bande de fanatiques ridicules! De telles gens voudraient mettre le feu en Allemagne! Je ne l'entends pas ainsi!

BIBBIENA.

Votre Sainteté me semble dans la route de la justice et de l'à-propos.

LÉON X.

Soyez-en sûr. Il ne s'agit pas ici d'une question religieuse; c'est bonnement une difficulté de forme. Nos gens s'y sont mal pris pour obtenir l'argent qu'il nous faut, et je donnerai tort à nos gens.

SADOLET.

Si les prédécesseurs de Votre Sainteté avaient toujours

agi d'après des principes aussi sages, nous n'eussions pas eu à déplorer les funestes histoires de Jean Huss et de Jérôme de Prague.

LÉON X.

Et, surtout, celle de Savonarole. Soyez-en sûr, je ne permettrai pas qu'on la recommence. Ce Frère Jérôme, qui, après tout, n'était qu'un énergumène, un ennemi de ma maison, on a réussi à en faire un saint par la sévérité absurde dont on a usé à son égard. Martinus Lutherus n'aura pas de ma main l'honneur du martyre.

BÉMBO.

Ce bon Père écrit d'une manière admirable.

LÉON X.

J'éprouve le dégoût le plus complet pour les susceptibilités de couvent et de sacristie. Le Pape est un grand prince, ne perdez pas de vue cette vérité; dans quelques années, il n'y aura sur la terre, en fait de puissances, que lui, l'Empereur, les rois de France et d'Angleterre, et le Turc. Les autres souverains ne seront que de riches seigneurs sans autorité. Il importe donc que le Pape ne dirige plus sa conduite d'après les avis et les préventions des moines. Dites à M. de Maltitz d'approcher.

SADOLET.

Approchez, seigneur de Maltitz, Sa Sainteté vous demande!

LE SEIGNEUR DE MALTITZ.

Je suis aux ordres de Sa Sainteté, et sollicite la faveur de lui baiser les pieds.

LÉON X, faisant sur lui le signe de la croix.

Seigneur de Maltitz, nous sommes d'anciennes connaissances. Vous m'avez bien servi. Les capitaines généraux de l'Église m'ont fait de vos exploits, de vos talents et de votre fidélité, des rapports si avantageux que, dans une occasion importante comme celle dont je vais vous entretenir, je n'ai pas jugé convenable d'employer un autre dévouement que le vôtre.

LE SEIGNEUR DE MALTITZ.

Très-Saint Père, ce moment me récompense au delà de tous mes mérites.

LÉON X.

Pour la commission que je vais vous donner, il me faut un homme de guerre et, en même temps, un courtisan délié et un savant. Je rencontre ces trois personnages en vous, et j'en bénis mon heureuse fortune.

LE SEIGNEUR DE MALTITZ.

Ce que je puis est assurément au service de Votre Sainteté.

LÉON X.

Vous irez trouver de ma part votre naturel seigneur, le duc Frédéric de Saxe. C'est un prince éminent en sagesse, et je me réjouis de le savoir respecté par toutes les couronnes et les politiques réfléchis. Vous lui direz que je le vois avec plaisir accorder sa protection à notre cher fils en Jésus-Christ, dom Martinus Lutherus. Ce religieux de l'ordre de Saint-Augustin est un docteur plein de science; je ne veux pas qu'il soit harcelé par des indiscrets ou des maladroits, tels que paraissent être l'inquisiteur Tetzel, Eccius, le professeur Hoffmann ou d'autres. Vous prierez Son Altesse Électorale de vous mettre en relation avec dom Martinus, d'intervenir entre nous et le bon Père pour que l'entente se fasse aisément. Il ne faut pas que les malintentionnés continuent à nuire à la réputation d'un si habile homme en répandant le bruit qu'il se soustrait à la sainte obéissance, ce dont je le sais tout à fait incapable; et afin de témoigner à l'auguste Électeur, par une preuve irréfragable, toute mon affection paternelle, vous remettrez à Son Altesse la Rose d'or. J'en ai expressément disposé pour elle.

LE SEIGNEUR DE MALTITZ.

L'Électeur, mon maître, sera certainement pénétré d'une reconnaissance sans bornes.

LÉON X.

Ne manquez pas de le persuader fortement, ainsi que dom Martinus, que je n'entends pas soulever de sottes querelles, ni de controverses malsonnantes. Le Saint-Père est instruit que bien des abus se sont glissés dans les opinions soutenues avec plus ou moins de raison par des docteurs dont l'orthodoxie n'est peut-être pas à l'abri de tout blâme. Arrangeons nos dissentiments sans bruit et dans un esprit de charité mutuelle.

LE SEIGNEUR DE MALTITZ.

Il est probable qu'en s'y prenant de cette façon, les difficultés vont tomber. Votre Sainteté souffle dessus avec tant de douceur que la moindre irritation ne saurait tenir.

LÉON X.

Cardinal Sadolet, donnez-moi les deux lettres qui sont sur cette table.

SADOLET.

Les voici, Très-Saint Père.

LÉON X.

Je vous les remets, seigneur de Maltitz. L'une est adressée au seigneur Georges Spalatin, l'autre au respectable maître Degenhard Pfeffinger. Parmi les conseillers de votre souverain, je n'en sache aucun dont il convienne de faire un aussi grand cas.

LE SEIGNEUR DE MALTITZ.

Ils méritent peut-être un tel honneur par leur respect envers le Saint-Siége apostolique et leur dévouement à votre personne sacrée.

LÉON X.

Je le sais, je le sais, seigneur de Maltitz. Vous les prierez, en mon nom, de bien remontrer à l'Électeur le véritable point de vue de la question. Il est essentiel que ni lui, ni dom Martinus ne s'y trompent. Sans doute, on a un peu abusé de la vente des indulgences, et surtout, dans la façon dont on procède, je ne serais pas surpris qu'il se fût glissé des irrégularités. Qu'on me propose les remèdes convenables, et je suis prêt à les appliquer. L'important, c'est que l'argent dont la Chambre apostolique ne saurait et ne voudrait se passer nous arrive ici comme d'ordinaire. Les moyens importent peu.

LE SEIGNEUR DE MALTITZ.

Je ne suppose pas, dès à présent, qu'il puisse être dans les intentions de l'Électeur d'imposer un préjudice pécuniaire à la Chambre apostolique.

LÉON X.

Je ne le crois pas non plus, et, dans aucun cas, je ne voudrais l'admettre, car, sur ce point, je vous le déclare avec sincérité, les embarras sérieux commenceraient. Autant je suis facile pour les autres questions, autant, pour celle-là, on me trouverait rigoureux. Vous avez assez vécu à Rome et dans mes États pour savoir que nos revenus et les prélèvements exercés par l'Église dans les pays chrétiens ne sauraient être diminués sans amener des inconvénients dont il est de mon honneur de ne pas grever l'Église. Ainsi donc, voilà qui est arrangé. Je suis disposé à rester conciliant en toutes matières, pourvu que les besoins de la Chambre apostolique soient satisfaits. Adieu, seigneur de Maltitz.

LE SEIGNEUR DE MALTITZ.

Je sollicite la bénédiction de Votre Sainteté.

Il s'agenouille et baise la mule pontificale.

LÉON X, élevant la main droite et faisant sur lui le signe de la croix.

Benedico te in nomine... Je vous enverrai d'excellent vin de Sicile pour aider à vos dîners de voyage. Adieu, Maltitz. Cardinal Bibbiena, vous viendrez ce soir à notre petit concert. Et vous, Bembo, ne chasserons-nous pas ensemble aujourd'hui?

LE CARDINAL BEMBO.

J'en meurs d'envie, Très-Saint Père.

LÉON X.

Suivez-moi donc, Nemrod. On me dit que la battue est excellente; ne perdons pas plus de temps.

Ils sortent.

BIBBIENA.

Cher Maltitz, vous comprenez que nous ne tenons pas à ce que l'argent arrive par la route des indulgences ou autrement ; mais rappelez-vous qu'en tout état de cause, nous voulons l'argent, nous ne voulons que l'argent, et il ne faut pas aller s'imaginer que nous céderons une obole de cet argent.

LE SEIGNEUR DE MALTITZ.

Je suis un peu embarrassé, craignant que l'Électeur ne tienne comme vous à cette question plus qu'à toutes les autres.

BIBBIENA.

En ce cas, tant pis. Dites à Frédéric le Sage de ne pas irriter notre faim ; nous deviendrions des tigres.

LE SEIGNEUR DE MALTITZ.

Mon éloquence fera de son mieux. Adieu, révérendissimes seigneurs ; il me faut achever mes préparatifs pour me mettre en route demain matin. Je vous baise les mains, et me recommande à vos bonnes grâces.

Il sort.

SADOLET.

S'il allait échouer dans sa mission ?

BIBBIENA.

Il est difficile qu'il y réussisse. Du reste, tout craque sous nos pieds.

SADOLET.

Et, cependant, nous travaillons à élever notre édifice jusqu'au ciel.

BIBBIENA.

Ce sont les bases qui se dégradent.

SADOLET.

Nous les fortifions de notre mieux avec des blocs d'argent, de gros blocs d'argent, et, chaque jour, le besoin de ces matériaux est plus poignant.

BIBBIENA.

Et chaque jour ils deviennent plus difficiles à extraire. Nous faisons ressource de tout. Les impôts montent, montent, montent! Bourgeois et paysans murmurent et menacent. On les réduit à la mendicité, et le commerce tourmenté s'éteint. Les priviléges des villes sont attaqués, et à travers les fissures que nous pratiquons, nous allongeons tous les doigts des deux mains pour nous emparer du peu qui se trouve. Nous vendons les offices, nous vendons les cures, nous vendons les évêchés, nous vendons les patriarcats, nous vendons le cardinalat ; nous inventons chaque jour quelque denrée ecclésiastique à vendre. Qu'est-ce que nous ne vendons pas? Nous avons fait périr assez lestement le cardinal Petrucci, au temps de la guerre d'Urbin et pour la conspiration de Baptista Vercelli, et si les cardinaux Sauli et Riario ont échappé, vous savez ce que le salut leur coûte!

SADOLET.

Oui, à eux et à bien d'autres; on a battu monnaie sur le dos du sacré Collége au moyen de cette lugubre équipée.

BIBBIENA.

Vous avez raison. Les trente-quatre promotions faites à la suite de cette affaire, sous prétexte de nous procurer des fidélités, vous en souvenez-vous? Le produit de cette opération financière a été de conséquence, mais la conscience publique n'avait encore jamais dû porter un si lourd fardeau. Si, maintenant, nous considérons notre façon d'agir à l'étranger, elle est absolument pareille·

Nous regardons dans toutes les poches. Nous grappillons sur les annates, sur le Denier, sur les mutations, sur ces fameuses indulgences, l'embarras du moment, et, malgré tant de fatigues, de préoccupations, tranchons le mot, de rapines, rien ne nous suffit, nous ne réussissons pas à combler le vide, et chaque jour qui passe nous pousse dans une plus lamentable misère. Force nous est de crier piteusement à l'aide; notre indigence nous harcèle, nous écrase; nous savons de moins en moins comment en sortir, et, soyez-en bien persuadé! nous finirons par nous attirer une protestation violente de la chrétienté indignée; on va nous ahurir d'un *tolle* universel; les gouvernements, grands et petits, nous feront entendre cet arrêt suprême : c'est assez nous appauvrir, vous n'aurez plus rien!

SADOLET.

Mon cher ami, je m'y attends. On se demande déjà quel droit nous pouvons alléguer pour dévorer la substance universelle.

BIBBIENA.

Il y aurait quelques bonnes raisons à donner en notre faveur. L'Église représente l'intelligence; les trésors que nous absorbons servent à la nourriture et à l'invigoration de la science, des arts et des autres bonnes disciplines.

SADOLET.

Ils servent aussi, convenez-en, à la glorification et à l'engraissement de la mollesse, du vice et de la perversité.

BIBBIENA.

Je l'admets; mais il n'est pas d'étoffe sans un envers. Toute société cultivée est une société corrompue. Faut-il, pour cela retourner à la barbarie? Celle-ci, peut-être, est insensible aux agaceries payées des belles courtisanes; mais elle ouvre le ventre aux prisonniers de guerre, et barbouille de sang la figure hideuse de ses idoles... Pardonnez-moi si j'interromps ici notre entretien. J'ai donné rendez-vous chez moi à notre cher Raphaël; je veux le gronder sur un certain chapitre. Si vous n'avez pas d'occupation bien pressante, vous viendrez avec moi et joindrez votre morale à la mienne. Qu'en dites-vous?

SADOLET.

Volontiers, mon ami; descendons.

> Bibbiena et Sadolet sortent avec majesté de la salle et traversent les galeries et les appartements pontificaux; la foule des employés et soldats du Sacré Palais s'ouvre devant eux et les salue avec respect. Au bas de l'escalier, ils trouvent leurs propres officiers, secrétaires, caudataires, camériers, gentilshommes et serviteurs de tous grades. On fait avancer les mules caparaçonnées; on soutient sous les bras les deux dignitaires pour les mettre en selle. On s'achemine; on entre dans les rues de Rome. L'escorte ouvre passage au milieu de la multitude, qui s'écarte et se referme. De temps en temps, l'un ou l'autre des deux princes de l'Église lève le bras et donne la bénédiction aux moines, aux femmes, aux marchands, aux gens du peuple, agenouillés à leur aspect.

BIBBIENA.

Considérez ce bariolage de figures et de costumes!

SADOLET.

C'est un spectacle dont je ne me lasse jamais. Il me semble propre à exciter l'imagination la plus paresseuse. Nous voyons ici un échantillon de tous les peuples du globe.

BIBBIENA.

Comme ces Espagnols ont la mine arrogante! C'est, de nos jours, le peuple dominateur; et depuis qu'ils ont découvert les Nouvelles-Indes, il n'est de bornes ni à leur orgueil, ni à leur rapacité. Le dernier d'entre eux se considère comme un petit roi.

SADOLET.

Et là, dans ce coin, ces trois Portugais! A l'expression de leurs visages, on s'aperçoit que les conquérants de Goa et de Diu ne le cèdent pas en hauteur et en présomption à leurs voisins de la Guadiana. Mais regardez aussi ces Français, le nez au vent, traînant l'épée, raillant et charmés d'eux-mêmes!

BIBBIENA.

Et là, là! ces braves Suisses, plus qu'à moitié ivres, qui se rudoient avec des Allemands!

SADOLET.

Je vous montrerai à mon tour ces deux Anglais, froids comme des statues; ils s'arrêtent à contempler avec mépris un groupe de Syriens et de Grecs. Heureusement, voilà le seigneur Pompeo Frangipani avec ses hommes d'armes; il bouscule les insulaires et les jette de côté. C'est fort heureux. Ils n'auraient bougé de la journée... Savez-vous quelles réflexions me viennent à l'esprit?

BIBBIENA.

Il m'en vient des mondes! Ma tête bout quand, surtout, je contemple ces longues lignes de palais magnifiques, ces églises, ces tours à triple étage, ces glorieuses colonnes délivrées par l'effort des temps de leurs architraves détruites, et qui semblent proclamer encore les souvenirs de l'inimitable antiquité. Quel cadre pour un tableau aussi vivant!

SADOLET.

Je me demande combien d'années encore tous ces gens

d'origine si disparate vont rester attachés à la grande métropole, qui ne semble leur rendre d'autre service que de leur prendre ce qu'ils gagnent.

BIBBIENA.

J'ai peur que les années ne soient désormais des mois.

SADOLET.

Mon Dieu! vous êtes trop sombre. Est-il bien certain que ces peuples se rendent jamais compte de l'utile et du nuisible? Depuis longtemps, la sainte Église vit de leur substance; et l'habitude est un joug bien étrange. Il suffit qu'une chose soit, pour que la plupart des esprits en concluent qu'elle doit être. D'ailleurs, en matière de religion, qu'est-ce que le vulgaire désire? La pureté, la vérité?... Il ne s'en doute pas. Ni ses sens, ni son cœur n'en éprouvent le moindre besoin. Il lui faut des mots conventionnels, et toujours à peu près le même bagage de superstitions plus ou moins sottes que nous avons conservées du paganisme et que le paganisme lui-même tenait de plus loin. C'est là, pour les masses, ce qui s'appelle religion, et elles en auront toujours soif. Le danger actuel existe dans quelques idées sans cesse renaissantes, luxe d'une minorité, et une minorité met bien du temps à battre en brèche la folie générale.

BIBBIENA.

Je vous en prie, accordez donc votre bénédiction à cette vieille femme à genoux qui vous présente ses deux enfants!

SADOLET.

Volontiers!... Elle a la figure la plus respectable du monde... Qu'on lui donne un ducat... Je continue. Les savants nous occasionnent un mal extrême avec leur engouement immodéré pour le passé.

BIBBIENA.

Vous avez raison; cependant, il faut en convenir : le style des Pères est pitoyable, et quant à celui des Décrétales, franchement, il me couvre de confusion.

SADOLET.

Je ne le nie pas; mais nous en vivons, prenez-y garde. On nous gâte notre bien; on le dénigre... Nous le dénigrons nous-mêmes, vous, Bembo, moi... Eh quoi! le Pape encore plus que nous tous. Il ne manque jamais une plaisanterie, bonne ou mauvaise, sur les moines. Tout ce qui a de l'esprit et du goût agit de même. Je ne prétends pas que nous ayons tort. Mais comment maintenir un établissement à la sainteté duquel nous déclarons du matin au soir que nous ne croyons pas du tout?

BIBBIENA.

Savez-vous un remède?

SADOLET.

Il y a des maladies qui viennent du tempérament. Le tempérament de l'Église est de vivre d'abus. Il faudrait tant de réformes! et de si profondes! Je me suppose réformateur et consentant à me faire tapissier comme saint Paul, pour souper d'un oignon cru dans une taverne sale!

BIBBIENA, souriant.

Vous me faites frissonner.

SADOLET.

Jugez ce que répondraient à la proposition d'en faire autant, Léon X et chacun de nos révérendissimes collègues! Leur indignation serait partagée, d'ailleurs, par tous les archevêques, évêques, abbés, prieurs, moines prébendés de la chrétienté, comme aussi par les princes qui me trouveraient suspect d'hypocrisie, de fanatisme, de démagogie, et n'auraient peut-être pas tort. Je ne suis pourtant pas éloigné d'admettre que de temps en temps, une tentative d'ascétisme n'ait ses avantages. Il n'est pas mauvais qu'un maître fou quelconque, cherchant au fond de sa cellule des aventures spirituelles, se mette au pain et à l'eau et se flagelle à tour de bras. Outre que de pareilles frénésies plaisent au bas peuple en maintenant la tradition des anachorètes de la Thébaïde, successeurs des honnêtes Corybantes et de tous les Isiaques qui se sont plu à se fouetter eux-mêmes depuis que le monde est monde, cela sert plus tard de raison pour bâtir de belles églises en porphyre, en marbre, sous l'invocation du saint homme, et faire en son honneur d'admirables peintures, des statues de beauté merveilleuse, et, finalement, créer de riches bénéfices pour des ecclésiastiques qui n'ont rien de commun avec leur saint. Mais d'autres résultats? Je n'en peux pas apercevoir.

BIBBIENA.

Mon Dieu! que les hommes sont fous! Vivre et laisser vivre, est-il rien de meilleur et de plus aisé? Quand le monde est si beau! Quand les objets aimables abondent de toutes parts! Quand on peut faire de son temps, de son esprit, de son cœur de si doux et si faciles emplois!

SADOLET.

Et, à défaut du reste, la curiosité seule ne suffirait-elle pas à charmer l'existence? L'aspect des affaires est intéressant au delà de toute mesure! Par exemple, la sagesse des Vénitiens est d'un enseignement fort grave, l'inconsistance des Florentins pleine de surprises amusantes ! Et voilà les Français qui prennent comme nous l'amour des arts, et le nouveau César germanique, Charles-Quint, ce jeune homme dont on ne sait rien encore, comme il est curieux d'observer ses premiers pas!... Mais des cris?... Quel bruit !... Que faites-vous donc, Ambrosio? Pourquoi arrêtez-vous cet homme?

L'OFFICIER INTERPELLÉ.

Monseigneur révérendissime, c'est un voleur! Les sbires le poursuivent, et il cherche à s'échapper... Nous le tenons !

SADOLET.

Laissez-le aller, ce pauvre voleur!... Va, mon enfant, va, sauve-toi et tâche de te corriger... Je disais donc... Mais nous voici à votre porte, et, précisément, j'aperçois maître Raphaël. Arrêtons-nous.

RAPHAEL, suivi de quelques élèves et de serviteurs, s'approche et salue les deux cardinaux.

Excellences révérendissimes, je baise vos pieds!

BIBBIENA.

Salut, je suis charmé de te voir.

SADOLET.

Salut, cher maître, donnez-moi la main.

Les cardinaux mettent pied à terre. Ils entrent dans le palais, échangeant des compliments. Raphaël les suit, et, en causant tous trois, ils montent le large escalier. Leur suite s'arrête dans une vaste galerie ; ils poussent plus loin et entrent dans une salle, ornée de peintures et de dorures, avec d'immenses portières en étoffes du Levant.

BIBBIENA.

Mon ami, prenez place, je vous prie, dans ce fauteuil. Assieds-toi, Raphaël, mon enfant; mets-toi sur ce tabouret; tu viens ici pour être chapitré.

RAPHAEL, souriant.

Je m'en suis douté à la tournure de votre billet... Est-ce à cause de ma conversation d'hier avec deux de vos révérendissimes confrères?

BIBBIENA.

Qu'est-ce que tu leur as dit?

RAPHAEL.

Ils étaient devant mon tableau des Apôtres et prétendaient que saint Pierre et saint Paul étaient trop rouges. Je leur ai répondu qu'ils ne pouvaient être autrement, voyant l'Église gouvernée comme elle l'est. Je vous assure que ces deux seigneurs sont partis sans en demander davantage.

BIBBIENA, à Sadolet.

Vous entendez? C'est le commentaire à notre conversation. Maintenant, Raphaël, il s'agit d'autres affaires... de tes intérêts, mon enfant! Le cardinal Sadolet te veut du bien comme moi-même, et nous pouvons parler ouvertement devant lui.

RAPHAEL.

L'un et l'autre, vous me comblez de bontés. Je serais le dernier des ingrats si je le méconnaissais.

BIBBIENA.

Depuis la mort de ta fiancée, ma pauvre nièce, ma chère Marie, je ne sais qu'imaginer pour ton établissement. Dis-nous, toi-même, n'as-tu pas quelque dessein à cet égard? Il est temps d'y penser. Tu ne seras pas toujours jeune, et même tu atteins trente-sept ans tout à l'heure. De mon côté, je me fais vieux. Je voudrais voir ton avenir assuré et la vie se tracer devant toi, solide, sereine, calme et telle qu'il te la faut pour produire librement les chefs-d'œuvre qu'on est en droit de te demander, car tu es sur cette terre une créature unique.

SADOLET.

Toi et Michel-Ange, on peut vous appeler comme Horace fait les Dioscures : *Lucida sidera*.

RAPHAEL.

J'ai pleuré la mort prématurée de ma fiancée, Marie de Bibbiena. Je l'ai pleurée, la pauvre fille, pour ses qualités à elle et, aussi, parce que vous appartenant de si près, elle me serait venue de vous comme épouse. Pourtant, je ne vous l'ai pas caché : je n'ai jamais songé avec confiance au mariage. Ce sont des biens qui ne m'attirent pas. J'aime ma liberté. J'aime devant mes yeux un lointain sans barrières; j'aime la vie et, pour vous dévoiler le fond de mon cœur, j'aime, jusqu'à l'idolâtrie, le souvenir d'une autre que j'ai perdue et qui, seule au monde, m'aurait pu faire changer d'opinion.

BIBBIENA.

Ne parle pas de ta pauvre Béatrice... N'en parle pas... Ce souvenir t'afflige.

RAPHAEL.

S'il m'afflige, il m'ennoblit. Cette créature adorée m'a fait ce bien de me donner à connaître ce que l'affection la plus noble peut atteindre de désintéressement et de bonté; du sein de la mort, elle m'envoie encore ce ressentiment d'une céleste mélancolie, source pure que je n'aurais jamais connue sans elle. Sa mémoire m'enveloppe d'un voile de crêpe dont les plis n'ont rien de lourd et que je ne voudrais pas rejeter. L'affection qui nous a unis brûle en moi comme une lampe allumée aux flambeaux de l'immortalité. Pour vous plaire, j'avais consenti à une alliance à laquelle vous saviez bien que ma volonté ne me portait pas... Le ciel ne l'a pas permise... Ne parlons plus de rien de semblable.

BIBBIENA.

Alors tu prétends demeurer dans l'indépendance inconsistante de la jeunesse? Je respecte tes motifs, mais il n'en est pas moins vrai que tu consens à rester l'homme de l'imprévu, de l'aventure, et à ne jamais connaître cette maturité d'existence qui seule conduit à la considération civile dont le génie lui-même ne saurait se passer.

RAPHAEL.

Comme vous prenez les choses de haut, révérendissime seigneur ! et je m'aperçois à la mine de Mgr Sadolet qu'il partage vos idées.

SADOLET.

Mon enfant, l'art est une grande création de Dieu et tout à fait égale, suivant moi, à la littérature, par la dignité et la puissance. Néanmoins, une existence assise et bien équilibrée apporte à celui qui la possède des consolations nécessaires dans les misères de la vie.

RAPHAEL.

Il me semble que le but peut être atteint sans qu'il

soit nécessaire de prendre femme. Le désordre des mœurs et des habitudes m'est en horreur; c'est une cause de stérilité pour un artiste et le pire des esclavages. Mais les moyens d'y échapper ne me manquent pas plus que la volonté. Je suis assurément le plus riche des artistes, et, malgré le train un peu dispendieux que je mène et qui me paraît obligé pour la satisfaction de mes goûts et la liberté de mon esprit, je ne laisse pas que de porter l'attention convenable à ce genre d'intérêt. En ce moment, dans la ville de Rome, je possède une propriété de deux mille ducats, ce qui me procure un revenu de cinquante écus d'or. La surintendance des travaux de Saint-Pierre m'a été conférée par le Pape depuis la mort du Bramante; elle me vaut un traitement annuel de trois cents ducats, et je suis en voie d'obtenir avant peu d'autres avantages de même sorte. Sa Sainteté, en me commandant de peindre une nouvelle salle dans le Vatican, m'a alloué pour cet effet douze cents ducats. J'ai été nommé, ces jours derniers, inspecteur des monuments antiques, charge qui m'assure de larges bénéfices, et, de toutes parts, on me demande des tableaux pour lesquels j'obtiens le prix qui me plaît. Dans une telle situation, je m'entoure à mon gré de serviteurs fidèles et attentifs, je mène une existence sans pareille, et je n'ai nul besoin d'installer chez moi une femme et un ménage, source d'ennuis plus que d'agréments. Ceci dit, vous feriez bien de venir visiter avec moi mes travaux à Saint-Pierre, et ensuite nous irions prendre des sorbets à ma vigne.

SADOLET.

Il ne raisonne pas mal, qu'en dites-vous ? En vérité, il

est prêtre comme vous, bien que servant une divinité profane, et ce que j'apprécie le plus dans mes devoirs ecclésiastiques, c'est le bonheur du malheur du célibat.

BIBBIENA.

Soit; je ne parlerai donc plus de tout ceci. Mais, Raphaël, je voudrais te voir soigner ta santé davantage. Tu travailles trop, tu t'amuses trop. On m'inquiète sur tes accès de fièvre; j'en ai grand'peur; tu te consumes plus vite qu'il ne faudrait.

RAPHAEL.

Jamais je ne me suis senti si fort ni si libre de mes membres. Je viens d'assister à des fouilles au Campo Vaccino. Je suis resté trois ou quatre heures dans les tranchées. Que j'ai été ravi de cette matinée! Maintenant, allons à Saint-Pierre.

BIBBIENA.

Eh bien, allons! Il y a au moins deux jours que je ne t'avais vu, mon enfant, et le temps me semblait long.

SADOLET.

Réparons-le! Je vous lirai, ce soir, quand nous serons bien reposés, la délicieuse élégie adressée par notre ami Guidus Posthumus Sylvester au Pape. C'est une des plus saisissantes poésies latines dont j'aie jamais eu connaissance :

Heu! Quam nostra levis, quam non diuturna voluntas
Quam juvat ingratum sæpè quod ante fuit!

et tout continue de ce ton. C'est admirable!

L'ATELIER DE MICHEL-ANGE

Réduit froid et obscur. La nuit est profonde. Une statue à peine dégrossie sur laquelle tombe la lumière d'une petite lampe de cuivre, que tient à la main Antonio Urbino, le serviteur de l'artiste. Ce dernier est occupé à terminer une sorte de casque en carton dont le cimier est ouvert et disposé de façon à servir de récipient.

MICHEL-ANGE.

Vois-tu, Urbino? Tu disais que je ne réussirais pas! J'ai parfaitement réussi. Maintenant, donne-moi la lampe.

URBINO.

Elle ne tiendra pas là dedans! Elle va tomber et vous incendier les cheveux. Belle invention que vous avez eue!

MICHEL-ANGE.

Je te dis qu'elle tiendra! Pourquoi ne veux-tu pas qu'elle tienne?

URBINO.

Ce n'est pas moi qui ne veux pas qu'elle tienne, c'est elle qui ne tiendra pas.

MICHEL-ANGE.

Allons! obstiné! donne-moi ta lampe, enroule solidement ce fil de fer autour de la base... tourne encore une fois... Bon! Maintenant, j'introduis la machine là dedans; j'attache le fil ici... Bon! vois-tu?... ça tient.

URBINO.

En remuant de côté et d'autre, quand vous aurez cela sur la tête, vous mettrez le feu au carton.

MICHEL-ANGE.

Pas du tout! L'ouverture est large, et la flamme a toute la place nécessaire pour vaciller de droite et de gauche. C'est superbe! Je travaillerai désormais la nuit et avec des effets de clarté sur le marbre qui me donneront les plus beaux résultats.

URBINO.

Vous feriez mieux de vous coucher. Vous avez toujours des idées comme personne n'en a.

MICHEL-ANGE.

C'est fort commode à porter. Je me sens la tête parfaitement à l'aise. Passe-moi le marteau et le ciseau plat... ici... sur la caisse de bois !

URBINO.

Je vous dis, moi, que vous feriez mieux d'aller vous coucher au lieu de travailler comme un pauvre mercenaire. Vous savez bien que S. Exc. madame la marquise n'est pas contente quand vous vous fatiguez trop.

MICHEL-ANGE.

Bon ! tu iras demain matin prendre de ses nouvelles, et tu lui diras que c'est ma femme qui ne veut pas que je me couche..

URBINO.

Votre femme? votre femme ? qu'est-ce que c'est que ça?

MICHEL-ANGE.

Elle est là, à côté de moi, me regardant avec ses beaux grands yeux; elle me pousse le bras et me dit : Michel-Ange, travaille, travaille pour ta gloire et pour la mienne, et elle me montre un bout de feuille verte qu'elle a dans la main et qui est du laurier.

URBINO.

Ce sont des manières de parler qui ne vous empêchent pas de vous fatiguer à en mourir.

MICHEL-ANGE.

De longtemps, je n'avais été aussi heureux ! Il fait nuit profonde, et à la lueur de cette petite lampe, j'aperçois des mondes d'idées... Quelle heure peut-il bien être ?

URBINO.

J'imagine qu'il ne doit pas être loin de minuit. Vous feriez bien de vous coucher.

MICHEL-ANGE.

Il pleut à verse. On entend l'eau frapper les toits et tomber sur les dalles de la cour comme une large rivière. L'orage a été terrible. Des éclairs sillonnent la noirceur miroitante de la vitre. Mais, au fond de ces bruits sévères, quel calme ! Les grondements lointains de la tempête et ses mugissements majestueux, mais pas une voix humaine, pas une voix fausse, mensongère, criarde, prétentieuse ou sottement arrogante ne s'élève pour m'irriter ! On peut créer... on a l'esprit libre... on est heureux !... on est tout entier à ce qui vaut la peine de s'en laisser posséder, et le sein compacte et serré du marbre s'entr'ouvre ; déjà commence à se dégager cette tête vivante... Blanche, blanche, elle palpite sous le ciseau qui délivre chacun de ses traits... Ils sortent de la matière... ils parlent !... Urbino ?

URBINO.

Maître !

MICHEL-ANGE.

Tu t'endors sur cet escabeau. C'est toi qui ferais bien d'aller chercher ton lit !

URBINO.

Je ne peux pas. Quand vous dormirez, je dormirai, mais pas avant.

MICHEL-ANGE.

Voilà une étrange obstination !

URBINO.

Il est vrai que je ne suis plus jeune, et les veilles me fatiguent, mais madame la marquise m'a dit : Quand ton maître ne se repose pas, ne te repose pas non plus, et nous verrons s'il veut abuser des forces de son vieux serviteur.

MICHEL-ANGE.

Accorde-moi encore quelques instants; il y a là une chose à terminer.

URBINO.

Quelques instants, mais pas davantage. Madame la marquise désire expressément...

MICHEL-ANGE.

C'est bon, c'est bon !... Raconte-moi une histoire pour te tenir éveillé.

URBINO.

Je suis allé aujourd'hui chez votre notaire.

MICHEL-ANGE.

N'en parlons pas.

URBINO.

Il dit que les deux jeunes filles que vous avez dotées sont de bien respectables personnes.

MICHEL-ANGE.

J'en suis aise, Urbino. Je voudrais qu'elles fussent heureuses; ce sont d'aimables enfants, bien que fort laides.

URBINO.

J'ai vu aussi votre neveu. Il est venu pendant que vous étiez sorti.

MICHEL-ANGE.

Très-bien... Si, par hasard, il revenait, tu lui dirais de me laisser tranquille et d'aller à ses occupations.

URBINO.

Il pense, et il a raison, que son occupation la plus pressante est de vous remercier des trois mille écus que vous lui avez donnés, et vous n'êtes pas riche.

MICHEL-ANGE.

Il sait que je l'aime ; il n'a que faire de me remercier.

URBINO.

Maître, l'heure sonne... une heure après minuit...

MICHEL-ANGE.

J'ai fini... mais je meurs de faim. N'as-tu rien à manger ici? Regarde dans la huche.

URBINO.

Je vais voir... Ah! votre maison n'est pas montée sur un grand pied. Sitôt que vous avez de l'argent, c'est pour le donner au premier venu.

MICHEL-ANGE.

L'homme n'a pas besoin de beaucoup pour son corps. Mais ses forces ne suffisent pas à élever son âme.

URBINO.

Voilà du pain... il est un peu dur... et un morceau de fromage, et même un fond de bouteille...

MICHEL-ANGE.

C'est excellent ! Apporte-moi tout cela.

<small>Il ôte son casque de carton, met la lampe sur une planche et mange debout, regardant sa statue. On frappe violemment à la porte.</small>

Qui peut venir à cette heure ? Regarde par le guichet.

URBINO.

Qui frappe ?

UNE VOIX.

C'est moi, Antonio Mini... Ouvrez, maître !... C'est moi, votre élève ! J'ai de grandes nouvelles à vous apprendre !

MICHEL-ANGE.

Mon élève, Antonio Mini ! Ouvre ! S'agit-il d'un malheur ?

ANTONIO MINI, entrant

Ah ! maître, un grand malheur !

MICHEL-ANGE.

Qu'as-tu ?... Tu es tout pâle !

ANTONIO MINI.

Raphaël se meurt ! Il est sans doute mort à l'heure qu'il est.

MICHEL-ANGE.

Raphaël ! Dieu du ciel !

ANTONIO MINI.

J'étais dans son atelier avec deux de ses élèves, Timoteo Viti et le Garofalo. Il pouvait être trois heures. Un serviteur est venu lui dire que le maître se trouvait mal. Il avait la fièvre depuis hier au soir.

MICHEL-ANGE.

Depuis hier? Cela ne m'étonne pas. C'est un homme de complexion délicate, moitié féminine, moitié enfantine. Il passe trop de temps au travail et beaucoup trop à ses plaisirs. Je l'ai rencontré, il y a quatre jours, faisant des fouilles dans le Campo Vaccino, et je me souviens même que je l'ai prévenu de se méfier des remuements de terre en pareille saison. Tu dis qu'il est plus malade?

ANTONIO MINI.

S'il n'est pas mort, il n'atteindra pas le point du jour. Il s'est fait porter dans son atelier. Je l'ai vu, oui, je l'ai vu, blanc comme un linceul, à demi éteint, les yeux fixés sur son tableau de la Transfiguration... Auprès du lit, qu'on lui avait dressé à la hâte, se tenaient ses amis, les cardinaux Bibbiena, Sadolet et Bembo, et d'autres seigneurs que je ne connais pas... Au chevet était le Saint-Père. Léon X pleurait et s'essuyait les yeux.

MICHEL-ANGE.

Urbino, donne-moi mon bonnet, mon manteau. Il faut que j'y aille! Raphaël... Raphaël... Mourir! Ah! mon Dieu! est-ce possible!... Donne vite, partons!

URBINO.

Voici, voici, maître! Laissez-moi le temps d'allumer une lanterne, je viens vous éclairer.

MICHEL-ANGE.

Tu dis qu'il n'y a plus de ressource? En es-tu sûr

Avait-on prévenu les médecins? Qu'ont-ils dit? qu'ont-ils fait? Partons!

ANTONIO MINI.

Des médecins, il n'en manquait pas; il y avait celui du Saint-Père, maître Jacopo de Brescia; puis maître Gaëtano Marini, et d'autres. Tous avaient l'air fort triste et secouaient la tête, faisant signe des yeux que leur science était à bout.

MICHEL-ANGE.

Allons! Urbino, es-tu prêt?

URBINO.

Maître, me voici!

MICHEL-ANGE.

Marche devant, vite!

> Ils sortent dans la rue, profondément obscure; la pluie a cependant cessé de tomber; une déchirure se fait dans les nuages rapidement roulés les uns sur les autres par le vent, et laisse apercevoir une partie du disque de la lune, dont la lumière blanche éclaire quelque peu le faîte des maisons et le chemin. On entend un grand bruit de pas.

Quel est ce tumulte?

URBINO.

Nous le saurons après avoir tourné l'angle de la ruelle!

ANTONIO MINI.

Avançons! Prenez garde à cette flaque d'eau, maître.

> Il soutient Michel-Ange par le bras.

> Passe rapidement et en désordre une troupe nombreuse d'officiers, de soldats, de serviteurs et de porte-flambeaux, dont les torches jettent une lumière rouge sur les maisons; au milieu de ce cortége, la litière pontificale avec les rideaux fermés.

MICHEL-ANGE, à un camérier.

Que signifie cela, monsieur?

LE CAMÉRIER.

C'est le Saint-Père qui rentre au Vatican.

MICHEL-ANGE.

Est-ce que Raphaël?...

UNE VOIX.

Raphaël est mort, et Michel-Ange reste seul en Italie!

Le cortége passe. Michel-Ange tombe assis sur un banc de pierre. Les nuages se sont écartés. La lune brille au milieu d'une atmosphère profonde.

MICHEL-ANGE.

Je reste, c'est vrai... Je reste seul... L'an dernier, c'était Léonard... Maintenant c'est lui, et tous ceux que tous les trois nous avons connus, que nous avons écoutés, ils sont partis depuis longtemps. C'est vrai, je reste seul. Il fut un temps où j'aurais aimé être ainsi le seul, l'unique, le plus grand, le confident exclusif des secrets du ciel créateur! Je me figurais que de ressembler au soleil, au milieu du monde, sans égal, sans rival, était la plus admirable part de bonheur qu'on pût envier... Comme s'il était quelque chose de pis que d'être seul sur la terre!... Pendant des années, je n'aimais pas Léonard... Je querellais Raphaël dans le fond de mon cœur... Je me répétais, pour m'en convaincre, que je ne les estimais pas... Oui, oui, il y a eu des jours où toi, Michel-Ange, tu n'as été qu'un pauvre misérable, à la vue courte et circonscrite, porté à blâmer et à méconnaître ce qui n'était pas semblable à toi, et, je te le dis, parce que c'est vrai, ce qui valait tout autant que toi et peut-être mieux! J'ai maintenant ce que ma sottise désirait! Les astres se sont éteints dans le ciel, et me voilà seul... bien seul, et j'étouffe dans mon isolement!... Il y a pourtant encore le Titien; c'est un grand génie, c'est un grand esprît... Il y a André del Sarto... Il y a... Mais non, hélas! ce ne sont pas, si grands qu'ils soient, les pareils de Léonard et de celui qui se couche là-bas... Ah! celui-là!... la beauté, la finesse, la grâce, la gentillesse, et, dans ses propos comme dans ses regards, le miel divin!... tout ce que je n'ai pas, tout ce que je n'atteins pas... tout ce que je ne suis pas!... celui qu'on a tant aimé et qui l'a tant mérité!... Ah! mon Dieu! ah! mon Dieu! qu'est-ce que je sens donc? Qu'est-ce qui s'agite en moi et me tire les larmes de ces yeux qui ne voulaient jamais pleurer? A quoi vais-je songer? Oui, un fleuve douloureux se fait jour et roule au fond de mon sein; les larmes s'échappent de mes paupières, elles ruissellent sur mes joues, elles tombent sur celui que j'ai toujours grondé, évité, et qui était tellement meilleur et plus aimé du ciel que moi! Elle me l'avait dit, elle... Vittoria... elle me l'a toujours dit, et je n'en voulais pas convenir... Mais, je le sais bien, au fond, je le sentais, et, maintenant que l'éclair de la mort vient de passer entre lui et moi, que je suis resté là, les pieds dans la boue du monde, tandis que sa noble et charmante figure m'apparaît au sein de Dieu, resplendissante des clartés célestes, je vois combien j'étais peu sincère et combien j'étais petit! Non... non, Titien et les autres, pour admirables qu'ils soient, ne sont pas les égaux de ces grands hommes maintenant partis! Autour d'eux, autour de moi qui restons, la lumière se ternit et recule, les ombres s'allongent... Oui, me voilà seul, et l'air glacial du tombeau qui vient de s'ouvrir me frappe à la figure. Que deviendront les arts? Et nous, qui avons tant espéré, tant voulu, tant imaginé, tant travaillé, en définitive, à quoi aurons-nous réussi, et que laisserons-nous à la postérité qui nous suit? Pas même le quart de ce qu'il aurait fallu faire!

Il se couvre la figure de ses mains.

URBINO.

Venez, maître, vous allez prendre froid.

ANTONIO MINI.

Donnez-moi le bras, et rentrons chez vous.

MICHEL-ANGE.

C'est juste. Il faut garder ses forces et travailler aussi longtemps que la chaîne de la vie vous garrotte.

LA PLACE NAVONE

Un gentilhomme français, un gentilhomme anglais, un franciscain flamand. Un cicerone.

LE CICERONE.

Je me suis dit tout de suite en vous apercevant de loin, excellentissimes seigneuries : Voilà des personnages de la plus haute importance auxquels ton devoir t'oblige d'aller faire la révérence au plus tôt et offrir tes services.

LE FRANÇAIS.

Moi, je suis de Champagne, et ma terre de Brandicourt est bien connue. Mon ami vient de Londres, et nous avons loué à frais communs les services de ce bon Père; il nous suit, brosse nos habits et prend en note les observations que nous faisons dans notre voyage.

LE CICERONE.

Mon bonheur est au comble d'avoir fait une rencontre aussi flatteuse que celle de Vos Excellences illustrissimes. Je jouis dans cette ville d'une considération assez grande, et, mon Dieu! je puis le dire, on l'accorde beaucoup moins à mon pauvre mérite qu'à la grandeur de ma naissance et au crédit dont mes parents jouissent auprès du Saint-Père. Vous me voyez heureux de mettre à vos pieds tout ce que je suis; je vous ferai contempler Rome dans ses détails les plus précieux, et vous en expliquerai de point en point les agréments.

L'ANGLAIS.

Ce sera fort agréable; mais, peut-être, nous demanderez-vous très-cher?

LE CICERONE.

Magnifiques seigneurs, vous me donnerez ce qui vous conviendra. En tous cas, soyez-en convaincus, je me tiendrai pour comblé par vos bontés. Je n'aspire qu'à l'honneur de vous rendre service.

L'ANGLAIS.

C'est que je veux tout connaître!

LE CICERONE.

Rien n'est plus facile.

LE FRANÇAIS.

Vous comprenez : mon ami et moi ne sommes pas venus en Italie à d'autre fin que de dire ensuite, dans les belles réunions : Moi, j'ai vu ceci et cela! Il serait donc très-mortifiant d'apprendre trop tard qu'il y aurait telle chose que nous n'eussions pas vue.

LE CICERONE.

N'ayez aucune crainte. Nous commencerons à l'instant même, s'il vous plaît. Prenons cette rue. Je vous ferai admirer en passant le Campo Vaccino; c'était la place où les anciens Romains tenaient leurs assemblées.

L'ANGLAIS.

Je veux le voir tout de suite !

LE CICERONE.

Vous allez le voir à l'instant ! Là fut assassiné ce fameux Pompée...

LE FRANÇAIS.

Père Jean, écrivez ceci dans vos tablettes.

Le Père Jean écrit.

LE CICERONE.

Ensuite, nous irons visiter le Vatican, où un de mes cousins, fort avant dans la confiance du Saint-Père, nous promènera pour une bagatelle.

LE FRANÇAIS.

Je veux voir les tableaux de ce peintre mort l'autre jour, et auquel on a fait un si bel enterrement... Comment s'appelait-il ?

LE CICERONE.

C'est maître Raphaël que vous voulez dire.

LE FRANÇAIS.

C'était, dit-on, un homme tout à fait, tout à fait... adroit. Je me suis laissé dire que le Roi lui-même l'avait fait travailler.

L'ANGLAIS.

Ah ! oui, c'était un homme que j'aurais bien aimé

voir... Mais, enfin, puisqu'il est mort... Quand nous aurons visité le Vatican, allons dîner dans l'hôtellerie où l'on mange le mieux.

LE CICERONE.

Illustrissimes seigneurs, mon intention n'est pas autre, et je vous ferai servir une chère qui vous étonnera.

L'ANGLAIS.

Père Jean, vous prendrez la note des plats et la manière de les préparer.

LE FRANÇAIS.

Est-ce que vous ne nous procurerez pas aussi la connaissance de quelques aimables dames?

LE CICERONE.

Je le médite! J'en connais deux, en ce moment, auxquelles je prétends vous amener dès ce soir, et vous en serez charmés. Nous souperons chez elles; nous aurons un concert d'instruments, et vous me remercierez toute votre vie de l'entretien auquel vous serez admis; car je ne vous cache pas que ce sont des personnes admirables et alliées à tout ce que Rome a de plus éminent. Comme elles aiment fort les seigneurs étrangers, je me donne le plaisir de leur en amener quelquefois.

L'ANGLAIS.

Père Jean, vous coucherez le nom de ces dames par écrit afin que nous puissions nous en faire honneur quand nous serons de retour chez nous.

LE CICERONE.

Mettons-nous en route, s'il vous plaît, car j'aperçois là, à droite et à gauche, deux cavaliers en disposition de venir se proposer à vous pour guides, et je ne voudrais pas vous laisser tomber dans de si mauvaises mains.

LE FRANÇAIS.

Peste! le joli palais! De qui est-il?

LE CICERONE.

Il est de l'Ammirato.

LE FRANÇAIS, au moine.

Écrivez, Père Jean, que nous avons vu un palais d'Amurat... C'est le grand sultan turc?

LE CICERONE.

Précisément, magnifique seigneur!

Ils passent.

FERRARE

Le cabinet de madame Lucrèce dans le palais ducal. — Madame Lucrèce est assise près d'une fenêtre ouverte qui donne sur une cour intérieure. Elle est vêtue d'une robe simple de tabis noir, et ses manches et son collet sont en mousseline très-peu brodée. Ses cheveux noirs arrangés avec soin sous sa coiffe de velours laissent apercevoir quelques filets gris et blancs. Le caractère de sa physionomie est grave et reposé. Madame Lucrèce lit avec attention un petit volume relié en maroquin fauve et sur le dos duquel est tracé le titre *De Imitatione Christi*. — Après quelques instants, elle pose le livre ouvert sur le bord de la fenêtre, marche vers une grande table, s'assied en attirant à elle une feuille de papier, et, trempant sa plume dans l'encre, écrit la lettre suivante :

A Son Excellence Révérendissime, Monseigneur le cardinal Bembo, à Rome.

En me servant ici de la langue latine, seigneur très-respecté et bien cher, soyez sûr que je ne cède pas à un vain désir de faire parade, à vos yeux, de mes humbles connaissances. Encore bien moins devez-vous penser que j'oserais lutter d'éloquence avec le génie supérieur qui a fait revivre parmi nous le beau style et l'honnête langage de celui qui écrivit jadis sur la Vieillesse et sur le Devoir. Autrefois, je fus peut-être esclave de si frivoles pensées ; aujourd'hui, j'emploie le latin par cette double raison que c'est une langue grave et convenable à nos âges, ensuite parce qu'elle vous est chère et que je veux toujours apparaître devant votre esprit d'une façon propre à me faire bien accueillir.

Si je n'ai pas répondu immédiatement à votre lettre des ides de septembre dernier, c'est que j'ai eu des soucis dont je ne voulais pas assombrir votre fidèle attachement. Mgr le duc a été souffrant, et de manière à me causer des inquiétudes vives. Il n'est plus jeune, et l'accumulation des fatigues guerrières et des soucis du gouvernement se fait cruellement sentir dans tous ses membres. J'ai passé de tristes jours auprès de sa couche de douleurs ; maintenant il est mieux, et je reviens à vous consolée quelque peu, raffermie dans mon courage, mais non pas guérie sans doute. La vie s'est trop prolongée pour moi. Trop de regrets, trop de chagrins de bien des choses passées s'appesantissent sur mon cœur. L'amour des lettres, si puissant autrefois pour amuser mes loisirs, a perdu de son prestige ; la Religion seule me soutient ; elle a bien des menaces à côté de ses promesses.

Ce ne sont pas là des impressions que l'on aime à faire partager à un ami aussi cher que Votre Excellence Révérendissime. Vous avez vos peines, vous avez vos inquiétudes ; je voudrais les consoler. Le moyen en serait-il bien bon que de vous fatiguer de mes ennuis ? Je ne le crois pas, et pour cette cause je vous écris peu ; mais de même que je suis bien assurée de vivre constamment dans votre mémoire, vous devez penser aussi que votre souvenir erre sans cesse dans les détours de mon cœur. Pensez-y donc, et pensez-y surtout à ces moments où vous pourrez m'associer au service de Dieu. Dieu seul me soutient, j'espère en Dieu seul, je ne veux plus que Dieu seul, je suis étonnée d'avoir jamais porté mes regards ailleurs. Je tremble devant ses jugements dont je n'ai, sans doute, que trop mérité la rigueur. Mais vous m'avez appris à espérer aussi dans sa miséricorde, et il me semble par instant que mes fautes, en me rendant plus soumise à l'effet de sa bonté, me servent du moins à redoubler la ferveur de mon amour pour lui.

Adieu, mon ami. Ne manquez pas de remercier Sa Sainteté des paroles affectueuses dont il lui a plu récemment d'honorer sa servante, et, encore une fois, priez pour celle qui en a tant besoin.

Donné à Ferrare, le 2 des calendes de janvier.

Lucretia Borgia, Duchess. Ferrar.

BRUGES

Une salle lambrissée en chêne sculpté. Sur les frises, les armoiries des provinces belgiques peintes et dorées; au-dessus de la grande cheminée, le blason de l'Empire; contre la muraille, en face de la fenêtre à verres de couleur, un grand tableau de l'École allemande représentant le Jugement dernier. Il fait nuit. Sur une table, une lampe allumée, des dépêches ouvertes. — Charles-Quint, dans un fauteuil devant la table, occupé à écrire.

UN PAGE, entrant.

Le révérendissime cardinal d'Utrecht se rend aux ordres de Votre Majesté Impériale.

CHARLES-QUINT.

Qu'il entre!

ADRIEN.

César m'a fait demander?

CHARLES-QUINT.

J'apprends la nouvelle de la mort subite de Léon X. Je veux en conférer avec toi.

ADRIEN.

Léon X est mort? C'était inattendu. Il n'avait que quarante-six ans. Vous donne-t-on les détails?

CHARLES-QUINT.

Mes ambassadeurs m'écrivent que le Pape a été suffoqué par la joie d'apprendre la prise de Milan et la mise en fuite des Français par ses troupes. Mais voici un rapport secret du maître du Sacré Palais, Paris de Grassis, qui me donne des motifs de croire au poison.

ADRIEN.

On aurait assassiné le Pape, et pourquoi ?

CHARLES-QUINT.

N'avait-il pas fait mettre à mort le cardinal Petrucci et dépouillé bien des gens? Quoi qu'il en soit, Léon X est mort. Assieds-toi.

Adrien s'assied près de la table.

Que penses-tu de cet événement?

ADRIEN.

La chrétienté demeure dans un triste état. Les Français sont battus ; mais ils reviendront à la charge.

CHARLES-QUINT.

Tu as raison. François Ier ne vivra pas en paix. C'est une nature brouillonne ; il a beaucoup de défauts et des qualités à craindre. Il voulait la couronne impériale. Je l'ai prise. Il veut la Bourgogne, il veut la Flandre ; tout ce qu'il veut, il faudrait qu'il me l'arrache, et, avec l'aide de Dieu, je ne le permettrai pas.

ADRIEN.

Ce sont des considérations graves ; mais je vous confesse, Sire, qu'en ce moment et en contemplant, dans ma pensée, la chaire de Saint-Pierre vide comme la voilà, je m'attriste pour des causes plus graves encore. Jamais la religion ne fut dans un aussi grand péril. Depuis des années, elle chemine vers les catastrophes ; elle est arrivée au bord.

CHARLES-QUINT.

Elle est arrivée au bord, et le précipice n'a pas de fond. Tu dis vrai en assurant que ce péril est plus intense et plus redoutable que les autres, car tout, tout au monde, tout dans l'univers, tient à ce pouvoir, la Religion, chargé de maîtriser le ciel et la terre ; et si ce pouvoir périclite, tout doit s'écrouler sans merci. Je ne le laisserai pas s'écrouler.

ADRIEN.

Vous avez déjà accompli de grandes choses dans le maniement des questions religieuses de l'Allemagne.

CHARLES-QUINT.

Les dangers sont immenses de ce côté, et si je n'avais relevé brusquement le char qu'entraînaient des chevaux fougueux, le mal serait déjà sans remède. Je ne veux pas tolérer l'hérésie ! Je ne pactiserai jamais avec les pires des rebelles, et je ne laisserai pas respirer davantage, dans un repos qui me nuirait, les fauteurs de ces scandaleux, vénéneux, impardonnables désordres ! Quoi ! la foi du Christ est menacée, et qui la défend ? C'est moi, c'est César ! Quant au Vicaire des apôtres, il trouve (je me trompe... heureusement ! il trouvait, veux-je dire) que Luther écrit bien ; il s'amusait de ses lettres, il ne parlait, à l'égard de ce boute-feu, que de douceur et de patience !... Je suis là !... Sans moi, l'Enfer triomphait !

ADRIEN.

Dieu vous a suscité comme un Gédéon.

CHARLES-QUINT.

Il est étrange que ni le Pape ni François Ier n'aient

compris où ces nouveautés nous mènent. Il n'est pourtant que de voir l'empressement des petits princes à les adopter et des particuliers à s'en infatuer. Ces doctrines damnables respirent le poison de l'indépendance et de l'anarchie. Elles donneraient raison aux Électeurs contre moi, aux vassaux contre leurs suzerains, à la canaille grouillante contre les bourgeois des villes. Le Pape s'imaginait qu'en laissant à chacun le droit de déraisonner à sa guise, il n'en résultait pas plus de mal que de permettre aux vilains de se griser le dimanche soir. Mais il arrive un moment où l'ivrogne est assez malade pour tomber dans la frénésie, et, je le vois clairement, il est temps d'étrangler la licence... Le monde se remplit des pamphlets insolents d'un Ulrich de Hutten, sans compter les autres. Es-tu de mon avis?

ADRIEN.

N'en doutez pas. Deux vices se tiennent par une main, fomentant de l'autre le désordre, ennemi mortel de la Religion, et, par suite, du monde : c'est la perversité ecclésiastique et la tolérance impie, sœur des mauvaises mœurs.

CHARLES-QUINT.

Tu admets donc mon opinion que le Pape futur aurait à rompre avec les habitudes mondaines des règnes précédents?

ADRIEN.

S'il hésite, nous sommes perdus! Il faut qu'il soit un Pape, et non un prince; un théologien, et non un lettré; un ascète, et non un voluptueux; qu'il vive de pain moisi et d'herbages grossiers, et non de mets sophistiqués servis dans des plats d'or ; je ne lui veux que des écuelles de bois ! Il faut qu'il brise, de son bâton de mendiant, les idoles des anciens païens, dont les Sacrés Palais sont remplis, au scandale horrible des consciences, et que, loin d'écouter avec délices les phrases redondantes des Bembo et des Vida, il envoie ce monde aux prisons du Saint-Office et leur y fasse goûter la plus amère pénitence ! Oui, César ! la pénitence, la pénitence, voilà seulement ce qui peut sauver le monde ! Je dis le sauver dans cette vie mortelle des convulsions terribles excitées par la licence, et dans la vie immortelle, le sauver des flammes vengeresses dont nous méritons de plus en plus les châtiments !

CHARLES-QUINT.

Un Pape austère et saint, un Empereur résolu à partager ses travaux et à ne jamais faiblir dans la défense et la glorification de la Foi, penses-tu que ces deux puissances, bien unies l'une à l'autre, pourraient réussir à sauver le monde ?

ADRIEN.

Il existe ici-bas une somme de domination ; elle n'est jamais ni plus grande ni plus petite, mais les différentes époques, les différentes combinaisons d'État la distribuent de bien des manières. Ce que veulent, en ce moment, les Luther et leurs fauteurs, ce que tolèrent les prêtres affolés de la cour pontificale, c'est la subdivision à l'extrême de cette précieuse force ; elle va se perdant aux mains des indignes. Mais si le Pape et César étaient d'accord pour resserrer en eux l'autorité souveraine tout entière et ne l'employer qu'au triomphe de la croix... quel spectacle ! quel bonheur universel !

CHARLES-QUINT.

Je suis César, et tu es le Pape!

ADRIEN.

Je ne crains pas de le dire : ce serait un grand malheur pour moi dont les dernières années ont besoin de repos. Mais ce serait un bonheur pour les âmes, car je ne ménagerais rien dans les affaires du salut.

CHARLES-QUINT.

Tu ne m'as pas compris. Lis ces dépêches! Le conclave s'est réuni immédiatement après la mort de Léon X. J'ai présenté la vérité aux yeux des cardinaux. Ils l'ont vue. Ils t'ont nommé. Le Saint-Esprit est descendu sur toi. Tu es le Pape, te dis-je, comme je suis l'Empereur.

ADRIEN.

Il joint les mains et les tient pressées contre sa poitrine. Ses yeux sont fermés, et ses lèvres murmurent une prière à voix basse. Un moment de silence.

Je me suis recueilli. Quelle circonstance pouvait l'exiger davantage d'une créature débile? La main de Dieu est sur moi; qu'il soit fait suivant la volonté sainte. Je ne sais, mon fils, si, dans ce qui m'arrive, votre sagesse mondaine n'aura pas agi contre la liberté de l'élection. Il n'est plus temps de le scruter. Je n'ai pas voulu, je n'ai pas souhaité la tiare. Avec vous ou malgré vous, Dieu fait bien ce qu'il fait. Je suis un pauvre homme, sans naissance, perdu jusqu'à ce jour dans les brouillards des villes du Nord; je n'ai jamais vu l'Italie, et j'entrerai dans le Vatican, pareil à un vagabond déguenillé dont la présence est jugée insultante pour la splendeur du palais des Rois. En effet, j'insulterai cette splendeur! Je la frapperai avec sévérité! Et s'il plaît au maître qui m'appelle, je mettrai à sa place l'humilité et la frugalité chrétiennes dont nous avons un si grand besoin !

CHARLES-QUINT.

Comptez sur moi, Très-Saint Père, comme sur un fils obéissant. A nous deux, nous pouvons tout pour le bien; aussi nous faudra-t-il tout accomplir pour lui ! Les armées, les trésors, l'intelligence, la pensée de César travailleront pour vous... Mais je dois vous le déclarer aussi, car, en ce moment, la main dans la main, nous n'avons rien à nous cacher : ne faiblissez pas, ne reculez pas, ne tombez pas !... Car, moi, j'irai toujours en avant, et si l'Église fléchit ou hésite, je la traînerai malgré elle !

FIN DE LA QUATRIÈME PARTIE

CINQUIÈME PARTIE

MICHEL-ANGE

MICHEL-ANGE

DEVANT ROME

1527

Le camp des troupes impériales. — Trois heures de la nuit. De longues lignes de feux indiquent l'étendue des bivacs; les grand'-gardes sont sur pied; les compagnies, les bataillons sont étendus sur la terre; les hommes dorment. Le silence est interrompu par instants; une mousquetade éclate ou des cris se font entendre. Une seule tente est dressée, celle du général, le connétable de Bourbon. Table de bois grossier portant une chandelle de suif. Le connétable debout, complétement armé, sauf le casque; il se promène en proie à une extrême agitation. Don Fernand d'Avalos, marquis de Pescaire, général espagnol.

LE CONNÉTABLE.

Que suis-je, après tout?... Que suis-je pour un si grand forfait, une monstruosité telle que les siècles futurs ne pourront ni la comprendre, ni moins encore la pardonner! Prendre Rome d'assaut! prendre Rome, la déshonorer, la piller, la violer! Rome!... Les plus brutaux des barbares l'ont osé! A eux seuls, le ciel réserva cette horreur; moi, il me faut la renouveler? Oui, que suis-je pour accoupler mon nom à pareille infamie? Je suis le rejeton de la souche la plus illustre qui fut jamais! le descendant des rois, des saints, des conquérants, des victorieux, et je sortirai de cette action dégouttant de sang et de honte?... Mais non, je ne suis nullement ce que je vous raconte, marquis!... Ne croyez pas un mot de pareille rêverie... Moi? Je ne suis pas du tout le connétable de Bourbon; je suis un homme de rien, insulté de toutes manières par Madame de Savoie, par M. de Bonnivet, par les favoris, par le plus mince courtisan, par les entremetteurs, les coquines, les pieds plats, honorés des confidences du Roi! On m'a trahi, trompé, bafoué, dépouillé, chassé; j'ai voulu m'en ressentir, et, la rage dans le sein, la rougeur au front, l'honneur devant moi, je me suis réveillé un matin, au service de l'Empereur. En ce moment, sous le sobriquet de chef, de général, je suis devenu moins que le valet d'une politique basse, tortueuse, féroce, indigne, indigne, vous dis-je!... Je suis tombé à ce point d'être le jouet d'une soldatesque mourant de faim, qui me pousse devant elle, pour la mener où on veut qu'elle aille, m'imposant la responsabilité de ses déportements, et, derrière cette tourbe, César me crie : Marchez!... Mais marchez donc!

LE MARQUIS.

C'est vrai, monseigneur. Un homme aussi malheureux que vous, je ne l'ai jamais connu.

LE CONNÉTABLE.

Que pouvais-je? Qu'essayer pour sortir de l'étau où, depuis des années, je me sens pris? Le plus commode eût été de me laisser glisser dans les bras de Madame de Savoie et de vivre de ses bonnes grâces. On m'eût comblé de faveurs; on eût daigné... daigné!... me payer de mes peines en m'accordant pour un si vil métier le patrimoine de mon sang! Le roi François aurait pardonné mes mérites en considération de ma bassesse... J'aurais, avec ses familiers, trempé dans les dilapidations, et l'on m'eût félicité!... L'Honneur n'a pas voulu... Concevez-vous, marquis, quelle méchante bête est cet Honneur? contrariante, désordonnée, séditieuse, haineuse à tout homme d'humeur paisible? J'aurais consenti à me retirer, à me mettre à l'écart, à vivre dans mes terres, à faire le hobereau, à éteindre, étouffer ce que je sentais en moi d'activité et de désir du bien... Enfin, je me résignais à ne compter dans la généalogie de ma famille que pour un de ces bons seigneurs fainéants, louables uniquement pour n'avoir pas laissé finir l'espèce. Non! je faisais tache! Fuir la cour? Ne pas saluer, ne pas encenser, ne pas dire *Amen* à la sainte messe perpétuelle chantée en vénération de la très-sacro-sainte royauté!... J'avais l'air d'un mécontent! Pouvait-on me souffrir dans mon repos? J'étais harcelé, menacé, traqué; je m'enfuis, et, suivant la jurisprudence actuelle, tout de suite je devins un monstre, et ce pauvre honnête homme que nous avons vu mourir sous nos yeux, marquis, ce M. de Bayart, assez fortuné pour avoir reçu du ciel le bonheur insigne d'une existence toute simple et unie, m'a maudit en expirant. Par mon âme! il me prend des tentations de maudire à mon tour et le ciel, et les anges, et Dieu, qui m'ont entraîné là où, de mon plein gré, la tentation d'aller ne me fût jamais venue!

LE MARQUIS.

Ce sont de rudes épreuves que les vôtres, monseigneur. Pourtant, qui saurait prédire la fin? Il se peut que justice vous soit rendue.

LE CONNÉTABLE.

Je vous dis, moi, pour l'avoir éprouvé depuis de très-longues années, qu'il n'y a pas de justice! C'est un mot creux, une odieuse tromperie! Il n'y a que des nécessités sanguinaires dont nous ne concevons pas la raison; la source en restera éternellement cachée. Ce que je vois, c'est que le bien et le mal changent désormais de noms, d'habits et de rôles. De nos jours, il n'y a plus de princes, il n'y a plus de gentilshommes, pour tout dire, il n'y a plus d'hommes, car les qualités de gentilhomme et de prince ne servaient, autrefois, qu'à désigner des hommes plus hommes que les autres. Il y a des maîtres, il y a des laquais, il y a des chiens qu'on fouette, et quand les laquais ne sont pas bien, bien, bien rampants devant les maîtres, on les fouette comme des chiens! Voilà ce qu'il y a et ce qu'il y aura dorénavant dans l'univers! Le roi Louis XI en a inventé la méthode; elle ira se perfectionnant.

LE MARQUIS.

Le pape Clément s'est-il soumis à la volonté de l'Empereur? Ne voit-il pas son péril? Rien ne peut le sauver, hormis l'obéissance la plus complète!

LE CONNÉTABLE.

Le Pape ne donne pas signe de vie depuis hier. Il doit être tellement frappé de terreur qu'il ne sait plus ni se conseiller, ni agir, ou bien il recourt à la triste malice de ces insectes qui, menacés, se mettent en boule, retirent leurs pattes sous leur corps et leur tête dans leur cou, et se laissent tomber sans mouvement, s'en remettant du reste à la fortune.

LE MARQUIS.

La fortune lui donnera, sans pitié, le coup de grâce ; elle s'appelle Charles-Quint, et ne pardonne pas.

LE CONNÉTABLE.

Elle ne pardonne pas, c'est vrai. Elle frappera ; mais son couteau, c'est moi ; et César ne manquera pas de dire qu'il n'avait jamais eu l'intention de produire tant de mal. Le couteau sera rejeté avec un mépris bien joué. On me désavouera. J'en suis si convaincu, que je voulais déposer le commandement. On l'a prévu, et vous savez si je suis libre.

LE MARQUIS.

Sauf nos régiments espagnols, bien peu nombreux, il est certain que vos bandes allemandes ou italiennes se composent des plus déterminés scélérats qui furent jamais.

LE CONNÉTABLE.

Vous venez d'arriver au camp, et vous les jugez sur la première vue. Je ne savais pas moi-même, avant l'expérience, ce que l'Empereur me mettrait dans la main. C'est un fer rouge. Les aventuriers luthériens, dont on a réussi à purger l'Allemagne, voilà le fond de mes troupes. On prétend qu'autrefois le pape Alexandre et Jules II ont enrôlé des Turcs ; ce devaient être des agneaux en comparaison de mes hérétiques ; pour eux, insulter ou tuer un prêtre, c'est œuvre pie. Je me promène sur la face de cette malheureuse Italie en répondant des faits et gestes de ces misérables.

LE MARQUIS.

César a reçu du ciel un esprit profond ; Dieu sait qui

pourrait porter le regard jusque dans les dessous ténébreux des raisons qui le font agir !

LE CONNÉTABLE.

Je ne le saurais en ce qui ne me concerne pas. Mais, dans ma propre cause, j'y vois clair. Rien n'aiguise les sens de l'intelligence comme l'habitude de l'oppression et du malheur. Je sens, je devine, j'apprécie ce qui se fait contre moi ; j'en démêle les motifs. César me traite comme on mésuse du cheval qui ne vous appartient pas. Ses généraux espagnols, allemands, flamands, il ne veut pas leur imposer des charges accablantes qui brisent les reins et souillent les flancs du serviteur; mais il en met une de ce genre sur mon dos, à moi que ma mauvaise étoile lui a livré, et dont la vie et l'honneur lui sont de toute indifférence. Il lui faut une énormité ! Sans me rien confier, il me jette à la tête de son armée, et c'est seulement quand j'ai pris langue, quand j'ai regardé autour de moi, quand j'ai considéré mes lieutenants et mes soldats, c'est seulement alors que je reconnais dans les uns des espions, dans les autres l'écume du genre humain. Oui, marquis, je suis, par la grâce de César, un capitaine de bandits. C'est là le sort et la profession du connétable; trouvez-vous que la malédiction du seigneur de Bayart ait assez bien porté son fruit ?

LE MARQUIS.

Chacune de vos paroles me serre le cœur. Je reconnais la vérité de ce que vous dites. César, sous la fausse apparence d'une générosité que son rang lui commande, n'a voulu, en votre personne, que le mal de la maison de France ; il abaisse, il humilie tant qu'il peut le rang de son rival. Oui, monseigneur, vous avez grandement à vous plaindre du ciel. Le sort n'avait pas droit de vous traiter ainsi. Vous avez fait, en quittant votre terre maternelle et votre naturel seigneur, la chose même que j'eusse faite étant en votre place. Je sais que cette maxime tend, de nos jours, à s'implanter, que l'homme doit tout subir : l'injustice, la cruauté, l'insulte; tout accepter en baissant la tête quand ces indignités sont infligées par des gens en pouvoir de remuer les fils de la creuse et ridicule marionnette que l'on appelle la Patrie. C'est une idole de bois. Elle agite les bras, les jambes, ouvre, ferme la bouche, roule de gros yeux. Les premiers charlatans venus la mettent en branle. Ils parlent pour elle; car, d'elle-même, elle n'existe pas. On a pourtant inventé, au profit de ces drôles-là et au nom de cette machine factice, je ne sais combien de belles sentences; mais ce sont des préceptes d'esclaves, d'ilotes, de misérables qui ont perdu les deux tiers de leur virilité. Un homme a droit de recevoir autant qu'il donne; si la patrie et le souverain prétendent au respect, qu'ils respectent eux-mêmes; sans quoi on ne leur doit plus rien. Votre souverain, votre patrie vous ont frappé au visage, et vous, vous leur avez rendu le coup; vous avez bien agi et ne méritiez en rien le châtiment odieux de tomber sous la volonté de César et d'être emporté par ce torrent contre les murs de Rome que vous allez faire écrouler à votre réel malheur.

LE CONNÉTABLE.

Il est temps, pour vous, de partir, marquis. L'Empereur vous traite avec les égards qu'il ne croit pas me devoir. Vos ordres sont exprès; vous devez quitter l'armée avec vos compagnies et marcher sur Naples cette nuit même.

LE MARQUIS.

Mon cœur saigne. Je voudrais rester auprès de vous et appuyer vos efforts pour empêcher un peu de mal.

LE CONNÉTABLE.

Vous ne le pouvez pas, vous ne le devez pas. L'Empereur est pour vous un maître magnanime. Obéissez-lui. Adieu !

LE MARQUIS.

Nous nous reverrons.

LE CONNÉTABLE.

Je ne sais... je ne le souhaite pas. Adieu ! Quand vous serez auprès de la noble marquise, assurez-la des respects de son serviteur.

LE MARQUIS.

Madame Vittoria connaît bien la grandeur de votre âme, et j'ai vu souvent les larmes monter à ses yeux et les inonder au récit de vos peines.

LE CONNÉTABLE.

Adieu ! Jusqu'à la fin de ma vie, je me souviendrai de toi, noble Fernand d'Avalos. Je me rappellerai ton amitié pour l'homme déshérité... ton courage sans pareil dans les combats, la noblesse de ton âme plus grande encore que celle de ton rang... Je me souviendrai de toi, Fernand !... Embrasse-moi... Adieu !

LE MARQUIS.

Adieu, monseigneur, et puisse le ciel se fatiguer de vous accabler d'ennuis que vous ne méritez pas !

LE CONNÉTABLE.

Peu importe !... Adieu... Pars... Les premières blancheurs de l'aube ne doivent pas t'apercevoir ici. D'ailleurs, j'entends mes geôliers, mes maîtres, mes officiers... Ils viennent m'imposer leur volonté, sous prétexte d'exécuter la mienne. Je ne veux pas que la plus pure loyauté et la plus ignoble bassesse se rencontrent... Pars !

Ils se serrent la main ; le marquis sort.

Entrent le capitaine Georges de Frundsberg, commandant les lansquenets luthériens ; partisan zélé du Réformateur, vrai soldat, grand pillard ; il porte une longue barbe blanche qui pend sur sa cuirasse ; le capitaine Alessandro Vitelli et Pierre-Maria de' Rossi, commandant les chevau-légers italiens ; don Antonio de Leyva, commandant les tercios ; Alarcon et Lannoy, généraux espagnols.

FRUNDSBERG.

Monseigneur, nous sommes à votre commandement. S'il vous plaît, nous allons tenir conseil et convenir des dernières mesures, afin qu'immédiatement, au point du jour, sans plus, l'assaut se donne.

LE CONNÉTABLE.

Prenez ces escabeaux, messieurs, et asseyez-vous. J'ai à vous soumettre une idée.

DON ANTONIO DE LEYVA.

Nous écoutons.

LE CONNÉTABLE.

Si vous tous, capitaines, ou le plus grand nombre d'entre vous, acceptez mon avis, nous enverrons encore, présentement, un parlementaire au Pape.

FRUNDSBERG.

Pourquoi faire ? Nous irons tous en parlementaires, et quand nous serons en présence de Clément VII, et Clément VII en présence de nous, on s'entendra plus vite.

LE CONNÉTABLE.

Je ne crois pas qu'il soit dans les intentions de l'Empereur de tant précipiter les choses et de les porter à l'extrême.

LANNOY.

Certainement, vous savez mieux que nous, monseigneur, ce que vous pensez des intentions de César ; mais quant à nous, je dis mes compagnons et moi, nous sommes venus pour toucher la solde des troupes ; les soldats ne sont pas payés depuis plus de deux ans. Vous nous aviez promis le pillage de Milan, ensuite le sac de Florence, et enfin celui de Bologne. Avez-vous tenu parole?

FRUNDSBERG.

Non, certes, monseigneur n'a pas tenu parole, et il est temps d'en finir. Il faut que le soldat mange.

LANNOY.

Notre affaire est donc de prendre Rome, et je conclus que ce n'est plus le moment de se payer de phrases ! Marchons !

LE CONNÉTABLE.

Monsieur de Lannoy, vous me parlez bien haut.

LANNOY.

Je suis franc comme une épée; je vous honore infiniment; mais je ferai ce qui convient.

FRUNDSBERG.

Et nous de même. Allez, parlez, Lannoy ; ce que vous dites est très-bien dit.

LES AUTRES GÉNÉRAUX.

Parfaitement dit. Assez d'hésitations!

LANNOY.

Ainsi, puisque j'exprime, comme vous le voyez, l'opinion du conseil, décidez, monseigneur! Moi, je suis résolu! et tout à l'heure, quand le jour va se lever, et certes, à l'instant, car le jour se lève!... il me verra à la tête de mes bandes... Tenez! J'y suis! Entendez-vous les tambourins? Entendez-vous trompettes et clairons? En marche, monseigneur! A l'assaut! Si vous ne venez avec nous, si vous hésitez à vous mettre à notre tête...

LE CONNÉTABLE.

Je ne refuse pas... mais je dis...

FRUNDSBERG.

Je dis, moi, que vous marchez! En avant, monseigneur! le conseil est levé! J'ai transmis à mes hommes les ordres que vous allez nous donner vous-même! Qu'on ouvre la tente! A cheval!

> Les rideaux de la tente sont tirés violemment. Le jour paraît; on entend les appels militaires éclatant de toutes parts; les troupes s'ébranlent; cavalerie, infanterie, se précipitent vers les murailles de Rome. Le canon tonne vers la gauche, et des acclamations terribles se mêlent aux décharges multipliées. Des compagnies tumultueuses entourent la tente.

LES SOLDATS.

A l'assaut! à l'assaut! Le connétable! Où est-il? Qu'il se hâte! En avant! en avant! Monseigneur! monseigneur de Bourbon! venez! Mort au Pape! Mort aux cardinaux! A sac! à sac!

FRUNDSBERG.

Décidément, monseigneur, que voulez-vous? Si vous tardez, je ne réponds de rien!

LE CONNÉTABLE.

Je demande mon cheval!

LES SOLDATS.

Le voici! Montez! montez! Venez! Vive Bourbon! A mort le Pape! Pillage! pillage!

<small>Le connétable, Georges de Frundsberg, tous les capitaines, se mettent en selle, et les soldats les entourent et les entraînent.</small>

FRUNDSBERG, l'épée à la main.

Valeureux compagnons! Regardez à l'arçon de ma selle! Voici des cordes! C'est pour en lier le Pape et ses suppôts!

LES SOLDATS.

Oui! oui! Qu'on les prenne! Qu'on les pende! A mort! A sac! Pillage!

UN OFFICIER, accourant au galop.

J'arrive de la Porte-du-Peuple! Le passage est forcé! L'artillerie a tout enfoncé; pourtant les bourgeois se défendent, et nous avons besoin de renforts.

FRUNDSBERG.

Hardi! monseigneur! Vous aurez la gloire d'entrer le premier!

<small>Les généraux partent au galop, suivis par les hommes d'armes et les lansquenets, qui poussent de grands cris et entonnent un psaume luthérien.</small>

LES SOLDATS.

Chantez avec nous, connétable! Chantez!

FRUNDSBERG.

Chantez, monseigneur! Ces gaillards-là n'en courront que plus vite!

LE CONNÉTABLE.

Je ne suis pas luthérien, moi!

FRUNDSBERG.

Vous êtes notre général et ne devez rien négliger pour le succès! Allons, chantons, monseigneur!

> Il se met à chanter d'une voix de tonnerre, en brandissant son épée, et continue sa course; les décharges d'artillerie se répondent sur toute l'étendue des lignes; la mousqueterie s'en mêle; les défenseurs de Rome répondent, mais faiblement.

SUR LES REMPARTS

Quelques arquebusiers italiens et des Suisses, les uns et les autres en petit nombre; des bourgeois mal armés.

PREMIER BOURGEOIS, *après avoir fait feu de son arquebuse.*

En voilà toujours un par terre!

DEUXIÈME BOURGEOIS.

Tiens! je coucherai celui-ci à côté!
> Il tire.

TROISIÈME BOURGEOIS.

Comme nous avons peu de soldats! Mort du Christ! On veut nous faire égorger!

Arrivent en courant une troupe de jeunes gens et d'artistes, tous armés.

LE ROSSO.

Feu sur cette canaille hérétique!
> Décharge générale.

BENVENUTO CELLINI.

Mort Dieu! Tête et sang! Place! place! Vous allez voir un coup de ma main! Mon arquebuse n'a jamais raté!
> Il ajuste et fait feu.

UN ARTISTE.

Manqué!

BENVENUTO CELLINI.

Aveugle! Regarde! maintenant que se dissipe la fumée, regarde donc! J'ai tiré au milieu de ce tas de gens en panaches et cuirasses dorées! Quelqu'un est tombé; j'en suis sûr! Un cheval fuit, la selle vide!

UN BOURGEOIS.

Les Suisses nous quittent, et les arquebusiers aussi! Pourquoi?... Holà! seigneur officier, si vous emmenez les soldats, que deviendrons-nous?

L'OFFICIER.

Ce que vous voudrez! Les portes sont enfoncées! Le Pape s'est retiré dans le château Saint-Ange! J'ai l'ordre de rallier nos gens, et je vous conseille de rentrer chez vous.

BENVENUTO CELLINI.

Ma foi! il a raison! Les Allemands paraissent au bout de la rue! Ils tapent comme des sourds! Sauve qui peut! ce n'est pas le moment de s'asseoir!

Il saute en bas de la muraille; les assistants se dispersent; les derniers sont atteints par les hallebardes des lansquenets.

DANS LE CHATEAU SAINT-ANGE

Une salle. — Le pape Clément VII, don Hugo de Moncada, ambassadeur impérial.

LE PAPE, très-agité.

C'est un crime de lèse-Divinité! L'Empereur, cette fois, s'attaque à Dieu même en osant attenter à notre personne! Il en répondra sur son salut éternel!

MONCADA.

Je ne doute pas, Très-Saint Père, que César ne soit navré de douleur en apprenant ce qui se passe. Vous avez déchaîné ces grands malheurs, cette horrible catastrophe; ce n'est pas lui qui en doit porter la peine.

LE PAPE.

Comment, ce n'est pas lui? Osez-vous nier en ce moment, en ce moment où s'entendent les cris de mes sujets qu'on égorge et où, devant vous, se tient le successeur de Pierre traqué dans son dernier gîte comme une bête fauve, osez-vous nier que les perpétrateurs de ces forfaits soient les soldats de César? Que ces horribles assassins marchent sous ses enseignes? Ne sont-ce pas vos généraux qui les guident? Enfin, que voulez-vous? Allez-vous me tuer?

MONCADA.

Très-Saint Père, je vous conjure à genoux de vous calmer... Calmez-vous... Vous ne courez aucun risque... en ce moment, du moins.

CLÉMENT VII.

Prétendez-vous qu'entre la violation de ma personne et ces bandes de tigres altérés de mon sang, il y ait plus qu'une muraille? Elle est faible; je le sais... Mes soldats? Vous les avez comptés; ils sont peu nombreux. Que ferez-vous de moi, monsieur de Moncada?

MONCADA.

Nous vous avons supplié de repousser l'alliance fallacieuse et débile de la France. Nous vous avons conjuré de ne pas faire cause commune avec les Vénitiens, les

Suisses, les Florentins, ce ramas de gens sans honneur et sans puissance poussé contre l'immuable et invincible fortune de l'Empereur par la main de ce François Ier, notre prisonnier d'hier, un homme sans foi! Vous n'avez rien écouté! Vous soutenez les méchants! Et quand notre objet unique est de sauver la Religion, de rétablir la paix et de pacifier l'Italie, vous, Très-Saint Père, vous favorisez le désordre et maintenez l'étendard du crime en suivant les faux errements de vos prédécesseurs! L'expérience aurait dû, pourtant, vous en dévoiler les dangers.

LE PAPE.

Non! non! non! J'ai fait ce que tout prince eût tenté à ma place! J'ai voulu maintenir la dignité du Saint-Siége, l'indépendance de l'État chrétien. Votre aigle impériale enfonce ses serres aiguës dans les flancs de l'Europe épouvantée; elle veut tout dévorer, elle veut tout engloutir!... Si César arrivait au but de ses désirs avoués, il ne resterait rien de libre dans cet univers! Ne l'avons-nous pas vu, oui, ne l'avons-nous pas vu envahir de sa volonté jusqu'à la chaire pontificale, en y plaçant ce fantôme de Pape, notre prédécesseur, son maître d'école, un homme de rien, qui, heureusement, n'a pas ridiculisé longtemps le premier trône de l'univers!

MONCADA.

César veut le bien, et seulement le bien; il le fera! Sachez, puisqu'il semble que vous l'ayez oublié, sachez-le, il n'existe dans ce monde que deux pouvoirs légitimes, chargés par Dieu même de maintenir l'ordre : c'est le Pape et l'Empereur. Le reste est du diable, ou ne se produit que par accident. L'Empire et le Pontificat sont tout, et quand l'un des deux manque à sa mission, il appartient à l'autre de réunir en ses mains les deux sceptres et d'accomplir ce que notre sainte religion exige. Jadis les empereurs de Souabe trahirent leurs devoirs; ils voulurent éloigner les peuples du bercail de Jésus-Christ; les grands papes Innocent III et Grégoire VII les frappèrent justement de la puissante houlette; depuis le commencement du siècle, et même dès avant, ce sont les Papes, à leur tour, qui s'écartent du sentier; ils sont sans mœurs, ils sont sans volonté, ils laissent les fidèles, laissent leur clergé pâturer au hasard parmi les herbages de la corruption, de la dissolution, de l'hérésie; eux-mêmes, ils sont païens! C'est donc César qui tirera l'épée et rétablira l'œuvre du Rédempteur!

LE PAPE.

Est-ce en jetant sur la ville les flots immondes de l'égout luthérien?

L'ÉVÊQUE.

C'est à vous, Très-Saint Père, c'est à votre prédécesseur Léon, qu'on doit d'avoir vu naître et se développer le chancre dans le flanc de l'Église! Vous n'aviez pour l'homme de Wittenberg que des complaisances et les plus ruineuses faiblesses! Vous laissiez les princes de l'Empire s'infatuer des paroles de ce traître, et il est bien connu que s'il n'avait dépendu que de vous, pour un peu d'argent, mon Dieu! pour quelques sommes auxquelles vous borniez vos désirs, un compromis scandaleux vous eût mis d'accord avec les novateurs.

LE PAPE.

Vous calomniez la mémoire de Léon!

MONCADA.

Il n'était occupé que de statues, de tableaux, de livres, de vers, de luxe, de fêtes et de plaisirs, et, prenez-y garde! le renom lui en restera dans l'histoire! Alors, voyant la Religion périr sur un grabat d'oubli, n'ayant, dans sa misère, personne pour prendre en compassion ses lèvres saintes altérées de piété, César, lui, résolut d'arrêter le cours désordonné du siècle et de ramener à la foi les consciences égarées! En même temps, il fera rentrer sous la règle impériale ces insubordonnés de toute sorte qui, depuis l'avénement des temps barbares, ont réussi, pour leur propre malheur, à s'émanciper. César parle au nom de Dieu! Il est César, il en a le droit! Il s'agit de sauver les âmes pour le ciel et de maintenir le titre de l'Empereur romain! Il ne s'agit pas des fantaisies de l'Italie, qui n'est qu'une province; des franchises de l'un, des incartades de l'autre; il s'agit, je vous le répète, du salut universel en ce monde et dans l'autre, et vous, le Pape! tout le premier, puisque vous n'avez pas voulu marcher avec César, vous lui obéirez et vous courberez le front!

LE PAPE.

Ainsi ont parlé jadis ces tyrans dont le nom est tombé dans l'opprobre! Je suis le chef de l'Église, et le souffle de l'enfer ne saurait me renverser! Je puis souffrir, ma personne peut disparaître, mais le Pape ne meurt jamais!

MONCADA.

Nous vénérons le Pape! A Dieu ne plaise que jamais mon maître s'en prenne au vicaire de Jésus-Christ! Nous ne voulons pas toucher à la moindre de ses prérogatives!

encore moins à son sacré caractère... Mais, s'il faut vous le dire clairement, Très-Saint Père, nous dont la foi pure est bien connue dans le monde entier, nous que ne saurait atteindre le plus léger soupçon d'hétérodoxie, nous qui poursuivons en Espagne, dans les Flandres, dans les Indes, partout, les traces de rébellion à l'Église, et cela avec une rigueur dont vous ne fûtes jamais capable; nous qui ne pardonnons à aucune idée dangereuse ou seulement suspecte, nous qui faisons mourir sans scrupule et sans peur, sur des bûchers publics, toute chair en révolte contre la tradition, je vous le dis franchement, laissant de côté Clément VII, nous traiterons avec une juste et imperturbable sévérité Jules de Médicis; nous le poursuivrons jusqu'à le faire déposer, nous lui arracherons des épaules la pourpre pontificale, nous le déporterons, nous l'emprisonnerons, s'il nous faut perdre toute espérance de le corriger, de le rendre sage !

LE PAPE.

Et pendant que vous, vous... vous vous donnez pour un ambassadeur de paix, envoyé auprès de notre personne, vous osez, dans mon dernier et fragile abri, tenir un pareil langage, vous avez bien calculé le point d'abattement où vous m'avez conduit ! Vous me contemplez, avec un sourire confiant, au milieu de mon peuple opprimé, de la Ville sainte ravagée, de mes églises brûlées, des flammes et des cris, et du désespoir, et du sang ! Et voilà ce que César appelle servir la cause catholique !

MONCADA.

C'est la servir que de frapper les loups revêtus de l'habit profané des pasteurs !

LE PAPE.

Enfin, qu'attendez-vous de moi? Laissez-moi sortir! Laissez-moi, faites-moi traverser vos bandes scélérates! Prenez tout, pillez tout, triomphez, et que je me retire dans un lieu quelconque où il me soit permis d'achever en paix le nombre de jours que vous me compterez!

MONCADA.

Mes ordres sont péremptoires; je ne saurais m'en écarter sur le plus minime détail. Vous resterez ici, Très-Saint Père, aussi longtemps que vous n'aurez pas souscrit à nos justes demandes.

LE PAPE.

Exposez-les. Que souhaitez-vous?

MONCADA.

Les moyens d'assurer le triomphe de la raison, de la justice, de la vérité et du bien de l'Église.

LE PAPE.

Ce sont des mots. Formulez vos exigences. Dites expressément ce que César commande. Ce que je n'aurais pas consenti hier, ce que j'aurais refusé il y a deux heures, peut-être suis-je assez humilié pour le céder maintenant.

MONCADA.

Nous demandons que vous renonciez à l'alliance des Français, des Vénitiens, des Florentins, des Suisses, de tous les malintentionnés. Nous demandons que vous deveniez uni à nous et pour toujours, et aussi étroitement que la chair l'est à l'os et que la crosse doit l'être au sceptre.

LE PAPE.

Ah! malheureuse, cent fois malheureuse Italie! C'en

serait donc fait de toi! Tes princes, tes communes ne seraient plus que les esclaves des Flamands ! Est-ce à cette ignominie que tes glorieux efforts accumulés depuis près d'un siècle devaient aboutir! Mais parlez, continuez, je vous écoute!

MONCADA.

Vous nous remettrez Ostie, Civita-Vecchia, Civita-Castellana, Parme, Plaisance, Modène, ce que vous tenez encore ; des garnisons impériales y disposeront les peuples à sentir la volonté de César. Enfin, quatre cent mille ducats nous seront comptés comme dédommagement aux troupes employées en ce moment dans Rome et que j'en ferai sortir. Pour dernier mot, nous occuperons le château Saint-Ange.

LE PAPE.

Le Pape se cache un instant la tête dans les mains et la relève.

Je refuse.

MONCADA.

Il ne me reste donc rien à vous dire. Je vais me retirer. Mais, auparavant, je souhaite de pouvoir mander à César que vous connaissez bien l'état des choses et l'étendue de votre responsabilité. Daignez, Très-Saint Père, considérer ce qui se passe.

Il ouvre une fenêtre donnant sur la ville.

Contemplez votre ouvrage ! Regardez et dites si vous voulez que cela continue !

LE PAPE.

Oui! je regarderai, je verrai vos sacriléges ! tout ce que vous avez ordonné, arrangé, médité, tramé depuis des mois! Oui ! je regarderai! Ne croyez pas que je sois une femmelette ! Je puis voir à loisir l'étalage complet de vos crimes ! Je ne faiblirai pas, je ne pleurerai pas ! Eh bien ! oui, je regarderai, je regarde !... Un homme que l'on poursuit !... on l'éventre d'un coup de hallebarde !... Certainement, je le vois !... Son sang retombera sur quelle tête ?... Ah ! mon Dieu ! des femmes, des enfants, harcelés par la populace soldatesque de vos scélérats débraillés ! Ah ! quelle infamie !... Ah ! laissez-moi voir... c'est épouvantable !... des moines... battus... ensanglantés... Ah ! ce n'est pas possible ! ce n'est pas possible ! Des cardinaux, des vieillards, revêtus de la pourpre... enchaînés, renversés, traînés sur les pavés, frappés !... Ah ! non... non... je ne veux plus rien voir... Quel rêve épouvantable !...

Il chancelle et va tomber sur un fauteuil. Don Hugo de Moncada salue et sort.

UNE RUE

Des piquiers, des arquebusiers, des Suisses.

PREMIER PIQUIER.

Il nous faut un homme pour porter chez nous le butin. Vous n'allez pas charger ces coffres sur vos épaules ?

UN SUISSE.

Il aurait mieux valu épargner le garçon. Il nous aurait servi de bête de somme.

PREMIER ARQUEBUSIER.

C'est toujours un plaisir de loger une balle dans la tête de quelqu'un ; je ne regrette pas mon coup.

DEUXIÈME PIQUIER.

D'ailleurs, nous vengeons notre général ; et puisque les Romains l'ont tué, tuons les Romains ! Dites donc ! voilà une porte qui n'est pas encore enfoncée !

LES SUISSES.

Enfonçons !

<small>Les soldats attaquent la porte à coups de crosse d'arquebuse et de hampe de hallebarde. Elle s'ouvre ; paraît le Rosso.</small>

LES SOLDATS, le frappant.

Comment, faquin, tu n'ouvres pas quand on te fait visite ? Tu mérites une leçon ! A sac la maison !

LE ROSSO.

Messieurs, j'ai peu d'argent, il est à vous ! Mais je suis peintre, et vous prie de ne pas détruire mes dessins et mes objets d'art.

DEUXIÈME ARBALÉTRIER.

Tu vas voir le cas que nous faisons de tes objets d'art et de toi-même ! Dépouillez-le tout nu ! Il sera plaisant de nous en servir comme d'un mulet, et il en sentira mieux le bâton !

LES SOLDATS.

Très-bien ! Nu comme un ver ! et force coups de pied !

LE ROSSO.

Messieurs ! je vous en supplie !

TROISIÈME PIQUIER.

Tu dis que tu es peintre ?

LE ROSSO.

Oui, je suis peintre.

TROISIÈME PIQUIER.

Il paraît que c'est un peintre qui a tué le connétable. Nous allons t'en faire autant!

UN SUISSE.

Par le diable, non! Il est convenu qu'il portera les coffres! Ne le tuons qu'après; mais pillons la maison tout de suite!

LES SOLDATS.

Bien dit!

> Tandis qu'une partie des soudards arrache au Rosso ses vêtements et le battent, la maison est ravagée; les tableaux déchirés, les lambeaux de dessins volent par les fenêtres avec les débris des meubles et des tentures, puis la maison brûle. Passe un officier.

L'OFFICIER.

Que faites-vous à cet homme?

LES SOLDATS.

Rien. Il a la bonté de nous porter des caisses que nous venons d'acheter.

LE ROSSO.

Monsieur, je vous en conjure, délivrez-moi! Je suis un peintre, je suis le Rosso! Je viens de perdre tous mes ouvrages!

L'OFFICIER.

Lâchez ce malheureux, rendez-lui ses habits! Le capitaine Georges Frundsberg vous fait commandement de retourner à vos enseignes. Vous entendez les trompettes sonner à l'étendard? En route! Laissez cet homme, vous dis-je!

UN LANSQUENET.

Et moi, je te dis que je ne te connais pas du tout, entends-tu? Es-tu mon capitaine? Non! Mon lieutenant? Non! Qui est-ce qui me répond que tu n'es pas le Pape déguisé?

LES SOLDATS.

C'est vrai! Que vient-il nous chanter, celui-là?

L'OFFICIER.

J'ai l'ordre des généraux...

LES SOLDATS.

Que le diable emporte tes généraux et toi aussi! Entends-tu, monsieur? Décampe, ou il va t'arriver malheur!

L'officier se retire.

UN PIQUIER, au Rosso.

Et toi, si tu te plains à n'importe qui, tu recevras ma dague en pleine poitrine; tu comprends, j'espère? Marche, gredin!

Les soldats entraînent le Rosso et le frappent à coups redoublés.

FLORENCE

Une place publique.

CELLINI.

Eh bien! qu'est-ce qui se passe ici?

VOIX NOMBREUSES.

Nous chassons encore les Médicis! Vive la liberté florentine!

CELLINI.

Pour moi, j'arrive de Rome, et j'y ai vu de belles choses!

LE PEUPLE.

Le Pape est-il délivré?

CELLINI.

Il est pris comme un rat dans une trappe. On ne lui laisse rien passer au fort Saint-Ange; et de quoi lui et les siens subsistent, c'est ce que Dieu seul peut savoir dans sa miséricorde infinie. Bref, ils meurent de faim, et, pendant ce temps, les Impériaux continuent à tout détruire.

LE PEUPLE.

Vous l'avez vu de vos yeux?

CELLINI.

J'en arrive. J'ai vu sur les places désertes, que traversent d'un pas chancelant des soldats ivres et débandés, les tas de morts à droite, les tas de morts à gauche; un homme expirant au coin de cette borne, une femme tombée sur elle-même, les bras ballants, au coin de cette autre. Ce que j'ai vu, ce sont les portes des églises enfoncées, les surplis, les étoles, les dalmatiques traînant en haillons souillés sur le pavé rompu des basiliques, ou s'accrochant, lambeaux misérables, aux pointes des grilles dans les chapelles des bas côtés, et les luminaires brisés, et les lampes des autels éteintes, et les autels eux-mêmes renversés, avec des débris de verres, des tessons de bouteilles, des os de jambons, restes sordides de la ripaille des Aventuriers; j'ai vu encore les statues brisées, les toiles les plus précieuses lacérées par le fer des piques; et quant aux avanies, aux insultes, aux coups dont les plus insignes cardinaux, archevêques, évêques, dataires, protonotaires sont accablés, il ne vaut pas la peine de vous en parler. C'est chose si courante que, lorsque, dans la solitude des carrefours, passe un de ces révérendissimes seigneurs d'autrefois, houspillé par quelque méchant vagabond d'archer en goguette, et que l'écho répercute le bruit du soufflet qui vient de tomber sur une joue vénérable, on ne détourne seulement pas la tête pour en savoir davantage.

LE PEUPLE.

Quelle misère! quelle misère! Nous avons maudit l'avarice et l'orgueil des puissances pontificales! Mais fallait-il que tant de grandeurs, tant de prospérités séculaires s'écrasassent sous des pieds tellement vils! Que dit César de ces énormités?

CELLINI.

César, dans son palais lointain d'Espagne, pleure,

dit-on, et se lamente sur les douleurs du successeur des apôtres; il ordonne des prières pour la fin d'un si énorme scandale; du reste, il se garde d'y mettre un terme, et veut avoir à ses genoux celui-là même dont l'univers baise respectueusement la mule. Une seule personne, en tout ceci, a maintenu la gloire italienne et s'est acquis un renom qui ne périra jamais.

LE PEUPLE.

Quel est cet homme dont tu parles?

CELLINI.

C'est moi-même, moi seul qui ai d'avance vengé Rome de ce qu'elle souffre, car j'ai tué d'un coup de mon arquebuse infaillible le connétable de Bourbon, et vous savez qu'avec Michel-Ange je suis le plus grand artiste du siècle. Maintenant que vous avez appris ce que mes yeux ont contemplé, renseignez-moi, à votre tour, sur ce qui se passe ici.

LE PEUPLE.

Florence est en liberté, et si courage et vertu ne sont pas réduits à n'être plus que des mots impalpables, jamais nous ne retournerons à l'ancienne servitude! Savonarole, le saint, le grand, le sublime Frère, n'a pas vécu en vain parmi nous! Ses moindres paroles sont restées vivantes! Toutes ses maximes ressuscitent, et, cette fois, il ne sera plus possible à personne de nous aveugler! Ce que Savonarole a ordonné, nous allons l'exécuter, et rien désormais ne le défera. Nous connaissons pertinemment nos ennemis; un pape Médicis ne nous veut pas de bien; mais que peut-il? César va tourner contre nous son visage irrité; mais, qu'il regarde à l'Orient, il y verra les Turcs menaçant ses États impériaux; plus près, les Vénitiens se répandent sur la Romagne, et s'il cherche vers le nord, il apercevra les Français qui reviennent, oublieux de leur désastre de Pavie et remplis d'une ardeur plus brûlante que celle qu'on leur avait connue jadis. Tels sont nos amis, tels sont nos vengeurs, tels sont nos soutiens! A jamais vivra la liberté de Florence!

CELLINI.

Mes enfants, comptez sur moi! Je vous consacre mon épée; l'univers sait ce qu'elle vaut! Sans doute, vous n'ignorez pas non plus avec quel empressement François Ier écoute mes avis! Je vous le répète, comptez sur moi! Florence est à jamais sa propre maîtresse; ni prince, ni tyran, n'y mettra désormais le pied !

LE PEUPLE.

Vive Florence !

A L'ANGLE D'UNE RUE

Machiavel, les mains derrière le dos, regarde passer la foule,
qui pousse des cris de joie.

MACHIAVEL.

Quel bruit! Comme ils beuglent! Comme ils chantent! Quels yeux étincelants! Comme ce mot de liberté les grise! On dirait que c'est la première fois de leur vie qu'ils le prononcent et s'exaltent de la sorte! L'oiseau vit dans l'air, le poisson dans l'eau, et la canaille dans le tapage.

Passe une bande traînant par le ruisseau, au bout d'une corde, un écusson aux armes des Médicis. Tambours, trompettes; la foule chante et suit Benvenuto Cellini, qui agite un drapeau.

CELLINI, *criant du haut de sa tête.*

Vive Florence !

TOUTE LA FOULE.

Vive Florence ! Mort aux Médicis !

CELLINI.

Seigneur Machiavel ! vous êtes un grand citoyen ! un ami de Savonarole !

LA FOULE.

Vive Savonarole ! vive Machiavel ! vive Cellini !

CELLINI.

Citoyens, vous êtes sublimes ! Peuple de Florence, tu es un grand peuple !... Machiavel, vous venez avec nous ? Nous vous porterons sur nos bras ! Vous avez souffert dans les prisons de la tyrannie !

LA FOULE.

Oui ! oui ! Portons-le sur les bras ! en triomphe !

MACHIAVEL.

Mes amis ! je vous remercie ! Certainement, mon cœur déborde de reconnaissance ! Mais je suis vieux ! je suis malade ! je ne me sens bon à rien, et je vous prie de me laisser en paix ! Du reste, vive Florence ! vive la liberté ! vive le peuple ! vive le seigneur Cellini !... Je me demande s'il faut crier encore autre chose.

CELLINI.

Allons ! mes enfants ! allons avec courage, avec une indomptable énergie poursuivre notre œuvre ! Le feu au Jeu de paume où s'exerçaient les despotes !

LA FOULE.

Oui ! allons brûler le Jeu de paume !

MACHIAVEL.

C'est une excellente idée! Allez brûler le Jeu de paume! Sans quoi la liberté ne pourrait jamais s'établir!

<small>Cellini agite son drapeau, et toute la foule s'éloigne, avec les mêmes cris, les mêmes vociférations, battements de tambours, sonneries de trompettes, et traînant toujours un écusson au bout d'une corde.</small>

MACHIAVEL.

Il est plus sage de considérer les hommes en spectateur passif que de se mêler de leurs affaires. Je ne m'étonne nullement du goût vif de beaucoup de gens pour les conjurations, les séditions, les révoltes. De tous les jeux de hasard, c'est incontestablement celui qui met le plus de facultés en mouvement. A chaque minute, un incident imprévu! On respire une incommensurable espérance de choses indéfinissables; on parle, on crie, on s'agite, on ne pense à rien au monde, et l'on boit, l'on boit, l'on boit sans s'arrêter dans une coupe d'émotions dont la saveur est constamment variée! Voyez ce Benvenuto, cet insigne bavard, ce fanfaron sans pareil! Il n'a pas une vertu; mais il est plein d'esprit; il s'amuse en ce moment comme un dieu; il ne croit pas le moindre mot de ce qu'il vocifère, et se soucie autant de la liberté de Florence que de celle de l'Abyssinie; mais il s'amuse, c'est l'important.

Entre Michel-Ange.

MICHEL-ANGE.

Vous voilà, maître Nicolas? Je suis bien aise de vous voir; depuis des années, ce plaisir ne m'avait pas été donné; vous me semblez pâle et défait.

MACHIAVEL.

Mon ancien compagnon, je suis comme un instrument

de musique défoncé. On a marché dessus trop de fois. Quelques-unes des cordes rendent encore des sons; la plupart sont brisées; le reste est désaccordé. Je pense avec quelque plaisir à la probabilité de quitter avant peu cette enveloppe mortelle qui m'habille si mal.

MICHEL-ANGE.

Je comprends votre dégoût. Mais ne parlons pas d'un tel sujet; nous nous entendrions trop bien. Qu'est-ce donc que l'Italie devient? Où va-t-elle? J'ai quitté Rome pour ne pas tomber dans les mains des Vandales impériaux; j'arrive à Florence, et j'y trouve tout à l'envers, et une révolution nouvelle après des myriades d'autres. Les Français, qui ne savent pas défendre le Pape, ni faire rien d'avantageux pour nous ni pour eux-mêmes, viennent de mettre Pavie à feu et à sang; partout on tue, on tue, on tue... Je sais que dans nos jeunes ans on tuait de même...

MACHIAVEL.

Avec une grande différence : alors la vie sortait de la mort, et aujourd'hui, ce qui sort de la mort, c'est une autre mort. Me comprenez-vous?

MICHEL-ANGE.

Oui..., à peu près.

MACHIAVEL.

Eh bien! dans ce temps où nous étions jeunes, vous et moi, les pillages, les massacres, les violences de tout genre, n'empêchaient nullement l'Italie, jeune comme nous, de grandir et de prendre avec de nouvelles forces de nouveaux charmes. Il n'en est plus de même. Remarquez-vous que les affaires des Italiens se faisaient alors par les Italiens? Maintenant, ce sont les Français, ce sont les Impériaux qui dirigent, sèment, labourent et récoltent. Autrefois, on appelait les barbares à l'aide, bien à tort, sans doute! mais on les considérait comme des auxiliaires dont un jour ou l'autre, après la défaite et la destruction du compatriote ennemi, on comptait se débarrasser. C'est ainsi que les Sforza, le Pape, les Vénitiens, ont tour à tour invoqué les rois Charles VIII, Louis XII et Ferdinand d'Aragon. M. de Valentinois n'avait pas une autre pensée. Les adversaires les plus opposés de vues et d'ambitions s'entendaient sur ce point, et c'était de quoi leur faire honneur. Maintenant, le Pape, les Milanais, les Florentins, les gens de Naples, ne sont que des mannequins dont François Ier et Charles remuent les fils, et notre valeur n'est qu'un appoint à la valeur des deux grands monarques.

MICHEL-ANGE.

Nous sommes devenus des provinciaux conquis ou à conquérir.

MACHIAVEL.

Pis que cela. Nous sommes des vieillards épuisés par la rage immodérée de toutes les passions; riches, et qu'on pille; habiles, et qu'on fait travailler; célèbres, et dont on vole la gloire; savants, et dont on suce la science pour la transmettre ailleurs. Nous sommes des gens perdus, et nous roulons plus bas que l'ignominie.

MICHEL-ANGE.

Vous rappelez-vous ce que vous nous disiez un jour dans la Sixtine, à François Granacci et à moi?

MACHIAVEL.

Je raisonnais alors suivant les probabilités et croyais le

Saint-Siége destiné à concentrer dans ses mains toutes les hoiries. Je ne devinais pas que Charles-Quint valût ce qu'il vaut, ni même François Ier; le premier est le véritable pape! Il ne veut ni réforme, ni amélioration, ni changement. Il prétend continuer le vieux monde avec ses mérites défunts, sa décrépitude active, et, en foulant aux pieds le pontife incapable et la cour de Rome impuissante, c'est le maintien et le triomphe de cette incapacité et de cet avilissement qu'il a résolu d'assurer. Mais, croyez-moi, Michel-Ange, croyez-moi : nous périrons sans doute sous ses coups, car il a le bras fort; mais il périra comme nous; il n'étouffera ni l'hérésie ni l'esprit d'indiscipline, ni leurs suites; la volonté la plus âpre ne saurait repousser les eaux des torrents par-dessus des pentes déjà descendues.

MICHEL-ANGE.

Cependant, voyez! En ce qui concerne Florence, l'état des choses ne vous donne pas raison! Une fois encore, les Médicis sont renvoyés, et la cité retourne à son ancienne religion républicaine! Le souvenir du Frère Jérôme se rallume comme la lampe sacrée brûlant devant les tabernacles. On invoque les leçons du réformateur; on se rappelle ses paroles, on rétablit ses ordonnances, et, aujourd'hui, le Pape ne viendra pas, comme jadis Alexandre, nous imposer la mort de nos doctrines. Il a bien trop à faire! Comment se sauver lui-même? Ne pourra-t-on s'entendre avec l'Empereur et lui devoir le maintien, si peu menaçant pour lui, de ce passé que nous faisons revivre?

MACHIAVEL.

Je vous dis que le passé ne revit jamais. Le Pape est

assurément bien tourmenté par César; César le tient captif, l'affame, le flagelle à tour de bras... mais ne voyez-vous pas pourquoi? C'est qu'ils servent tous deux la même cause, et que César trouve son compagnon déficient et paresseux. Quand il l'aura assoupli à ses volontés, il ne voudra rien que de bon pour ce pauvre pontife; la cause de ce pauvre pontife est précisément la sienne! Il aimerait mieux voir en sa place l'Adrien VI qu'il avait fait élire, prêtre ignare, fanatique comme lui-même, affamé de despotisme dans tous les genres; mais il ne l'a plus, et, bon gré, mal gré, il lui faudra s'accommoder du Médicis. C'est pourquoi il vous ramènera, un jour, les parents de Clément VII, et afin qu'ils ne tombent plus, il les investira d'une autorité dont le magnifique Laurent n'a jamais joui, et alors, pauvres, mauvais, méchants, ignorants, corrompus, vils pantins que vous êtes, tristes fantoches de la liberté, vous deviendrez les sujets d'un prince valet et, partant, les plus humiliés des misérables.

MICHEL-ANGE.

Vous parlez rudement, maître Nicolas; vous-même, vous serez de ces gens que vous méprisez si fort.

MACHIAVEL.

Je n'en serai pas. La mort me tient au collet. Elle m'emportera là où il n'y a pas à rougir. Puissé-je dans le monde futur ne jamais rencontrer un Florentin! Écoutez-les crier, ces misérables, si riches en voix et si pauvres en cervelle! Regardez-les passer!... Pas un seul, parmi les molécules du sang courant dans ses veines, n'a jamais senti rouler une pensée sérieuse, n'a jamais cru résolûment à ce qu'il faisait ! Il ne leur chaut que de l'émotion et de la vanité bavarde!

MICHEL-ANGE.

Ce que vous dites est mal, Nicolas. Vous souffrez de corps et d'esprit; c'est une excuse; mais, j'en suis sûr, vous aimez pourtant votre patrie, cette Florence si malheureuse par la faute de ses enfants et qui n'en est pas moins une grande, une noble ville, couronnée de gloire, mère de bien des héros, mère d'artistes immortels, et que ses futures calamités, s'il est vrai que vous lisiez exactement dans l'avenir, doivent vous rendre plus chère encore.

MACHIAVEL.

Je hais ces périodes moins sonores que mensongères. S'il est vrai que Florence ait vu sortir de ses flancs des héros, c'est une marâtre; elle a commis l'impossible pour les écraser; quand elle ne l'a pas pu, tout aussitôt que leur valeur s'est révélée à ses regards, elle les a tourmentés, elle les a dépouillés, elle les a chassés... Souvenez-vous de Dante et de bien d'autres... Et moi, je lui dirai, à cette dévergondée : Florence, sois maudite au nom des héros que tu as fait sortir de tes flancs, et dévorés comme une brute sauvage! Aimer Florence, moi! Je la hais! Et vous devriez en faire autant, car ce n'est pas une seule fois qu'elle vous a contraint à fuir de ses murs! Si vous n'aviez eu qu'elle pour prendre soin de vous, elle vous eût étranglé dans votre propre génie!

MICHEL-ANGE.

Et pourtant je l'aime et je la servirai.

MACHIAVEL.

Vous n'y gagnerez rien non plus qu'elle; mais d'ailleurs, vous, il est possible que vous n'y perdiez pas non plus grand'chose! Vous êtes Michel-Ange! Vous aimez Florence, c'est une affection de luxe; Florence ne vous est pas nécessaire. Votre séjour est à Rome, et si Rome continuait à vous manquer, il serait à Venise, à Milan, à Paris! César vous ouvrirait, pour honorer ses États, une voie large et triomphale! Je vous le dis : vous êtes Michel-Ange. Amusez-vous ici le temps que le cœur vous en dira; vous y gaspillerez votre temps, et vous feriez mieux de vous occuper de vos chefs-d'œuvre; mais on dira : Comme il a aimé son pays! Ce sera d'un bel effet dans les pages de votre histoire! Pour moi, je ne suis pas un artiste dont la vraie patrie est le monde; je ne suis pas un savant qui peut trouver en tout lieu l'honneur et l'entretien; je suis un misérable fonctionnaire du plus misérable des États, et je hais cet État et je hais Florence.

MICHEL-ANGE.

Vous avez été très-malheureux, et l'on ne vous a pas traité selon votre mérite.

MACHIAVEL.

J'ai une femme, j'ai des enfants; je suis du plus vieux sang de la Toscane, vous le savez, vous! Je date de loin... Il n'y a pas de pain à la maison.

MICHEL-ANGE.

Vrai... vrai... C'est une honte!

MACHIAVEL.

J'avais appris beaucoup; ma jeunesse s'est enfoncée dans les livres; j'ai, pour ainsi dire, sucé avec le lait de l'enfance la sagesse de l'antiquité, tant j'étais pressé d'apprendre... Que suis-je devenu?... un pauvre secrétaire, et rien davantage.

MICHEL-ANGE.

Maître Nicolas, on a usé de grande injustice à votre égard, et je comprends l'amertume de votre cœur.

MACHIAVEL.

Non, vous ne la comprenez pas. Tandis que j'étais maintenu aux derniers rangs et que je voyais constamment reculer le terme des plus légitimes espérances, à tout moment, je me sentais l'épaule froissée : on me jetait de côté... C'était le premier drôle venu, un coquin, un âne bâté, un homme sans talent, sans conscience, sans naissance, pressé et qui passait devant. Cependant on m'accablait de compliments; je remplissais des missions tantôt difficiles, tantôt dangereuses; je les remplissais bien, on ne s'en étonnait pas; mais le flot des laquais passait toujours, et d'autres laquais me disaient : Restez où vous êtes! J'y suis resté toute ma vie, et je crois que l'humiliation, l'écœurement, le dégoût, l'indignation qui m'ont griffé dans tous les coins du cœur, m'ont été encore plus sensibles que la pauvreté.

MICHEL-ANGE.

Hélas! hélas! la vie est sombre et mauvaise; et en me rappelant ce que, moi aussi, j'ai eu à subir de la niaiserie et de l'impudente ignorance, je comprends ce que vous éprouvez!

MACHIAVEL.

Non, vous ne le comprenez pas. Quand le Frère Jérôme Savonarole vint prêcher sa doctrine, j'étais un jeune homme; j'aimais les humains, j'aimais ma patrie; j'aimais l'Italie; je croyais à la possibilité de la raison et à celle de la vertu. J'ai épuisé tous mes efforts afin de leur bâtir un nid. Quel fut le succès de ces espérances? N'en parlons pas. Comme, pourtant, j'avais encore un certain fonds de crédulité, j'imaginai qu'un habile homme tel que M. de Valentinois pourrait créer un noble royaume, y mettre de sages lois et de bonnes ordonnances, renvoyer chez eux les étrangers, et qu'en somme c'était là encore une chose désirable. M. de Valentinois a échoué. Aujourd'hui, il est de mode de le traiter comme le plus épouvantable des monstres, bien qu'en fait de cruautés particulières ou générales il n'ait jamais rêvé la moitié des inutilités sanglantes exécutées par Charles-Quint, le sac de Rome, entre autres, et le nouvel établissement de l'Inquisition; mais l'esprit des gens est ainsi fait qu'il lui faut, pour porter les crimes d'une époque, un certain nombre de boucs émissaires; naturellement, il ne choisit pas les pires des loups. Il prend ceux qui ont le moins de défense, ceux que les chiens ont déjà dépecés et étranglés, parce qu'avant tout, lui-même, il est lâche.

MICHEL-ANGE.

Vous êtes trop amer; il est vrai que vous avez des larmes plein le cœur.

MACHIAVEL.

Je n'ai pas une larme à ma disposition. Je suis, au contraire, ravi de voir à plaisir comment ce monde de méchants, de fous, de sots, d'égoïstes, qui m'ont tenu au rang d'un subalterne affamé, a si bien travaillé pour lui-même, que le plus honteux esclavage ne sera bientôt plus sur son corps que le haillon couvrant la plus irrémédiable des misères! Gloire à Dieu! Ces gens-là, dis-je, sont encore plus à plaindre que moi! Je meurs, et le monde italien vivra, mais parfaitement déshonoré. Vous autres, vous êtes des grands hommes, je dis vous et vos amis; mais quand vous aurez disparu, ce qui sera bientôt, il ne restera que vos copistes, qui vous copieront mal; et puis viendront les singes; ceux-là transformeront vos élans vers le ciel en gambades ridicules, et tout sera dit de ce que vous aurez fait... Rentrons à la maison.

MICHEL-ANGE.

Oui, rentrons. Je vous donnerai le bras et vous ramènerai chez vous. Parmi les grands hommes dont vous parlez, vous avez votre place, Nicolas.

MACHIAVEL.

Nullement! Je ne suis qu'un grabeleur d'idées, et le fait prouve que je n'ai été qu'un rêveur. Il y a loin de voir juste à créer vrai. De la laideur même, vous faites l'immortelle beauté, comme avec la glaise la plus vile il vous est donné de modeler des formes enchanteresses; votre monde peut périr, vous restez dieu et vous vivez. Mais, moi? J'ai compris ce qu'il fallait essayer de produire; j'ai montré ce qui était désirable. L'a-t-on fait exécuter? Non! Que reste-t-il de moi? Un pauvre homme courbé en deux qui va disparaître, et tout sera dit! Tant mieux! Rentrons à la maison.

MICHEL-ANGE.

Oui, rentrons. Pour moi, je vous avouerai qu'avec ou sans espérance, je servirai la patrie; j'emploierai ce que je sais à la défendre, et si elle doit succomber, j'aurai, du moins, rempli un devoir, ou ce qui me semble tel.

MACHIAVEL.

Ne craignez pas même de donner votre sang ; ce que vous accomplirez en cette occasion, comme dans les autres, vous sera bien payé par la postérité. Elle dira : Michel-Ange, ce grand artiste, n'avait nullement besoin de Florence, et pourtant il a sacrifié ceci et cela pour elle!... Allez! vos couronnes sont prêtes; mais moi, si j'étais un sot et que je voulusse me mêler de ce qui se passe, on m'emploierait à brosser les habits des grands personnages que chaque révolution tire de sa fange, et, au jour de la défaite, on me dirait : Vieux fou! comment n'aviez-vous pas mieux connu vos associés? On aurait raison. Adieu, Michel-Ange. J'espère ne plus vous revoir en ce monde.

MICHEL-ANGE, lui serrant la main.

Adieu!

Machiavel entre dans la maison et referme la porte.

Ce pauvre Nicolas ne voit que trop clair. Peu importe; je n'ai pas, en vérité, c'est assuré, je n'ai pas les ailes attachées; je peux aller où il me plaît. La Fortune, exerçant sur moi d'autres rigueurs, ne m'a, du moins, soumis à la volonté de personne. Je défendrai Florence, et si elle a tort, cette Florence, je n'en aurai pas moins satisfait un instinct de mon cœur.

PARME

Le couvent des Franciscains. — La coupole de l'église; le Père gardien; des moines, un marguillier de la cathédrale, le Corrège.

LE PÈRE GARDIEN.

J'ai à vous dire quelque chose, Allegri. Vous ne vous fâcherez pas, j'espère; je n'entends vous adresser que des paroles paternelles et tout à fait à bonne intention.

LE CORRÈGE.

Soyez sûr de mon respect, mon Révérend Père; je sais que je prête au blâme de bien des manières.

LE MARGUILLIER.

C'est moi qui lui parlerai, d'autant que mes connaissances en peinture sont fort sérieuses et qu'il est difficile de m'en imposer sous ce rapport.

LE PÈRE GARDIEN.

Vous êtes un homme entendu, parfaitement entendu.

LE MARGUILLIER.

Oui, mais surtout en peinture; et je vous dirai donc, maître... Comment vous appelle-t-on?...

LE CORRÈGE.

Je m'appelle Antonio Allegri, et comme je suis natif du village de Correggio, à quelques milles d'ici, et que j'y habite, on me donne ordinairement le nom de ma résidence.

LE MARGUILLIER.

Il faut donc que vous sachiez, maître Correggio, que vous n'êtes pas un peintre. Je n'en veux pour preuve que cette confusion de couleurs dont vous avez cru devoir revêtir la coupole de cette église.

LE CORRÈGE.

Je me permettrai de vous faire observer, messire...

LE MARGUILLIER.

Je m'entends en peinture, et perdez l'espérance de m'en faire accroire! Il y a là dedans des bras qui sont trop courts, des jambes qui sont trop longues, et des nez dont je préfère ne rien dire. Quant à la couleur...

LE PRIEUR.

Écoutez avec attention, Allegri; vous avez affaire à un homme fort au courant.

LE CORRÈGE.

J'écoute avec attention, mon Révérend Père.

LE MARGUILLIER.

Quant à la couleur, on dirait que vous avez eu l'intention de nous servir un plat de grenouilles.

Les moines éclatent de rire; le Corrège rougit.

LE PRIEUR.

Je veux espérer, en tout cas, que ses sentiments de piété ne lui auraient pas permis d'avoir une idée pareille.

LE CORRÈGE.

Permettez-moi de me retirer.

LE MARGUILLIER.

Est-ce que vous seriez mécontent de ma franchise?

LE CORRÈGE.

Puisque, suivant vous, messire, je ne suis pas un peintre, il est mieux que je ne continue pas mon travail, et, en conséquence, j'y renonce.

LE PRIEUR.

Vous ne continuerez pas votre travail?

LE CORRÈGE.

Non, mon Révérend Père, vous pouvez le donner à qui vous plaira.

LE PRIEUR.

Voilà un procédé inouï !

LE MARGUILLIER.

Savez-vous qu'on pourrait vous contraindre par autorité de justice à retirer vos inconvenantes menaces?

LE CORRÈGE.

Vous direz à la justice ce que vous voudrez, mais elle ne possède aucun moyen de me mettre le pinceau entre les doigts.

LE PRIEUR ET LES MOINES, tous à la fois.

Alors, on ne vous payera pas !

LE CORRÈGE.

Dieu m'est témoin que j'ai besoin d'argent, car le dénûment est grand à la maison; n'importe ! J'aime pourtant mieux tout perdre et m'en aller. Je vous rappellerai seulement que vous me devez le prix de mon tableau du Christ au jardin des Oliviers.

LE MARGUILLIER.

Mon opinion, mes Révérends Pères, est que vous satisfassiez de suite cet homme rapace, dont l'amour pour le lucre n'indique nullement un artiste.

LE PRIEUR.

Maître Allegri, cette scène m'affecte au plus haut degré. Jamais, non, jamais je ne vous aurais supposé tant d'orgueil et un caractère si peu honorable. Nous vous donnerons quatre écus de votre tableau, afin de n'avoir avec vous aucune discussion.

LE MARGUILLIER.

Cet homme est magnifiquement rémunéré.

LE CORRÈGE.

Donnez-moi les quatre écus que je m'en aille.

LE PRIEUR.

Frère Honorio, emmenez-le avec vous, et comptez-lui, en monnaie de cuivre, bien entendu, la somme qu'il exige. Je suis peiné, mon fils, fortement peiné, et, à vrai dire, j'ai l'âme complétement déchirée par vos façons d'agir.

LE CORRÈGE.

Mes Pères et vous, messire, je vous salue, et suis fâché que ma peinture ne vous convienne pas.

Il sort avec le Frère Honorio.

LE MARGUILLIER.

Il ne faut pas vous étonner de ce scandale, mes Révérends Pères. Ces gens à talents sont des êtres violents, colères, enragés, dont le contact est des plus désagréables. Sous prétexte qu'ils sont supérieurs aux autres, ils se croient au-dessus; ce n'est pas à tolérer ! Et pour peu qu'on leur fasse entendre des vérités qui ne leur plaisent pas, vous voyez ce qui en arrive.

LE PRIEUR.

J'ai toujours pensé, en effet, que les hommes les plus ordinaires étaient, en bien des façons, à préférer aux hommes...

LE MARGUILLIER.

Extraordinaires... C'est aussi mon avis. En toutes choses, on favorise beaucoup trop les artistes. Nous trouverons, sans nulle peine, pour terminer les peintures de votre église, quelque brave garçon, modeste, honnête, et qu'on pourra traiter sans tant de cérémonies. Je m'en charge, et réponds que votre coupole n'en sera que plus agréable pour être exécutée d'après mes idées, car je ne peins pas, il est vrai, mais je m'entends parfaitement à ces sortes de commerces.

BOLOGNE

Une rue. — Des bourgeois et des artisans tristes et chuchotants sont rassemblés devant une maison. — Passent deux voyageurs à cheval.

PREMIER VOYAGEUR.

Que veut cette foule? Pourquoi ces visages affligés? Qu'arrive-t-il?

SECOND VOYAGEUR.

Un accident, sans doute. Messieurs, s'il vous plaît, laissez-nous passer!

PREMIER VOYAGEUR.

Voilà des femmes en pleurs. Demandons-en la cause!

SECOND VOYAGEUR.

Ma curiosité est aussi excitée que la vôtre. Ce maître menuisier a un air d'honnête homme. Parlez-lui!

PREMIER VOYAGEUR, arrêtant son cheval et se penchant sur l'encolure.

Messire, pardon!

LE MENUISIER, au milieu d'un groupe.

Que vous plaît-il, messire?

PREMIER VOYAGEUR.

Voudriez-vous nous apprendre, si telle question peut se faire, la cause de ce rassemblement, et pourquoi tant de personnes désolées?

LE MENUISIER.

Vous connaissez, sans doute, le nom de Properzia de' Rossi?

PREMIER VOYAGEUR.

Entendez-vous désigner cette jeune femme admirable qui a sculpté tant de belles statues, et entre autres les deux anges de marbre, honneur de la cathédrale de Saint-Pétrone?

LE MENUISIER.

Celle-là même! Sa renommée remplit l'Italie. Properzia se meurt.

SECOND VOYAGEUR.

Mon Dieu! que dites-vous? Si jeune!

PREMIER VOYAGEUR.

Nous sommes Lombards, et nous comprenons la juste douleur des Bolonais.

SECOND VOYAGEUR.

Mon Dieu! de quoi une femme si belle, si accomplie, va-t-elle mourir? Elle si brillante, si admirée, si heureuse!

UNE FEMME, se frappant le front avec violence de ses deux mains.

Si heureuse! si heureuse!... C'est précisément parce qu'elle n'est pas heureuse qu'elle va mourir! L'homme qu'elle aimait l'abandonne!

DANS LA MAISON DE PROPERZIA

Une vaste chambre. — Les rideaux baissés devant les fenêtres. Il fait sombre. — Properzia est couchée sur un lit à demi voilé par l'obscurité qui remplit l'appartement; elle est très-pâle; ses cheveux noirs inondent l'oreiller; ses bras sont hors du lit et étendus sur les couvertures; les tentures, de damas blanc et vert, sont tournées et nouées autour des colonnes. Une table porte des fioles de médicaments, une aiguière d'argent, un bassin doré, des linges mouillés, des linges sanglants. — Le père, la mère, le mari de Properzia. Un médecin.

LE MARI.

Parle-moi, ma chérie!... Tu souffres?...

LE PÈRE.

Quoi! ne veux-tu pas nous dire un seul mot!... Regarde, regarde ta malheureuse mère... Elle est là, vois-tu? Le chagrin la tuera... Tu le sais bien, n'est-ce pas?

LE MARI, au médecin.

Venez... dans cette fenêtre... j'ai quelque chose à vous dire... Venez là... parlons bas... Que personne ne nous entende... Avouez-moi bien sincèrement la vérité. Je suis homme... je peux tout entendre... Vous savez que j'ai du courage... Oh! j'ai beaucoup de courage!

Il sanglote.

LE MÉDECIN.

Voyons! voyons! calmez-vous, messire Luigi, mon ami!

LE MARI.

Oui! votre ami!... Ah! certainement! j'ai besoin d'amis! Parlez-moi comme il faut... Combien, oui! combien faudra-t-il de jours pour que je la voie remise ; oui, elle, là... Properzia... ma Properzia !... Vous savez de qui je veux parler ?...

LE MÉDECIN.

Hélas ! mon pauvre messire Luigi... je vous ai prévenu... j'ai fait mon possible... Vous savez que Frère Bento est averti, et je l'entends dans l'escalier qui apporte le saint viatique.

LE MARI.

Mais vous ne voulez pas dire par là, n'est-ce pas, que...?

LE MÉDECIN.

Messire Luigi, pauvre homme !... faites vos adieux à votre femme.

Le mari retourne vers le lit.

PROPERZIA, d'une voix très-faible.

Pourquoi est-ce que je ne meurs pas ?

LE PÈRE.

Je n'entends pas ce que tu me dis, ma chérie... Te sens-tu mieux ?...

PROPERZIA, indifférente.

Oui.

LE MARI, se penchant sur elle.

Je ne te demande qu'une seule chose... c'est de ne pas me quitter... M'entends-tu ?

PROPERZIA.

Oui.

LE MARI.

Tu me laisseras t'aimer... Tu ne m'aimeras pas, si tu veux.

Properzia le regarde, regarde ses parents et la chambre, et se retourne à demi vers la muraille.

Entre Frère Bento. Il s'assied au chevet du lit.

FRÈRE BENTO.

Properzia, je vous ai vue naître. Je vous porte l'affection la plus tendre... Vous en souvenez-vous ?

PROPERZIA.

Non.

FRÈRE BENTO, aux assistants.

Écartez-vous, je vous prie; tenez-vous à l'autre bout de l'appartement. Je dois être seul avec ma pénitente.

LE MÉDECIN.

Faites vite, Frère Bento, elle s'éteint.

FRÈRE BENTO.

Ma fille, ma chère fille... ma glorieuse fille ! tu as beaucoup souffert... Dis-moi que tu te repens... tout te sera pardonné ! Parle vite, parle, au nom de ton salut éternel... je t'en conjure !... Ah ! très-sainte Vierge ! Elle n'aura pas le temps... ses yeux se troublent !

Properzia s'agite, et ses mains étendues semblent chercher quelque chose.

Ma Properzia, mon enfant, n'est-ce pas, tu te repens... tu te repens ?...

PROPERZIA.

Je ne sais pas !...

Elle meurt.

VENISE

L'atelier de Titien. — Des tableaux finis ou ébauchés. Titien, vieux, longue barbe blanche, une calotte de velours noir sur la tête, vêtu d'une robe de tabis rouge, une chaîne d'or de chevalier au cou; il est assis dans un fauteuil; à côté de lui l'Arétin, figure pleine de feu, vive, spirituelle, noble; grande mobilité de gestes.

L'ARÉTIN.

Mon ami, je vous ai nommé dans ma dernière épître à César. Il y a un mois, je vous ai loué fortement dans mes vers adressés au Pape, et qui, par parenthèse, ne m'ont pas été assez payés, de sorte que je vous louerai encore plus fortement dans ceux que je vais envoyer au roi d'Angleterre, ce qui impatiente toujours Paul III, comme Clément VII se fâchait chaque fois que je publiais quelque éloge de ce monarque hérétique... Mais pourquoi la cour de Rome lésine-t-elle avec moi? Bref, vous m'obligerez en me donnant une vingtaine d'écus d'or.

TITIEN.

Vous avez inventé là un merveilleux métier, maître Pierre. Avec trois feuilles de papier sur lesquelles vous jetez de votre style quelques grosses flatteries, soutenues d'une demi-douzaine de menteries à l'adresse de Pierre ou de Jacques, vous gagnez plus d'argent que nul poëte, savant ou docteur n'en a jamais pu recueillir en trente ans de veilles et de labeurs.

L'ARÉTIN.

Savez-vous pourquoi ?

TITIEN.

C'est parce que les hommes aiment la louange.

L'ARÉTIN.

Et craignent l'injure. J'égratigne aussi bien que je caresse, et personne n'est très-satisfait de voir, dans mes feuilles volantes avidement recueillies par toute l'Europe, son nom embourbé au milieu d'une foule de petites médisances dont la vérité m'importe peu. Qui paye est loué ; qui ne paye pas est gaillardement déchiré, et les lecteurs croient également ce que j'imprime. Mais que me donnerez-vous pour mes dernières lettres ?

TITIEN.

Dix écus d'or.

L'ARÉTIN.

Vous m'en donnerez vingt, messire, mon ami, et vous ne froncerez pas le sourcil, par-dessus le marché. Que diable ! il me semble que je vous vaux assez de belles commandes, assez de portraits ! Je ne vous coûte pas cher.

TITIEN.

Soit ! Mais vous me ferez plaisir de dire aussi, par ci par là, que tous ces coquins qui, aujourd'hui, font de la peinture à Venise, ne valent pas ce que les sots répètent.

L'ARÉTIN.

Je suppose que les noms de Veronèse, du Tintoret, du Bassan, doivent se trouver, en cette occasion, sous ma plume, entourés d'épithètes qui ne leur feront pas plaisir ?

####### TITIEN.

Assurément! Ce sont des gens sortis de mon atelier. Ils en ont agi avec moi de la façon la plus malhonnête, et je trouve misérable de les voir, comme cela arrive, vendre leurs compositions au détriment des miennes, seulement parce qu'ils m'ont volé certaines connaissances que je n'avais pas l'intention de leur communiquer. Mais ce n'est, cependant, pas de ces ignorants qu'il s'agit surtout.

####### L'ARÉTIN.

Je ne vous cacherai pas qu'à mon avis, ces ignorants font pourtant d'assez belles choses ; mais, néanmoins, j'en dirai tout le mal que vous voudrez, ainsi que de l'autre dont il faut m'apprendre le nom.

####### TITIEN.

L'autre, c'est Pâris Bordone. Je suis positivement insulté par ce vagabond.

####### L'ARÉTIN.

Insulté? Comment l'entendez-vous?

####### TITIEN.

Comment je l'entends? Vous m'étonnez! N'a-t-il pas, à force d'intrigues, ce vaurien, ce mendiant, obtenu de peindre la chapelle de Saint-Nicolas des Frères Mineurs? Pensez-vous que je supporterai une telle insolence? Un méchant manœuvre, qui n'a pas dix-huit ans, se faire donner une chapelle, lorsque moi, un vieillard, un homme, j'ose le dire, consommé dans son art, je suis ici? Je veux peindre la chapelle, et je n'entends pas que personne, à Venise, aille sur mes brisées.

L'ARÉTIN.

Il faut pourtant que les autres artistes aient quelques occasions de se produire et de gagner leur vie. Je ne vous trouve pas raisonnable, messire Titien. Pâris Bordone est un jeune homme, c'est vrai, et même un très-jeune homme; vous êtes le premier peintre du monde, personne ne le conteste; mais quand je vois que, grâce à Dieu, à votre talent et un peu à mes recommandations et à mes louanges, vous voilà de beaucoup l'artiste le plus riche de l'Italie, faisant, refaisant les portraits de tous les potentats et ayant la main dans toutes les entreprises, je vous trouve un peu dur de ne pas vouloir que les autres peintres essayent leur bravoure à côté de la vôtre.

TITIEN.

Ce sont des phrases. Si je ne prenais garde à moi, ces intrigants déhontés, qui arrivent à chaque minute avec de mauvais pinceaux et essayent de se pousser au soleil, m'auraient vite fait oublier, et alors je mourrais de faim. Laissez ces propos dont vous me fatiguez, et sachez que, tant que je vivrai, je ne souffrirai, si je puis, aucun concurrent, aucun rival. Voulez-vous m'aider, oui ou non?

L'ARÉTIN.

Convenez que vous êtes un homme terrible et vraiment impitoyable. Que de chagrins n'avez-vous pas causés au Giorgione! Il en est mort! Pendant votre existence, heureusement fort longue, vous avez produit bien des chefs-d'œuvre, mais non moins de méchants tours à vos adversaires. Et qui sont vos adversaires? Vous venez de le dire: tous ceux qui tiennent un pinceau à Venise.

TITIEN.

Je vous donnerai deux dessins au crayon rouge; ils sont là, dans ce portefeuille, et chacun vaut, pour le moins, quarante écus d'or. Je vous les donnerai, dis-je, mais vous me servirez, à ma guise, dans cette affaire de Pâris Bordone. Je veux qu'on lui retire la chapelle des Frères Mineurs.

L'ARÉTIN.

Vous me donnerez ces deux dessins?

TITIEN.

Je vous les donnerai, et j'estime que c'est un présent considérable.

L'ARÉTIN.

Après tout, il m'importe médiocrement que ce Bordone fasse ou ne fasse pas son chemin. Ce n'est pas mon affaire. J'écrirai contre lui, et, de plus, je parlerai aux procurateurs.

TITIEN.

Voilà une affaire arrangée. Mettez-vous à l'œuvre tout de suite. Pour moi, je m'adresserai au doge, et si je peux faire chasser ce petit présomptueux, ce sera une excellente affaire.

L'ARÉTIN.

Ce que j'aime en vous, c'est qu'à votre âge, vous êtes aussi résolu, aussi impétueux qu'un jeune homme. Il ne fait pas bon vous déplaire, et j'ai déjà songé à écrire, à votre sujet, un parallèle à la manière de Plutarque.

TITIEN.

Avec qui me comparerez-vous, je vous prie?

L'ARÉTIN.

Avec Michel-Ange.

TITIEN.

C'est une bonne idée ; il faudra coucher ça par écrit, soit en vers, soit en prose, et l'envoyer dans l'Europe entière ; outre que ma réputation s'en devra augmenter, je suis sûr que j'en vendrai quelques tableaux de plus.

L'ARÉTIN.

Je ne sais si ma pensée est uniquement à votre avantage. A mesure que vous vieillissez, vous devenez plus haut à la main et plus acerbe. Il ne fait pas bon vous approcher, messire mon ami ; vous dire vos vérités, c'est tout ce que je puis oser de plus hardi, moi dont chacun a peur, et vous-même comme les autres. Michel-Ange, au contraire, que j'ai connu, il y a encore peu d'années, avec le tempérament le plus morne et l'humeur la plus rebelle, devient chaque jour plus doux, et, à mesure qu'il avance en âge, il tourne presque à la sainteté. Un autre point me frappe : je connais fort Michel-Ange, mais j'ai connu aussi Raphaël ; j'ai connu le Bramante, le Sansovino, André del Sarto, et j'ai beaucoup entendu raconter la vie et les actions du grand Léonard. Tous ces hommes avaient, et ceux d'entre eux qui vivent encore ont toujours l'imagination illuminée de maximes vraiment sublimes. Ce sont des peintres admirables, mais aussi des philosophes ; ils aiment à considérer le fond des questions les plus abstraites, et parlent de la Beauté comme des amants assez heureux pour l'avoir contemplée sans voiles au sein de l'azur épuré du ciel. Pour vous, je ne vous ai jamais vu dans une extase quelconque. Vous êtes, assurément, le peintre le plus admirable que le monde ait jamais produit, et Michel-Ange ne vous refuse un rang à son côté qu'en alléguant chez vous certaines défaillances dans le dessin; mais vous êtes un peintre qui, admis à posséder ce que la nature vraie et vivante recèle de plus exquis, semble ne s'être jamais avisé de ce qui est au-dessus d'elle, et n'a jamais laissé s'envoler son esprit à la recherche d'un idéal.

TITIEN.

Je m'en suis bien gardé. J'honore comme je le dois le mérite des grands artistes dont vous venez de prononcer les noms. Ils ont exécuté des choses admirables; ils en auraient fait davantage s'ils n'avaient perdu une considérable partie de leur temps à des rêveries sans objet. Un peintre doit peindre et non pas divaguer comme un professeur dans sa chaire. Il doit peindre des torses, des bras, des jambes, mettre sur les visages qu'il reproduit l'animation voulue, caresser la couleur d'un brillant rayon du jour, l'entourer habilement des ombres chaudes qui les font ressortir, et il n'a pas besoin, pour arriver au plus heureux résultat, de savoir ce qu'a dit Aristote, mais seulement ce que représente un modèle qu'il payera quelques morceaux de cuivre, et il lui faut un atelier où la lumière entre convenablement.

L'ARÉTIN.

Raphaël préférait trouver en lui-même les types de ses madones, et son esprit, raffiné par la réflexion et rempli d'images, de lignes, de reliefs merveilleux, parmi lesquels il choisissait, lui semblait le meilleur des guides.

TITIEN.

Je préfère, moi, trouver mes madones dans la rue et

leur faire respirer sur la toile où je transporte leur ressemblance, toute la fierté de la vie réelle. Je rends les créatures de Dieu doublement existantes, car je les place telles qu'elles sont, avec leurs mouvements, avec leur vérité, dans le monde des couleurs et sous cette lumière dont le soleil vrai les anime; moi, je les rends telles que je les vois, et c'est précisément là mon triomphe, c'est de les voir, c'est de les rendre, et il n'y a rien de supérieur.

L'ARÉTIN.

Pardonnez-moi. Vous vous trompez quelque peu. Je vous admire, sans doute, messire Titien, comme il convient de vous admirer, mais je ne suis cependant pas d'humeur à refuser aux artistes de Florence et de Rome le respect qui ne leur est pas moins dû. Vous le savez vous-même, ils vous accusent, et c'est Michel-Ange qui porte la parole! Ils vous accusent de n'avoir pas suffisamment étudié dans vos jeunes ans avant de commencer à peindre, et de là, disent-ils, le peu de solidité du dessin qui rabaisse les œuvres de votre génie.

TITIEN.

Je me moque de cette plaisante calomnie, et je dessine aussi bien que la nature elle-même.

L'ARÉTIN.

C'est précisément là ce que les maîtres vous reprochent; vous dessinez aussi bien que la nature, et vous ne dessinez pas mieux. La nature indique complétement ce qu'il faut rendre pour exprimer la beauté. Elle ne le donne pas toujours; elle est remplie d'à peu près; elle abonde en idées avortées; ses créations sont défectueuses par un côté quelconque, et ne serait-ce que le caractère de vulgarité dont elle ne débarrasse rien, pas même ses plus magnifiques chefs-d'œuvre, elle n'est pas à copier dans ce qu'elle produit, mais seulement à écouter dans ce qu'elle propose. Voilà pourquoi les peintres de Florence et de Rome sont grands, c'est qu'ils tiennent toujours devant eux l'idéal que la nature conseille, et non la réalité qu'elle fournit.

TITIEN.

Ne doutez pas que je comprenne vos maximes, messire Pierre. Je les ai moi-même examinées et retournées dans bien des sens. Mais savez-vous que c'est une prétention dangereuse que de vouloir quitter la main du seul guide sur lequel l'artiste puisse se confier, pour aller chercher dans les espaces de l'imagination des sentiers où ce guide ne vous suit pas? J'admire Raphaël, j'admire Michel-Ange; mais comme il est facile de dévier en écoutant la prétention de faire comme eux! Regardez leurs élèves! Ces soi-disant adorateurs de l'idéal commencent de nos jours à tâtonner dans le sombre, et leurs œuvres montrent déjà le résultat de leur insolence. En voulant produire mieux que la nature, au-dessus de la nature, ils nous donnent des avortons et des êtres contorsionnés, auxquels manque le souffle de la vie. Ne doutez pas que ce mal n'aille toujours en augmentant; pour moi, j'estime qu'il n'y a pas moyen de se tromper en faisant comme je fais, et je ne suis pas disposé à me laisser séduire. Le plus grand peintre de portraits que le monde ait jamais connu, c'est moi! Mes successeurs n'auront qu'à marcher dans ma voie pour mériter la louange.

L'ARÉTIN.

Je n'ai pas dit que vous ne fussiez pas admirable.

TITIEN.

Vous me faites entendre que je suis inférieur. Vous vous trompez. Je ne le cède à personne, et c'est très-justement que César, et avec lui tous les rois du monde, tous les grands seigneurs, couvrent mes toiles d'un or bien mérité. Au fond, messire Pierre, ce qu'on vend de tableaux et le prix qu'on les vend, il ne faut pas chercher ailleurs la mesure du mérite. C'est assez la mode du temps; et elle est bonne. Dans ma jeunesse on était peu attentif à cette vérité, et surtout vos artistes de prédilection se prétendaient désintéressés. Leurs élèves et leurs successeurs reviennent de cette folie. Ils tiennent fort aux ducats et travaillent pour les ducats, comme vous, comme moi, et je les approuve.

L'ARÉTIN.

Les ducats sont beaux et bons; réunis en grand nombre dans une bourse, ils exécutent la plus jolie musique dont l'oreille puisse être caressée. Mais il est agréable de raisonner sur les principes. En somme, il y a plus de gens dans le monde en état d'apprécier votre méthode que de prendre goût à celle de vos rivaux.

TITIEN.

La gloire ne fait de bruit que par le nombre des acclamations.

L'ARÉTIN.

Michel-Ange ne serait pas de votre avis.

TITIEN.

Aussi Michel-Ange est-il un personnage ténébreux qui n'a jamais connu les douceurs de l'existence... Laissons cela, et ne manquez pas de me tenir parole en châtiant l'insolence de Pâris Bordone et de mes autres ennemis.

L'ARÉTIN.

Je vais me mettre à l'œuvre immédiatement. Passez-moi cette feuille de papier; avec quelques pattes de mouche dont je la couvrirai, je donne le succès ou la ruine, la réputation ou l'ignominie, la vie ou la mort, absolument comme il me plaît; je n'ai pas besoin même de talent; je n'ai rien à faire avec la vérité; il ne me faut que les oreilles d'âne de la badauderie humaine; vous voyez cette feuille de papier là? elle vaudra tout à l'heure deux sous, imprimée!

BRUXELLES

1555

Le palais. — Le cabinet de l'Empereur. Charles-Quint, l'Infant don Philippe, roi d'Angleterre et de Naples, debout devant son père; celui-ci assis dans un fauteuil de cuir noir.

CHARLES-QUINT.

Pour ce que j'ai à vous dire, Infant don Philippe, asseyez-vous et couvrez-vous.
L'Infant obéit.

Certaines idées que j'agitais en moi-même depuis une année environ étant arrivées à maturité, le moment est venu de vous en faire part. Je prétends abdiquer la puissance confiée par le ciel à mes mains, et vous transmettre mes couronnes.

DON PHILIPPE.

Votre Majesté a, sans doute, de concluantes raisons pour une résolution si grave.

CHARLES-QUINT.

Je suis malade, affaibli; je suis las. Quand je considère la façon dont tant de monarques règnent ou ont régné, je trouve dure la tâche qui me fut imposée. D'ailleurs, les faits parlent d'eux-mêmes. Pour donner une idée de ce que fut ma vie, il suffit de vous rappeler quels États sont rassemblés en ce moment sous le sceptre de notre maison. L'Empire, les Flandres, la Bourgogne et l'Artois, les royaumes de l'Espagne, enserrent dans un même faisceau Naples, le Milanais, la Sardaigne; par votre mariage avec la reine Marie, j'ai joint l'Angleterre à cette proie immense; mon pavillon flotte sur les forteresses de l'Afrique, et le continent infini des Nouvelles-Indes obéit sans résistance à mes lois. Pour maintenir, consolider, faire avancer une aussi énorme machine, ma vie n'a été qu'un éternel voyage. Je suis allé neuf fois en Allemagne, six fois dans mes domaines espagnols, quatre fois en France, sept fois en Italie, dix fois dans les Pays-Bas, deux fois en Angleterre, autant en Afrique, et onze fois mes navires m'ont fait traverser les espaces de la mer, moins orageuse pourtant que les flots de ces interminables affaires qu'il m'a fallu constamment surveiller. Je vous le répète, je suis las, et vous allez prendre ma place.

DON PHILIPPE.

A Dieu ne plaise que je discute mon obéissance! Je suis trop assuré de la solidité des volontés de César pour soumettre la moindre objection.

CHARLES-QUINT.

Vous avez raison de prendre pour votre règle l'obéissance, la sainte, la grande, l'omnipotente obéissance. Vous allez désormais l'exiger des autres, et il n'est que juste et louable de vous entendre l'invoquer en ce moment. Vous avez nettement aperçu les deux véritables pivots sur lesquels doit tourner le monde, et si j'ai quelque mérite à revendiquer auprès du Juge éternel quand je paraîtrai devant son tribunal, c'est celui d'avoir facilité leurs mouvements; tout doit être désormais : commandement et soumission. Il reste encore immensément à travailler pour asseoir la domination de ces deux principes, et faire régner alentour le silence le plus absolu ; mais j'ai gagné beaucoup déjà. Quand j'ai pris la conduite des peuples, l'histoire doit vous le dire, tout était désordre, et des coutumes, des lois, des priviléges, des prérogatives insensées, étendaient leur anarchie sur les pays chrétiens : les nobles ordonnaient, les bourgeois refusaient, les paysans, les paysans mêmes, dans leurs villages, parlaient et prétendaient donner et maintenir leurs avis ! L'Italie, plus indisciplinée que le reste, infatuée de sa science et de la beauté de ses travaux, criait, menait grand bruit, et plaquant les noms les plus retentissants sur les folies les plus absurdes, elle parlait de vérité, de justice, de liberté, et menaçait jusqu'à l'établissement même de la sainte Église. L'Allemagne, plus grossière, plus obstinée que sa perverse et brillante sœur, la gagna de vitesse ; par les abominables pamphlets de ses savants, elle prépara la monstruosité du luthéranisme. A ce moment, don Philippe, la chrétienté eût dû naturellement chercher son appui dans les successeurs de saint Pierre. Mais là, par malheur, s'étalait plus particulièrement l'excès du mal. La papauté se détournait elle-même de la foi ; elle se complaisait dans les inventions les plus dangereuses de l'esprit moderne. Ne vous étonnez donc pas que François Ier, comme Henri VIII, aient vu éclater chez eux les abominations calvinistes et luthériennes ; ils ont subi, comme Léon X, comme Clément VII, l'influence délétère ; ils se sont laissé infatuer, au moins pendant un instant, par des idées en apparence avantageuses, mais, en réalité, non moins mortelles pour les monarchies que pour la religion. Quand ils ont compris le danger, ils se sont rejetés en arrière, trop tard; leurs États étaient envahis. Pour moi, je n'ai pas été séduit un seul jour, et dès la première minute où le mal s'est manifesté, je l'ai jugé; je l'ai combattu au moyen des plus énergiques antidotes. Vous savez comment, d'abord, essayant les remèdes les plus prompts, j'ai voulu sauver l'Église par elle-même. J'ai placé Adrien dans la chaire des Apôtres. Il est mort presque au moment de son intronisation, et les cardinaux, saturés de toutes les ivresses du voluptueux enfer qui possédait l'Italie, ne voulurent plus essayer d'une discipline nécessaire. Ils me jetèrent, à l'encontre de mes efforts, Clément VII, pire que son cousin. Dans cette conjoncture si grave, je ne m'arrêtai devant aucune considération; je contraignis le Pape à être le Pape, et à marcher dans sa voie; je levai l'épée de l'Empire contre la crosse, et frappai Clément VII à la tête. Je pris Rome. J'établis un maître à Florence. Je chassai pour toujours la France du Milanais; finalement, je tuai l'Italie. Regardez-y de près, don Philippe, et vous verrez que, par ce dernier acte, j'ai singulièrement facilité votre tâche. Le silence règne maintenant sur la Péninsule entière. Continuez mon œuvre. Rappelez-vous qu'en changer le caractère, c'est à la fois compromettre la sécurité de vos couronnes et le salut de votre âme.

DON PHILIPPE.

J'ai écouté Votre Majesté avec la plus religieuse attention. Je peux lui répondre que sur le point principal, le maintien inflexible de l'obéissance, je n'aurai, à la fin de ma vie, que peu de reproches à me faire. Vous me remettez, sans doute, une tâche facilitée par la soumission de l'Italie; mais ce que j'apprécie surtout, ce sont les deux principales créations de votre règne : l'Inquisition agrandie et la formation des Pères de Jésus. Au moyen de ces instruments, trempés dans le plus rigide esprit d'obéissance, et dont j'ai l'intention de me beaucoup servir, il me sera possible de continuer, après vous, à sauver l'Église, sans l'Église, et à anéantir l'hérésie politique tout autant que l'hérésie religieuse. Désormais l'Italie n'est rien; l'Espagne est tout. Elle n'a d'autre rivale que la France, et, le duel conduit par vous contre cette puissance devenant de jour en jour plus acharné, il faudra que l'Espagne ou la France succombe. Je n'aurai pas une vie souveraine plus douce que ne fut la vôtre.

CHARLES-QUINT.

Le travail dévorera vos jours comme il a dévoré les miens. Mais, vous et moi, nous ne sommes que les serviteurs de la croix et du sceptre, et, à bien des égards, des moines, des religieux d'un ordre dont les membres sont peu nombreux; mais le but étant particulièrement grand, la règle doit être exceptionnellement pesante. Les moines, vous comme moi, dont le monastère est un palais, dont la cellule est une chambre étincelante d'or et de peintures, dont le froc est tantôt une armure d'acier, tantôt un manteau de velours, ces moines vivent et vivront au milieu de prétendues somptuosités comme vivent sur la paille leurs pauvres confrères des couvents. Ce qui nous entoure n'est que paille pour vous et pour moi, et l'ascétisme de nos pensées réduit au plus bas du néant les joies apparentes de la terre. Ces joies, ces joies misérables, ces splendeurs, ces splendeurs honteuses, ces élégances, ces élégances ignominieuses, l'Italie les avait portées plus haut que nul pays, nul siècle, ne les avait vues. J'ai mis le pied sur l'Italie; encore une fois, vous ferez de même sur tout ce qui lui ressemble ou voudrait lui ressembler. Le monde ne vit pas tant de pain que de discipline. Ne laissez jamais oublier cette vérité par vos sujets.

DON PHILIPPE, avec un sourire triste.

La gaieté coupable n'est pas dans mon devoir, mais non plus que je croie, dans mon tempérament. Je prie Votre Majesté de prendre confiance en mon ferme propos de renvoyer au temps de la vie immortelle qu'il s'agit de mériter, tout ce qui pourrait ressembler à un divertissement léger de mon esprit.

CHARLES-QUINT.

Laissez-moi seul. J'ai besoin de me recueillir. Les États de Flandre se réuniront demain, et c'est devant eux que j'ai décidé de rendre mes desseins publics. Allez, don Philippe.

Don Philippe salue et se retire.

ROME

1559

L'atelier des Zuccheri. — Taddeo et Federigo Zucchero; Girolamo Siciolante, Orazio Sammacchini, d'autres jeunes peintres. Tous travaillent avec une extrême activité, les uns brossant des toiles immenses, les autres peignant des décors montés sur des charpentes ou achevant des tableaux de diverses grandeurs.

FEDERIGO.

Je ne me soucie ni de la nature ni de l'idéal ; quand on s'y amuse, on meurt de faim. L'important, c'est de se faire une manière ; et quand vous tenez une fois cette manière, peignez vite et beaucoup ! Alors vous gagnerez argent et réputation.

TADDEO.

Emportez cette figure, elle est prête ! A propos, savez-vous où en sont le Barroccio et Durante del Nero pour la façade de palais que leur a commandée le cardinal Farnèse?

LE SAMMACCHINI.

C'est au moins très-avancé, si ce n'est pas fini. Ils y travaillent comme des esclaves, et en huit jours ils ont achevé quatre figures nues de vingt-cinq pieds de haut.

FEDERIGO.

Voilà de braves artistes. Beaucoup et vite, tout est dans cette maxime ! Comme le rôle que de vaillants peintres, de vertueux sculpteurs, d'intrépides architectes, peuvent jouer dans le monde, est devenu brillant! On ne regarde plus que nous, on ne se soucie, comme autrefois, ni de la politique, ni de la religion; il n'est question que des arts! J'ai entendu dire à mon père que, de son temps, l'Italie était toujours en flammes; on se battait pour une vétille; chacun avait mille intérêts à débattre. Aujourd'hui, grâce à l'Empereur, grâce à l'ordre admirable que ses armées ont établi, on vit tranquille, on gagne de l'argent, et l'on n'a plus rien à désirer!

TADDEO.

Ma foi! je désirais beaucoup de choses quand j'étais employé par Giovampiero de Calabre à lui broyer ses couleurs, et que sa femme me battait comme plâtre en me laissant mourir de faim.

FEDERIGO.

Il faut commencer par un peu de gêne, mais ce n'est pas de quoi décourager un grand artiste. Mille manières, autrefois inconnues, existent aujourd'hui de se tirer de peine. Les uns entrent chez un cardinal ou chez un seigneur comme peintres domestiques, et sont bien vêtus, et nourris à la table des pages; les autres s'en vont en France, en Allemagne, en Espagne, et exécutent pour les Barbares des travaux qu'on leur paye des prix fous; enfin, quand on a acquis un peu de renommée, il n'est pas un bon bourgeois qui ne se croie obligé de tomber à genoux devant vous pour obtenir un chef-d'œuvre. Témoin notre brave maître de poste, Mattiuolo, qui t'a fait peindre à toi, Taddeo, la façade de sa nouvelle maison en clair-obscur, et Dieu sait que les trois sujets que tu lui as représentés de l'histoire de Mercure, tu ne les lui as pas donnés pour peu!

SICIOLANTE.

Ce que vous dites est parfaitement vrai, maître; mais prenez garde aussi à certaines choses fâcheuses qu'on ne connaissait pas il y a peu d'années.

FEDERIGO.

Et quoi, je te prie?

SICIOLANTE.

Autrefois, les étrangers nous achetaient nos tableaux et nous emmenaient pour aller décorer leurs édifices. Maintenant, ces sauvages ont appris à peindre, et vous voyez sur le pavé de Rome des Français, des Flamands, des Espagnols qui nous enlèvent nos pratiques.

SAMMACCHINI.

Et même on leur donne souvent des coups de couteau, à ces intrus; mais pourtant leur nombre augmente, et nous finirons par en souffrir, c'est vrai.

TADDEO.

La faute en est au Pape et aux seigneurs. Ils oublient le respect dû au grand style et veulent des nouveautés. Un cardinal vous dit très-bien : Venez donc chez moi, vous y verrez un cadre unique; sujet admirable! exécution pleine de feu! C'est un singe à cheval sur une licorne et mordant dans une pêche! L'auteur est un Flamand nouvellement arrivé! Là-dessus, les imbéciles courent chez le Flamand, et pendant six mois on ne veut plus que des singes, des licornes et des pêches!

Entre l'architecte Francesco di San Gallo.

SAN GALLO.

Bonjour, maître Taddeo. Federigo, je te salue.

TADDEO.

Bonjour, maître. Vous semblez bien portant, et je m'en réjouis.

FEDERIGO.

Qu'as-tu donc? tu fronces le sourcil. Est-ce que tu as de l'humeur?

SAN GALLO.

On en aurait à moins. Ce vieux Buonarotti ne me laisse pas un jour de bon. Parce que ce fou a eu autrefois du talent, on ne veut pas s'apercevoir que sa tête est partie et qu'il ne commet que des sottises.

FEDERIGO.

C'est une honte de le voir encore, à son âge, disputer le terrain aux jeunes artistes. Il devrait être enterré, ce Michel-Ange!

SAN GALLO.

Il prendra le temps de ruiner de fond en comble la coupole de Saint-Pierre. J'ai beau en prévenir le Pape et les cardinaux, je ne trouve pas un homme assez courageux pour affronter cette antique réputation en guenilles.

FEDERIGO.

On a peur de lui! Il est tellement oppresseur et insolent! Et quel esprit court et obtus! J'ai voulu lui faire comprendre ma nouvelle méthode de dessin qui doit rendre l'art accessible à toutes les intelligences : il a affecté d'en rire. La vérité est qu'il n'est pas en état d'y rien comprendre.

SICIOLANTE.

On devrait nous débarrasser de ces vieillards. Il se peut qu'ils aient su faire quelque chose en leur temps. Mais la vraie grandeur, la vraie délicatesse, le fin et le poli des choses, ils ne s'en sont jamais douté !

SAN GALLO.

C'est incontestable ; ce scélérat de Buonarotti est un tyran, je le maintiens ! Il répète constamment que depuis dix-sept ans il travaille à la coupole de Saint-Pierre ! Comme si c'était une raison !

FEDERIGO.

C'est une raison pour qu'on le mette dehors au plus vite ! Qu'il cède la place aux jeunes gens, pressés de se faire une fortune et une réputation ! On devrait lui défendre de toucher désormais à un pinceau, à un ciseau, à un compas !

Entre Pirro Ligorio, architecte.

PIRRO LIGORIO.

Vous avez raison ! Le Buonarotti est tombé en enfance ! Nous finirons bien par en convaincre tout le monde, malgré le Vasari, malgré le Salviati, malgré les quelques vieux penauds qui nous restent de sa vieille secte ! J'ai une affaire à vous proposer. Le cardinal m'envoie chercher Federigo pour lui montrer des tableaux flamands qu'il a l'intention d'acheter.

SICIOLANTI.

Vous l'entendez ? Quelle sottise ! La peste étouffe votre cardinal ! Est-ce que l'Italie manque d'artistes ?

PIRRO LIGORIO.

Que voulez-vous? c'est la maladie de l'époque. Il s'agit de quatre tableaux de Wilhelm Key, de trois d'Antoine Moor d'Utrecht, et d'un panneau de Martin de Vos, d'Anvers. Je vous dirai, pour vous consoler, qu'un seigneur d'Allemagne a envoyé ici son intendant; j'ai vu ce digne homme; il a commission de procurer quarante toiles de toutes grandeurs à son maître. Il payera bien. En êtes-vous?

TOUS LES ARTISTES.

Bravo, Ligorio! Certes, nous en sommes!

PIRRO LIGORIO.

En route, Federigo; j'arrangerai votre affaire à tous, pas plus tard que ce soir, avec l'honnête Tudesque!

1560

Une salle dans le palais Colonna. Dona Vittoria, marquise de Pescaire, vêtue de noir, lit auprès d'une petite table d'ébène, sur laquelle est posée une lampe d'argent. Deux demoiselles d'honneur et une duègne en grandes coiffes travaillent à l'aiguille au fond de l'appartement. Le feu est allumé dans la cheminée, et les bûches petillent avec bruit au milieu de la flamme.

Entre un gentilhomme servant.

LE GENTILHOMME.

Madame, le seigneur Michel-Ange monte en ce moment l'escalier.

LA MARQUISE.

C'est bien, éclairez-le !

<small>Elle se lève et se dirige au-devant de Michel-Ange; celui-ci paraît sur le haut du palier, précédé par des pages à la livrée d'Avalos et tenant des torches.</small>

Bonsoir, mon ami. Comment vous trouvez-vous par cette soirée un peu froide ?

MICHEL-ANGE.

Je baise les mains de Votre Excellence. Je me porte mieux qu'un vieillard ne devrait s'y attendre.

LA MARQUISE.

Vous n'êtes pas venu seul, j'espère ?

MICHEL-ANGE.

Non; depuis que vous m'avez défendu d'aller à mon gré et sans compagnon, je ne le fais plus. Antonio m'a éclairé avec sa lanterne jusqu'à la porte du palais, et, là, j'ai trouvé vos gens qui m'ont traité en grand seigneur.

LA MARQUISE.

Venez vous mettre là, près de la cheminée. Tenez... dans ce fauteuil... Catherine, ne bougez pas ; je veux servir Michel-Ange... Bien ! Approchez vos pieds du feu.

MICHEL-ANGE, assis.

Je vous laisse faire, madame la marquise, je vous laisse faire... Une âme comme la vôtre est au sommet de la grandeur, et ce sommet, c'est la bonté.

LA MARQUISE, souriant.

Ce serait vrai, ce que vous dites, s'il s'agissait d'être utile aux pauvres, et, comme notre divin Sauveur, de laver les pieds poudreux de quelques mendiants. Mais servir Michel-Ange?... ce n'est pas trop s'humilier.

MICHEL-ANGE.

Qui ne croirait, à vous entendre, toute autre chose que la vérité? Ouvrez vos yeux, marquise; que voyez-vous? un être accablé par l'âge, envahi par toutes les défaillances de la vieillesse, allongeant, non sans peine, ses doigts amaigris et tremblants au-devant de la chaleur de la flamme... Que voyez-vous encore? des cheveux rares, des cheveux blancs sur un front qui prend les teintes de l'ivoire, des joues flétries et tombantes... des yeux qui ne disent plus ce que le cœur ressent... Vous voyez une ruine, marquise, une ruine humaine, la plus déplorable, la plus irrémédiable de toutes les ruines.

LA MARQUISE.

En parlant ainsi, vous faites un tableau, et vous le rendez aussi puissant que votre pensée. Ce vieillard, que vous prétendez humilier devant mes yeux dans tout le néant de sa faiblesse, s'élève, au contraire, s'exalte par la fécondité même de votre esprit... Mais non, vous vous trompez; ce n'est pas un tableau que je contemple, c'est la réalité, et je n'imagine rien qui puisse lutter avec elle de majesté et de charme.

MICHEL-ANGE.

Oui! vous contemplez cette double infirmité de la matière dissoute et de l'âme immortelle qui va bientôt la repousser et s'enfuir au sein de la divine infinité.

LA MARQUISE.

Il me semble voir, à côté de moi, en ma présence, dans

le cercle possédé par mes regards, une de ces étoiles que Dante fait monter en si petit nombre jusqu'à l'orbe réservé de son étincelant paradis, une de ces étoiles aux scintillements vivants, qui, les plus rapprochées du triangle éternel, empruntent leur éclat à sa lumière. Vous n'êtes pas vieux, Michel-Ange; vous existez et vous existerez toujours, comme ne cessera jamais d'être cette partie la plus éthérée, la plus active, la plus influente des intelligences humaines, guide sûr et irréfragable du monde.

MICHEL-ANGE.

Je vais bientôt quitter la terre, oui! La séve intérieure fermente en moi et rompt l'écorce usée de l'arbre; le germe fend la gousse qui l'enserre; la semence, arrivée à sa maturité, se gonfle pour sortir de la pulpe qui se dessèche. J'ai vécu ici-bas assez longtemps, et je demande à mon maître de rappeler son serviteur.

LA MARQUISE.

Vous êtes las de vivre?

MICHEL-ANGE.

J'en suis avide, au contraire. Je voudrais secouer loin des membres de ma nature réelle ces liens de chair qui les gênent. J'ai soif de la liberté complète de mon être; j'ai faim de ce que je devine; j'ai hâte de contempler ce que je comprends. Si, dans mon séjour ici-bas, j'ai saisi quelque chose et pu exprimer une partie des vérités que je ressens, que ne réussirai-je pas à accomplir quand, ~~une fois~~, les murailles de rochers stériles qui m'entourent auront chu pour jamais dans les profondeurs du passé? Non, non! ce n'est pas la mort que je sens venir, c'est la vie, la vie dont on ne peut apercevoir ici-bas que l'ombre, et que je vais bientôt posséder tout entière !

LA MARQUISE.

Je pense comme vous. Nous sommes deux êtres bien différents, mon ami. Vous êtes Michel-Ange ; je ne suis qu'une femme compréhensive, assez compréhensive pour mesurer la distance qui sépare ma sympathie de votre indomptable activité. Vous avez beaucoup fait pour le monde, et en croyant pétrir l'argile de vos statues, c'est, en effet, à l'intelligence universelle que vous avez imposé de nouvelles formes et des expressions qu'elle n'avait jamais eues. Moi, qu'est-ce que j'ai fait ? J'ai beaucoup aimé celui qui n'est plus... Je vous ai beaucoup aimé vous-même, et c'est tout.

MICHEL-ANGE.

Vous avez donc produit autant que moi, précisément tout autant. Aussi longtemps que don Fernand d'Avalos est resté parmi nous, montrant à l'Italie, montrant aux soldats, aux savants, aux peuples, cette noble et fière contenance, toute brillante de la grandeur de son nom, de l'éclat de sa naissance, de la clarté de ses vertus, des éclairs de son génie guerrier... Aussi longtemps que le ciel nous a laissé ce Fernand d'Avalos, cet incomparable marquis de Pescaire, votre noble époux, vous l'avez aimé, et vous avez été, dans son amour, aussi glorieusement heureuse qu'il est donné à une femme née d'une femme de se sentir, de se connaître heureuse. Croyez-moi : c'était là une noble occupation, et les vertus que les tressaillements d'un tel amour développaient graduellement en vous-même devenaient certainement le chef-d'œuvre de la valeur humaine.

LA MARQUISE.

J'y ai réfléchi, et je crois que vous vous abusez. Pour élevé que soit le dévouement et pure l'affection, et inébranlable l'amour, aussi longtemps que le cœur est satisfait, il se replie en lui-même, jouit de lui-même, et ne respire que dans un cercle et dans une atmosphère, en définitive, étroits et peu accessibles à ce qui n'est pas de lui. Je comprends, depuis que je suis restée seule, à quel point la félicité rapetisse. Faut-il l'avouer? c'est peut-être la connaissance de cette vérité qui verse dans ma douleur le plus de consolation. Je n'ai pas moins aimé celui que j'aimais, depuis que je ne le possède plus; mais le chagrin et la solitude m'ont conseillé des efforts que j'ai trouvés plus beaux que les mérites faciles dont il m'était si aisé d'embrasser les images; et les difficultés mêmes que j'ai traversées alors, en m'obligeant à redoubler mes forces, ont fait de moi, peut-être, ce que le bonheur sans nuages n'en aurait jamais fait.

MICHEL-ANGE.

Que l'homme travaille uniquement sur lui, ou que, répandant son activité sur la matière inerte, il lui souffle le mouvement et la vie, dans les deux cas, son œuvre est pareille : il propose à ses semblables des exemples, et l'on peut dire avec vérité, en réfléchissant à cette égalité de résultats, que les plus vertueux des hommes sont des Polygnote, des Zeuxis, des Polyclète, des Phidias, tandis que les plus perfectionnés des artistes sont d'aussi grands convertisseurs que les philosophes et les saints.

Si donc j'ai, pour ma part, réussi à produire quelque bien en ce monde, et que l'esprit universel me doive de nouveaux avantages, ne me refusez pas, marquise, cette gloire de me comparer à vous, et laissez-moi espérer que, dans la vie de l'éternité, nous pourrons monter sur des ailes pareilles vers une égalité parfaite de récompenses.

LA MARQUISE.

Soit, Michel-Ange, et que je ne sois jamais séparée d'une âme qui, pendant des années déjà si nombreuses, m'a fait contempler d'un coup d'œil plus sûr tant de grandes et augustes vérités; c'est assurément la faveur la plus immense que je puisse solliciter du ciel. Une révélation puissante et bien chère m'a surtout frappée en vous depuis longtemps. Dois-je vous la dire?

MICHEL-ANGE.

Parlez, je vous en prie.

LA MARQUISE.

On assure communément que la vieillesse est grondeuse et mécontente; que tout, à ses yeux, se couvre d'un nuage sombre, et que la plus douce humeur s'aigrit avec les années. Le contraire, exactement, est arrivé pour vous. Je vous ai connu morose, impatient, irritable. Vous étiez tellement possédé par votre propre pensée, que le génie d'autrui vous restait lettre morte. Je vous ai vu ne comprendre que vous-même... A mesure qu'autour de votre intelligence se sont accumulées les neiges de la vieillesse, tout a changé; il semble que, au rebours des autres hommes, vous ayez conquis bien tard la plénitude, la fraîcheur de la vie, la netteté, la précision, l'étendue du coup d'œil et la véritable connaissance de vous-même et des autres.

MICHEL-ANGE.

Il en est ainsi, en effet. Le ciel, je l'avouerai, m'avait doué en naissant d'une énergie disproportionnée à mon tempérament. Je devinais plus que je n'étais en état de voir, et je voyais plus loin que je ne pouvais atteindre. Tout ce qui se produisait autour de moi m'effrayait; j'avais peur que mes forces trop courtes ne fussent encore distraites, et je m'astreignais avec colère et une obstination maussade à concentrer mes regards sur ce but sacré que j'avais peur de manquer. Cependant, je sentais redoubler et mes espérances d'arriver au triomphe et ma crainte de faillir, en m'apercevant que chaque pas, si pénible, si dur, si fatigant qu'il pût être, m'en rapprochait pourtant. Je passais ma vie entre le travail et l'exaspération des efforts : je voulais saisir la nature par toutes ses anfractuosités à la fois, et j'escaladais ses sommets en me cramponnant des mains, des doigts, des pieds, des genoux, de tout le corps, à ce qu'ils me présentaient de points d'appui. J'ai été un sculpteur, un peintre, un poëte, un architecte, un ingénieur, un anatomiste; j'ai taillé des colosses dans la pierre et ciselé des figurines dans l'ivoire; j'ai tracé les remparts de Florence et de Rome, établi des bastions, défilé des fronts, mesuré des contrescarpes, et, non loin de l'édifice dont j'ai marqué la muraille par la révélation du Jugement dernier, j'ai réussi à dresser jusqu'au plus haut de l'atmosphère l'immense coupole du prince des Apôtres. En somme, si je n'ai pas accompli tout ce que j'ai voulu, il est certain que j'ai fait quelque peu. Un jour, je me suis vu dans une place aussi haute, plus haute que je ne l'avais pu rêver, ni souhaiter. Les papes, les rois, l'empereur, les princes, m'ont honoré. Les artistes m'ont proclamé le premier d'entre eux, et je n'ai plus eu rien à demander ni à moi-même, qui savais ce que je pouvais faire, ni au monde, qui me donnait plus que je n'avais attendu de lui. Alors, tout en travaillant, mon cœur s'est reposé; le doute, la crainte de perdre le chemin se sont écartés de moi. Je me suis trouvé des loisirs pour regarder, pour apprécier, pour approuver, pour aimer. L'irritation et l'impatience ont cessé de me pousser au vent de leurs incertitudes, et je suis devenu, bien ou mal, l'homme que je suis aujourd'hui et qui, pour naître, avait besoin de l'âge et se trouve jeune dans la vieillesse.

LA MARQUISE.

J'aime en vous, Michel-Ange, que toujours occupé du train misérable que mène désormais le génie de nos contemporains, le point de décadence où vous le voyez ne vous cause plus ni scandale ni aversion.

MICHEL-ANGE.

Il m'inspire une profonde et tendre pitié. Ce monde que je contemple est un compagnon avec lequel j'ai accompli une longue route, et, au rebours de moi, il s'est lassé, il a perdu sa vigueur, il trébuche et va tomber sur le bord du chemin, tandis que, moi, l'espérance de la vie où je vais entrer m'excite et m'enivre de la plus adorable espérance! Au matin du siècle, quand nous sommes partis ensemble, mon compagnon était florissant de jeunesse, exubérant de santé, et toutes les espérances attisaient les flammes des regards orgueilleux qu'il portait sur l'horizon. Tandis que moi je doutais, mon compagnon ne doutait de rien; je lui dois cette justice; jeune, impétueux, gâté par les siècles farouches et pervers des mains desquels il s'échappait, sa première pensée fut de répudier leurs exemples, et, tout amoureux de l'art dont il entrevoyait les charmes, ce fut à la religion et à la vertu que, pourtant, il songea d'abord. J'ai connu le Frère Savonarole, madame, et jamais l'aspect de cette physionomie auguste n'a disparu de ma mémoire. J'ai vécu de ses leçons. Soit qu'il nous ait demandé trop, soit que la pauvre Italie eût trop présumé de ses forces et que l'imagination fût chez elle en disproportion avec la droiture, l'Italie sortit de ses mains et demeura dans celles du vice. Mais, pourtant, elle se sentait; elle avait conscience de sa supériorité sur le reste du monde. Elle méprisait les autres contrées et employait leurs ressources à ses fins; elle leur était en admiration et elle le savait. Elle se connaissait grande et ne rêvait que de le devenir davantage. Ses artistes... vous savez ce qu'ils ont été! Maintenant, tout est fini. Le feu s'est éteint. Il n'existe plus d'Italie. Ceux que nous méprisions deviennent nos maîtres. Les artistes ont péri. Je suis le dernier survivant de la sainte phalange; ce qu'on nomme du même nom glorieux que nous avons porté, ce ne sont plus que des marchands, et non dénués d'impudence. Il fallait bien mourir! Nous mourons mal, tristement. Qu'importe? Il y a eu de belles âmes, des âmes glorieuses dans cette Italie désormais asservie et prosternée. Je ne regrette pas d'avoir vécu.

LA MARQUISE.

Hélas! je suis moins détachée que vous. Je souffre de

ces glorieuses choses qui nous ont quittés ou nous disent adieu. Il me semble qu'après avoir été inondés de clartés, nos pas chancelants s'avancent dans les ténèbres.

MICHEL-ANGE.

Nous laissons de grandes choses après nous et de grands exemples... La terre est plus riche qu'elle ne l'était avant notre venue... Ce qui va disparaître ne disparaîtra pas tout entier... Les champs peuvent se reposer et rester un temps en jachère; la semence est dans les guérets. Le brouillard peut s'étendre et le ciel gris et terne se couvrir de buées et de pluie; le soleil est là-haut... Qui sait ce qui reviendra ?

LA MARQUISE.

Vous semblez fatigué, mon ami. Votre tête s'incline...

MICHEL-ANGE.

Oui, je suis las... je vais vous quitter... J'ai quatre-vingt-neuf ans, marquise, et toute émotion me fatigue un peu; nous avons parlé ce soir de choses bien sérieuses. Adieu !

LA MARQUISE.

A demain, n'est-ce pas?

MICHEL-ANGE.

A demain... oui... si je suis encore de ce monde... et si je n'y suis pas, au revoir, madame !

<small>Il se lève; la marquise le soutient et lui serre la main.</small>

LA MARQUISE.

Appuyez-vous sur mon bras... je veux vous conduire jusqu'au bas de l'escalier.

MICHEL-ANGE.

Je consens à cet honneur... J'accepte cette tendresse... Il me semble qu'aujourd'hui je peux la vouloir. Je vais vous dire un dernier mot...

LA MARQUISE.

Et quoi, mon ami?

MICHEL-ANGE.

Vous que j'aime tant, je vous bénis du fond de mon âme... Adieu!

Il baise la main de la marquise et s'éloigne.

FIN DE LA CINQUIÈME ET DERNIÈRE PARTIE.

TABLE DES MATIÈRES

Première partie. — Savonarole. 1
Deuxième partie. — César Borgia. 147
Troisième partie. — Jules II. 263
Quatrième partie. — Léon X. 369
Cinquième partie. — Michel-Ange. 453

PARIS, TYPOGRAPHIE E. PLON ET Cie, RUE GARANCIÈRE, 8.

www.ingramcontent.com/pod-product-compliance
Lightning Source LLC
Chambersburg PA
CBHW070834230426
43667CB00011B/1797